Carom Billard: Flere gåder og puslespil

Tabel problemer og situationer, der vil forbedre din taktiske tænkning og spillefærdigheder

Allan P. Sand
PBIA Certificeret billard instruktør

ISBN 978-1-62505-261-2
PRINT 7x10

ISBN 978-1-62505-404-3
PRINT 7.5x9.25

First Edition

Copyright © 2019 Allan P. Sand

All rights reserved under International and Pan-American Copyright Conventions.

Published by Billiard Gods Productions.

Santa Clara, CA 95051

U.S.A.

For the latest information about books and videos, go to:
http://www.billiardgods.com

Acknowledgements

Wei Chao created the software that was used to create these graphics.

I want to specifically thank the following for help in making this book work:
Raye Raskin
Bob Beaulieu
Darrell Paul Martineau

Indholdsfortegnelse

Introduktion 1
Tabelopsætning 1
Billardballer forklaring 2
Tabelindstillinger 2
Hvordan man studerer 2
Udfordringer for sjov og fortjeneste 2
Eksempel Mønstre 3
  Gruppe 1, sæt 6 (figur 2) 3
  Gruppe 5, sæt 11 (figur 3) 4
GRUPPE 1 5
Gruppe 1, sæt 1 5
Gruppe 1, sæt 2 7
Gruppe 1, sæt 3 9
Gruppe 1, sæt 4 11
Gruppe 1, sæt 5 13
Gruppe 1, sæt 6 15
Gruppe 1, sæt 7 17
Gruppe 1, sæt 8 19
Gruppe 1, sæt 9 21
Gruppe 1, sæt 10 23
Gruppe 1, sæt 11 25
Gruppe 1, sæt 12 27
GRUPPE 2 29
Gruppe 2, sæt 1 29
Gruppe 2, sæt 2 31
Gruppe 2, sæt 3 33
Gruppe 2, sæt 4 35
Gruppe 2, sæt 5 37
Gruppe 2, sæt 6 39
Gruppe 2, sæt 7 41
Gruppe 2, sæt 8 43
Gruppe 2, sæt 9 45
Gruppe 2, sæt 10 47
Gruppe 2, sæt 11 49
Gruppe 2, sæt 12 51
GRUPPE 3 53
Gruppe 3, sæt 1 53
Gruppe 3, sæt 2 55
Gruppe 3, sæt 3 57
Gruppe 3, sæt 4 59
Gruppe 3, sæt 5 61
Gruppe 3, sæt 6 63
Gruppe 3, sæt 7 65
Gruppe 3, sæt 8 67
Gruppe 3, sæt 9 69
Gruppe 3, sæt 10 71
Gruppe 3, sæt 11 73

Gruppe 3, sæt 12 75
GRUPPE 4 77
Gruppe 4, sæt 1 77
Gruppe 4, sæt 2 79
Gruppe 4, sæt 3 81
Gruppe 4, sæt 4 83
Gruppe 4, sæt 5 85
Gruppe 4, sæt 6 87
Gruppe 4, sæt 7 89
Gruppe 4, sæt 8 91
Gruppe 4, sæt 9 93
Gruppe 4, sæt 10 95
Gruppe 4, sæt 11 97
Gruppe 4, sæt 12 99
GRUPPE 5 101
Gruppe 5, sæt 1 101
Gruppe 5, sæt 2 103
Gruppe 5, sæt 3 105
Gruppe 5, sæt 4 107
Gruppe 5, sæt 5 109
Gruppe 5, sæt 6 111
Gruppe 5, sæt 7 113
Gruppe 5, sæt 8 115
Gruppe 5, sæt 9 117
Gruppe 5, sæt 10 119
Gruppe 5, sæt 11 121
Gruppe 5, sæt 12 123
GRUPPE 6 125
Gruppe 6, sæt 1 125
Gruppe 6, sæt 2 127
Gruppe 6, sæt 3 129
Gruppe 6, sæt 4 131
Gruppe 6, sæt 5 133
Gruppe 6, sæt 6 135
Gruppe 6, sæt 7 137
Gruppe 6, sæt 8 139
Gruppe 6, sæt 9 141
Gruppe 6, sæt 10 143
Gruppe 6, sæt 11 145
Gruppe 6, sæt 12 147
Tomme plader 149

Introduktion

I denne bog har du mange muligheder for at udvide dine evner. Lær at håndtere et bredt udvalg af boldpositioner, der dukker op i spillet efter spillet. Disse layouter giver dig mulighed for at udføre omfattende eksperimenter. Disse personlige testsituationer giver betydelige personlige konkurrencefordele:

- Intellektuel træning - Evaluer layouterne og overvej, hvor mange muligheder der er tilgængelige. Lav skitser af stier og (CB) hastigheder og spins til øvelsestabellen. Dette øger dine analytiske og taktiske evner.

- Færdighedsbekræftelse - Når du forsøger hvert koncept, hjælper dit eksperiment med at afgøre, om det er levedygtigt (inden for dine færdigheder) eller ubrugeligt (for svært eller fantastisk). Denne sammenligning mellem mentale billeder og fysiske forsøg hjælper med at bestemme bredden og bredden af dine evner.

- Færdigheder fremskridt - Hvis en sti ser lovende ud, men eksekveringen fejler, arbejde med forskellige hastigheder / spins for at opdage, hvad der virker. Flere successive successioner vil tilføje dette til dit personlige bibliotek med kompetencer.

Tabelopsætning

Papirforstærkningene viser placeringen for hver bold. Placer dem i henhold til den træningsøvelse du vil øve. Øv dette med ethvert carom billardspil.

Billardballer forklaring

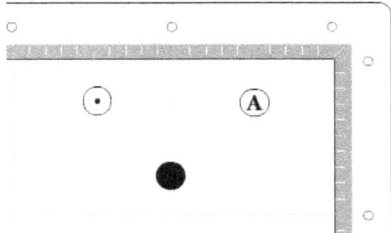

Ⓐ (CB1) (første billardkugle)

⊙ (CB2) (anden billardkugle)

● (RB) (rød billardkugle)

Tabelindstillinger

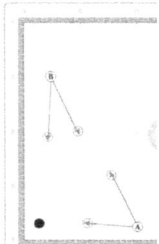

Hvert bordlayout giver fire (4) forskellige måder at score point på.

- •(CB1) > (RB) > (CB2)
- •(CB1) > (CB2) > (RB)
- •(CB2) > (RB) > (CB1)
- •(CB2) > (CB1) > (RB)

Hvordan man studerer

Begynd med lænestol analyse. Se på hvert bordlayout og overvej mulige spiloptioner. Forestil dig at prøve dine ideer. Vurder den relevante hastighed og spin. Lav skitser og noter efter behov.

Alternativt, tag denne bog til biljardbordet. Sæt papirforstærkningene på plads. Mentalt afgøre, hvor mange forskellige måder du kan spille layoutet på. Prøv derefter dine ideer og se, om din fantasi er lig med din færdighed. Lav noter af dine ideer.

Ved billardbordet skal du anvende dine ideer. På et savnet skud skal du foretage justeringer af dine hastigheder / spins og vinkler. Sådan bliver du en hårdere og mere farlig billardspiller.

Udfordringer for sjov og fortjeneste

Overvej at oprette en venlig konkurrence blandt dine venner. Vælg flere af disse layouter og nyd udfordringen.

Brug et round-robin format. Alle forsøger (1, 2 eller 3) forsøg. Vinderen får pengene, og en anden runde begynder.

Eksempel Mønstre
Gruppe 1, sæt 6 (figur 2)
Kan din fantasi matche din virkelighed?

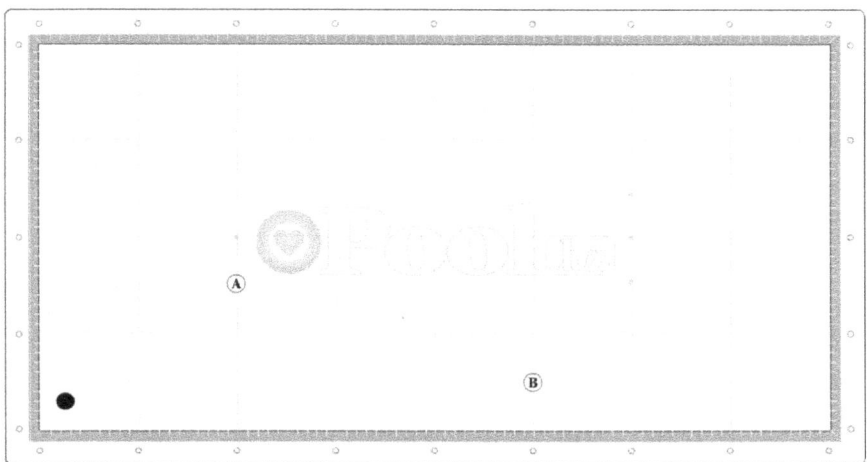

I betragtning af det ene layout, (med 3-bande carambole regler) har du 4 mulige skud til at øve. Første række: (CB1) er spillerens bold. Anden række: CB2 er spillerens bold.

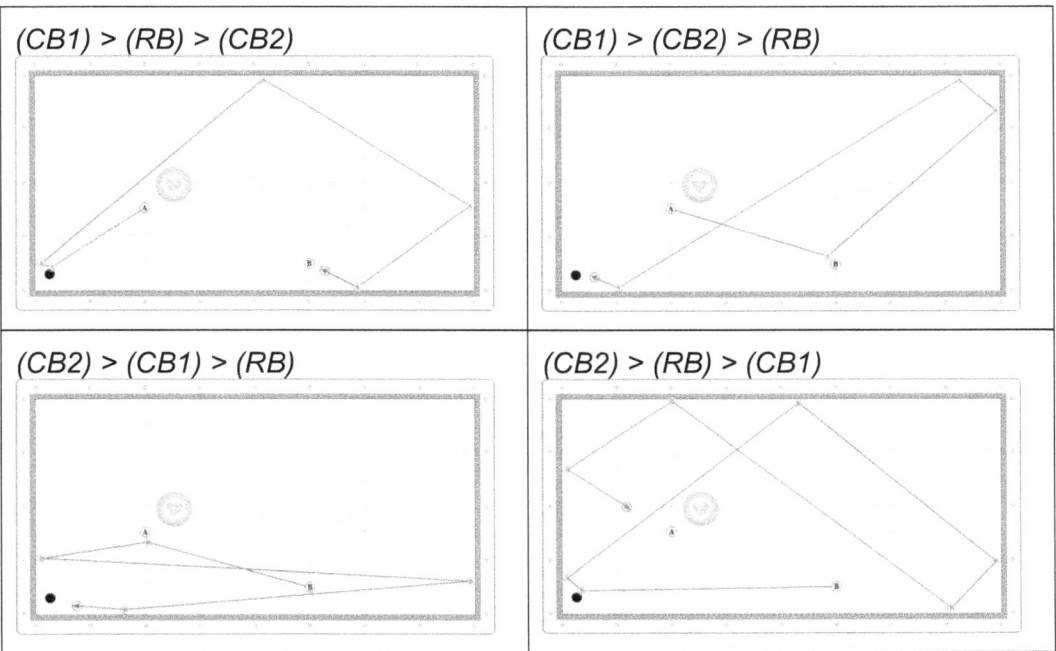

Gruppe 5, sæt 11 (figur 3)

Hvert diagram er en mulighed for at eksperimentere og teste din fantasi og dine skydefærdigheder.

I betragtning af det ene layout, (med 3-bande carambole regler) har du 4 mulige skud til at øve. Første række: (CB1) er spillerens bold. Anden række: CB2 er spillerens bold.

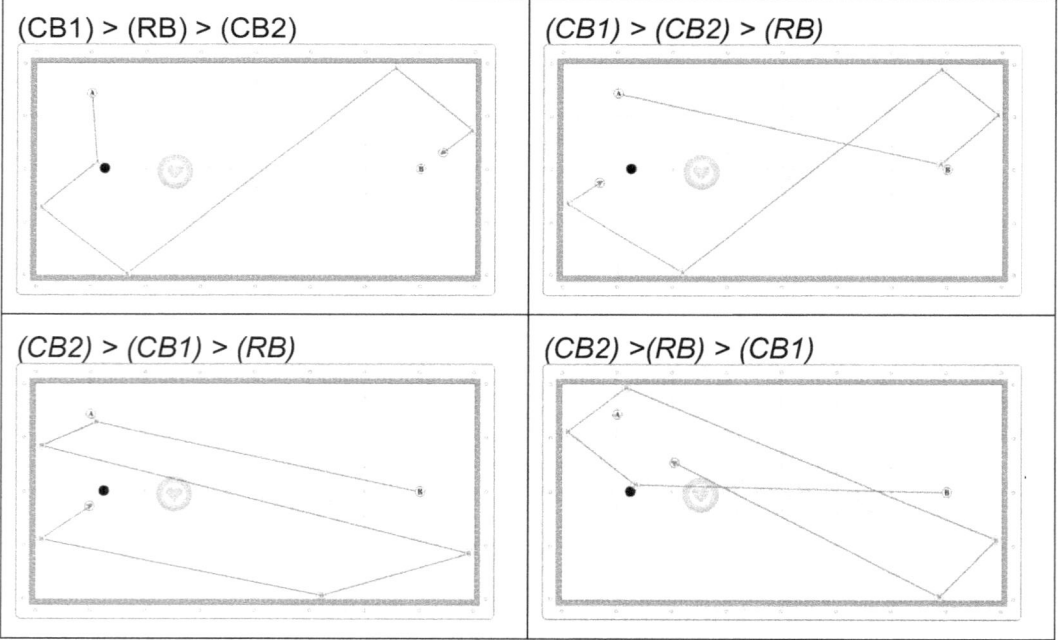

GRUPPE 1

Gruppe 1, sæt 1

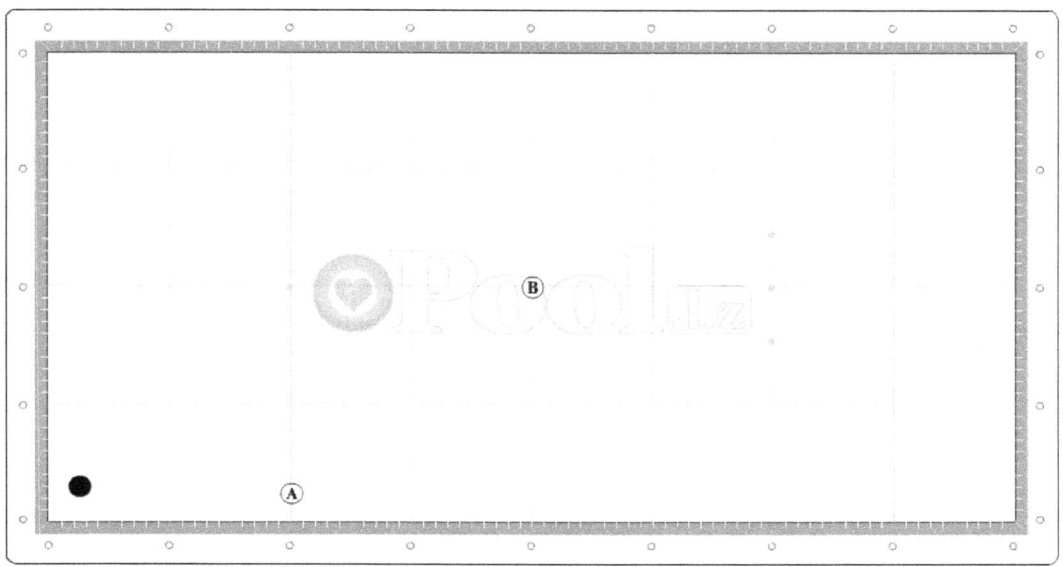

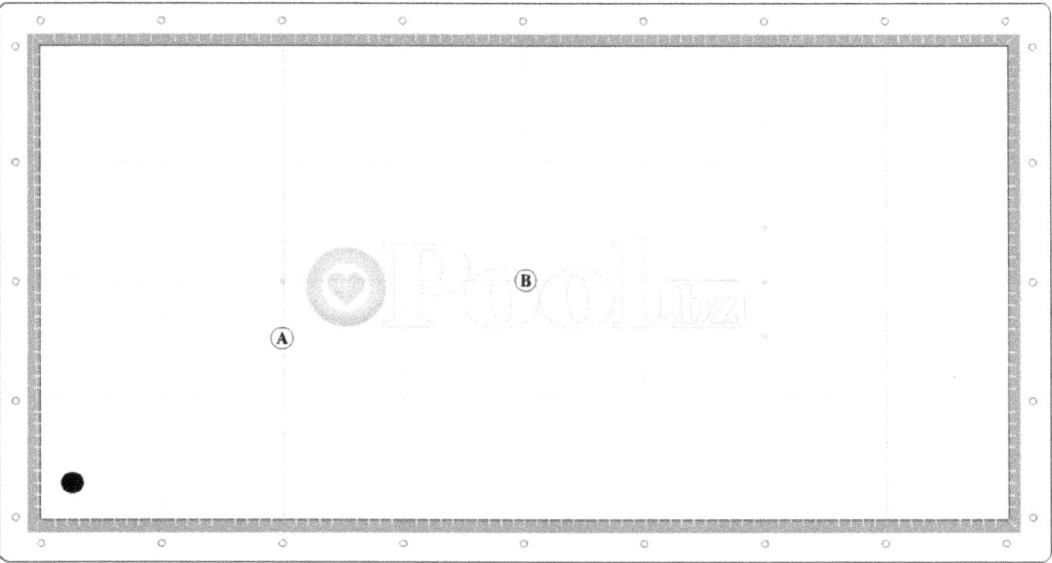

BEMÆRKNINGER:

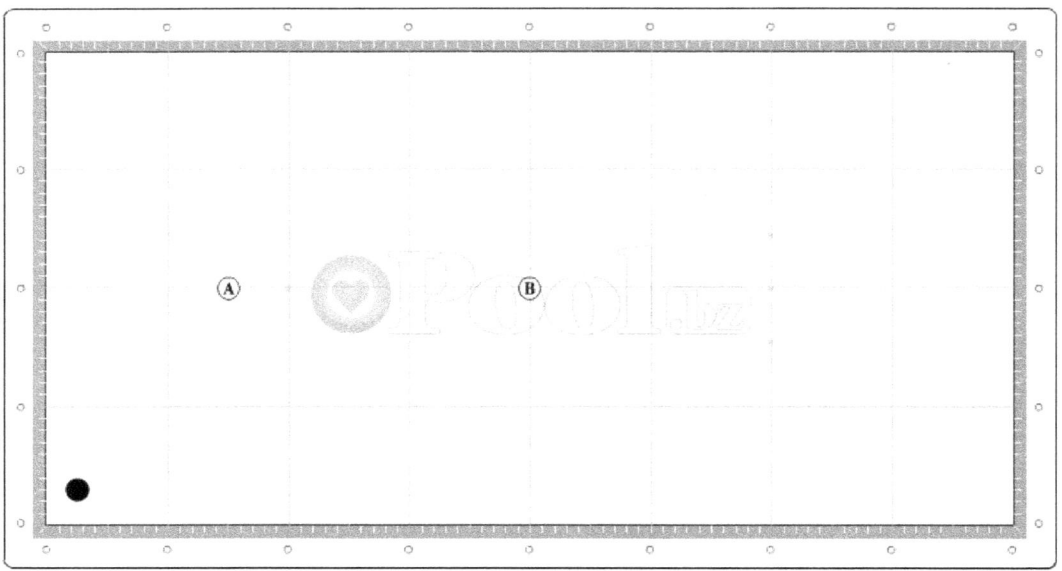

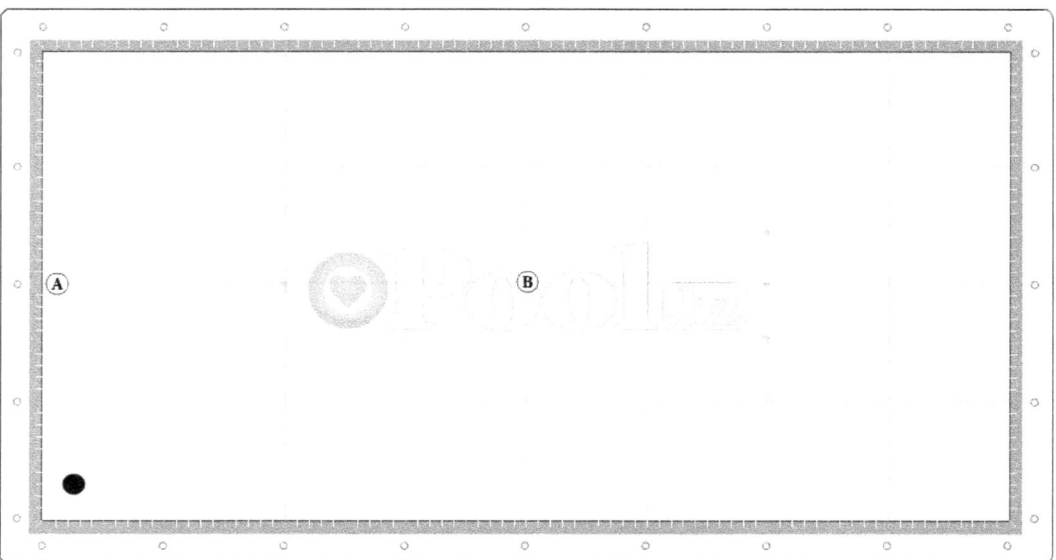

BEMÆRKNINGER:

Gruppe 1, sæt 2

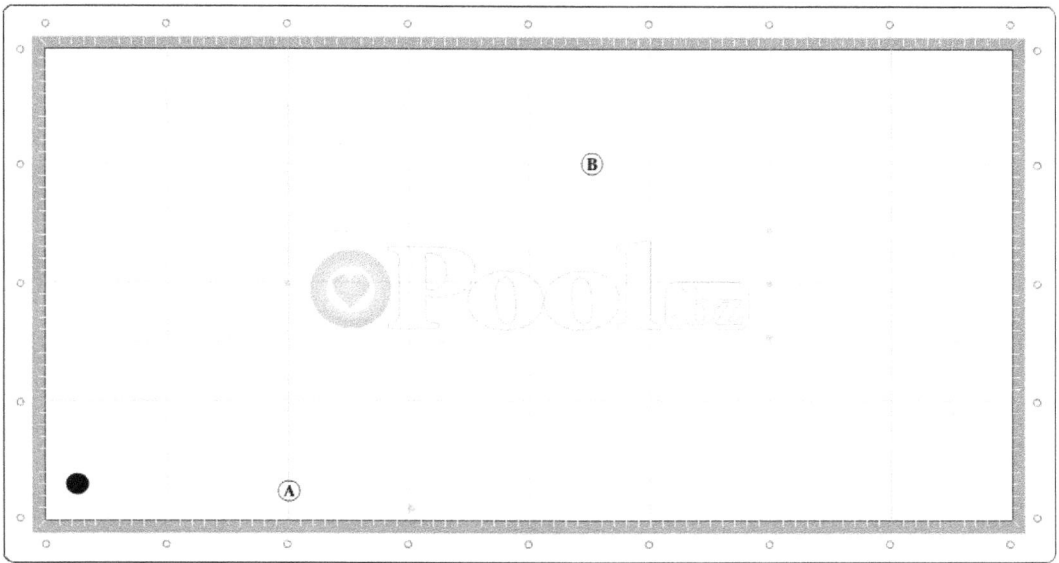

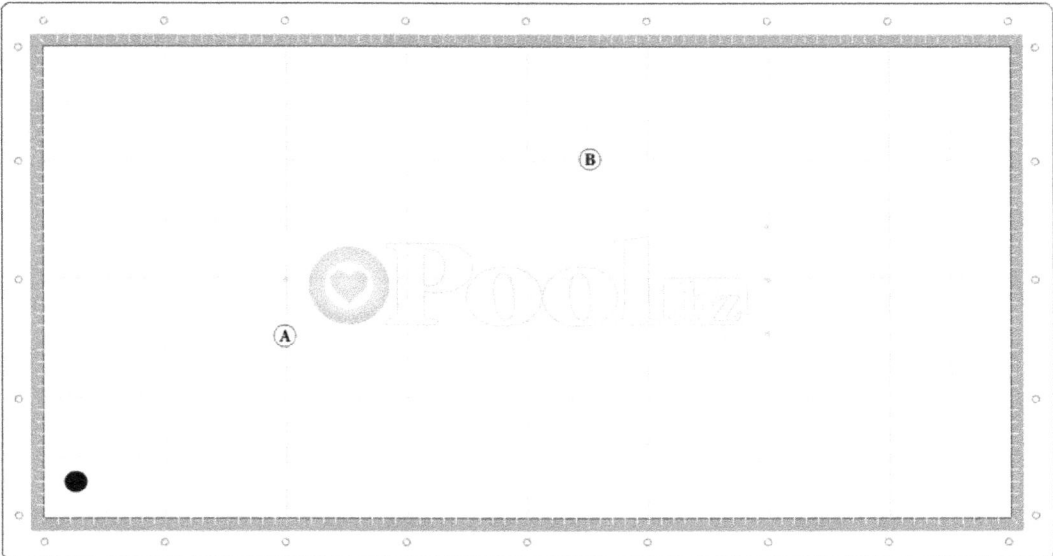

BEMÆRKNINGER:

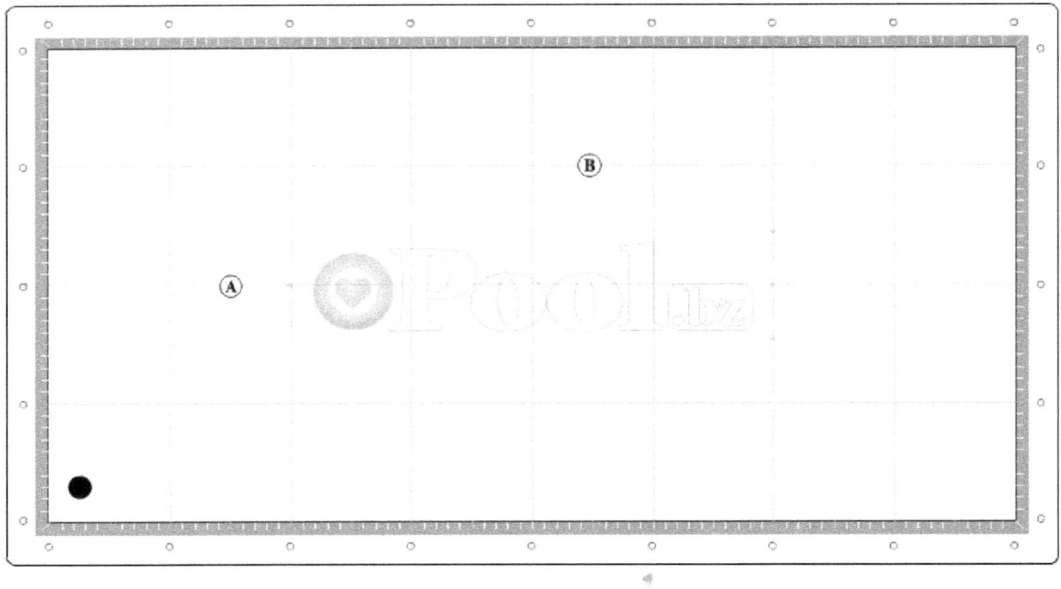

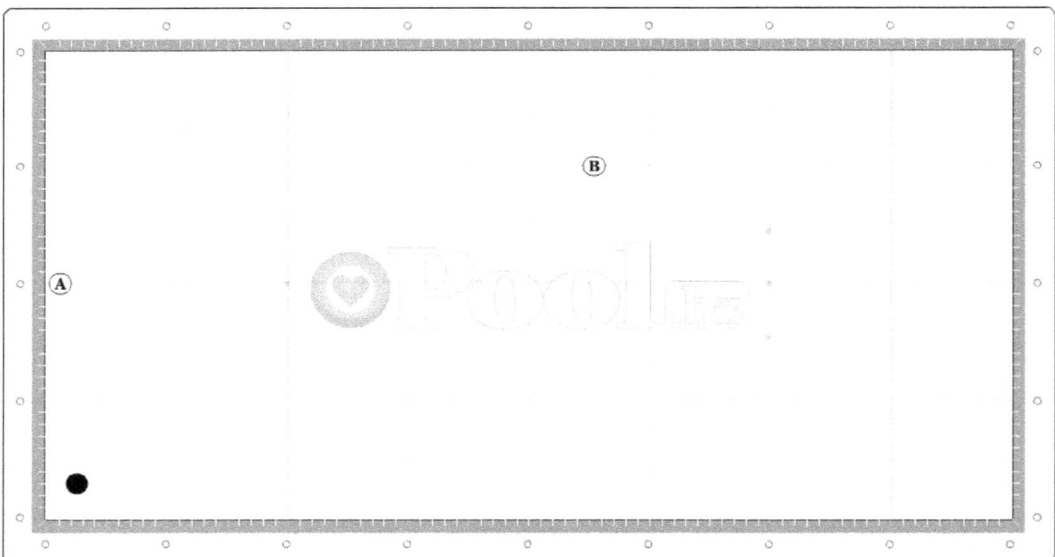

BEMÆRKNINGER:

Gruppe 1, sæt 3

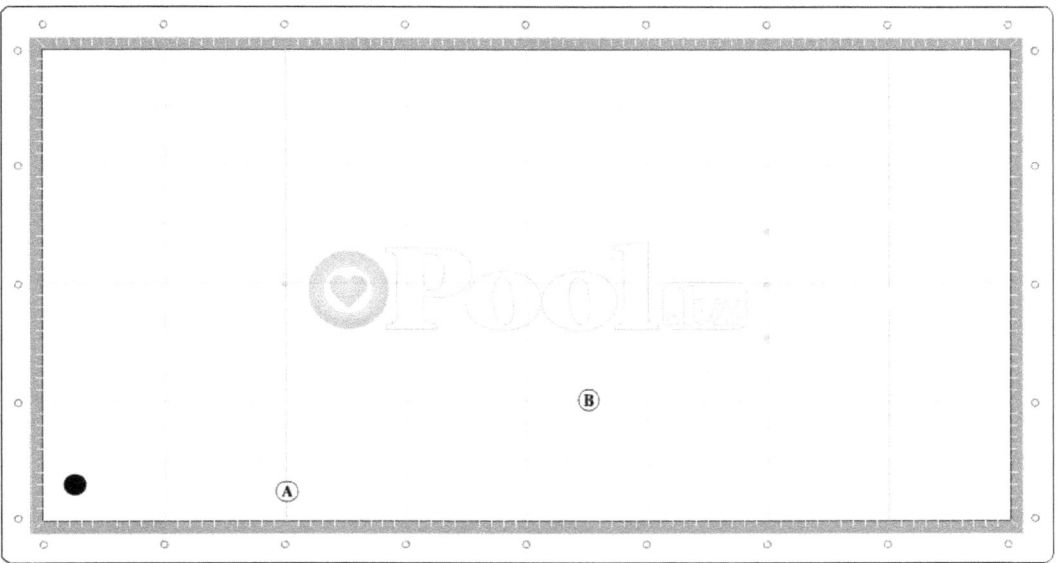

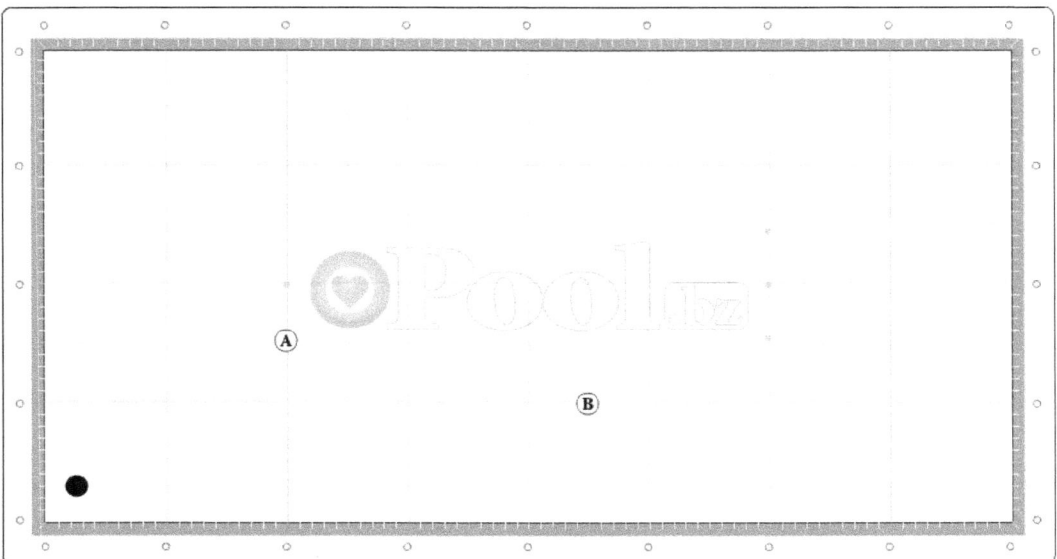

BEMÆRKNINGER:

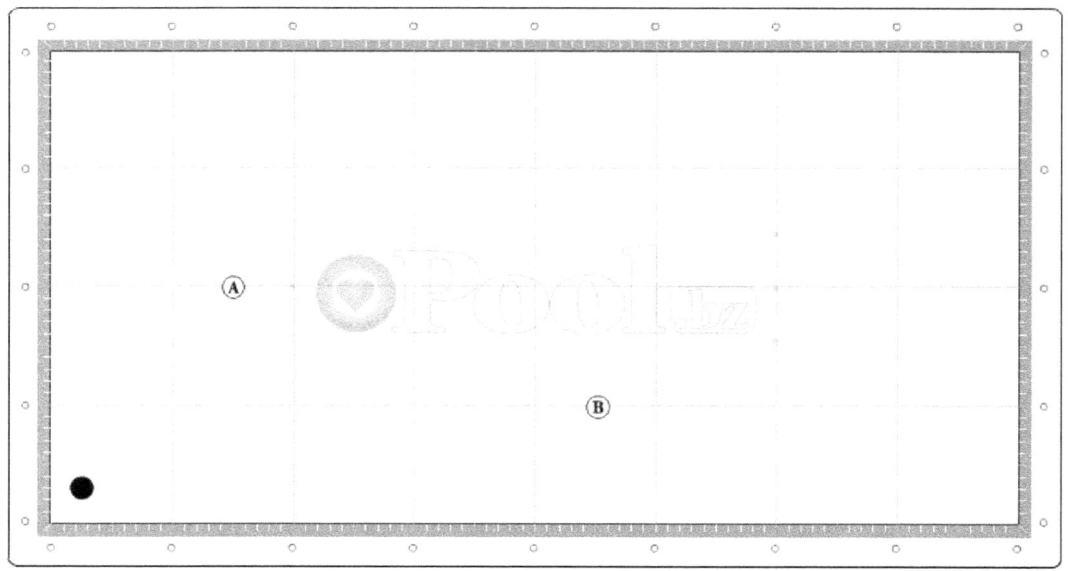

BEMÆRKNINGER:

Gruppe 1, sæt 4

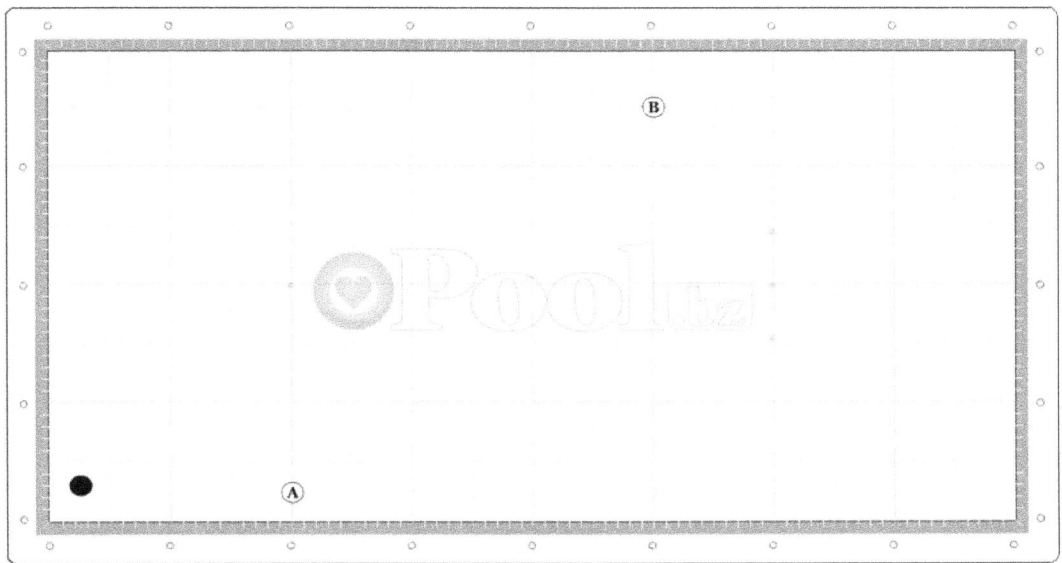

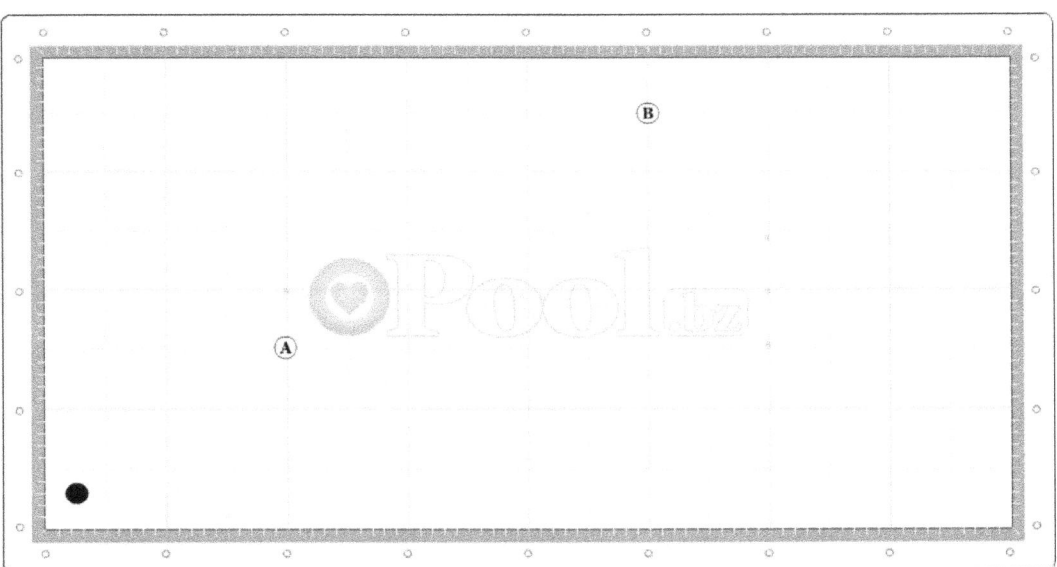

BEMÆRKNINGER:

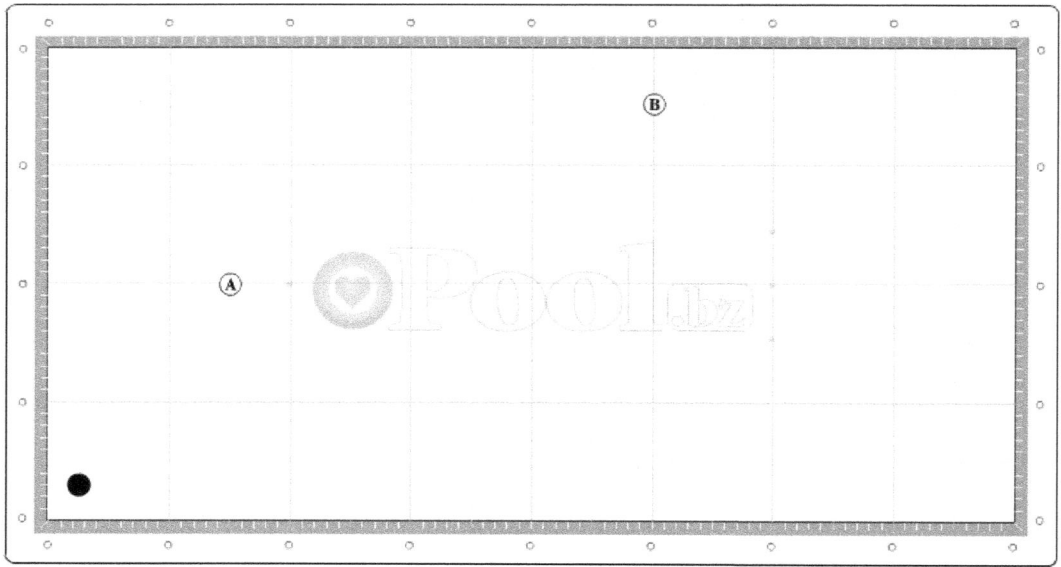

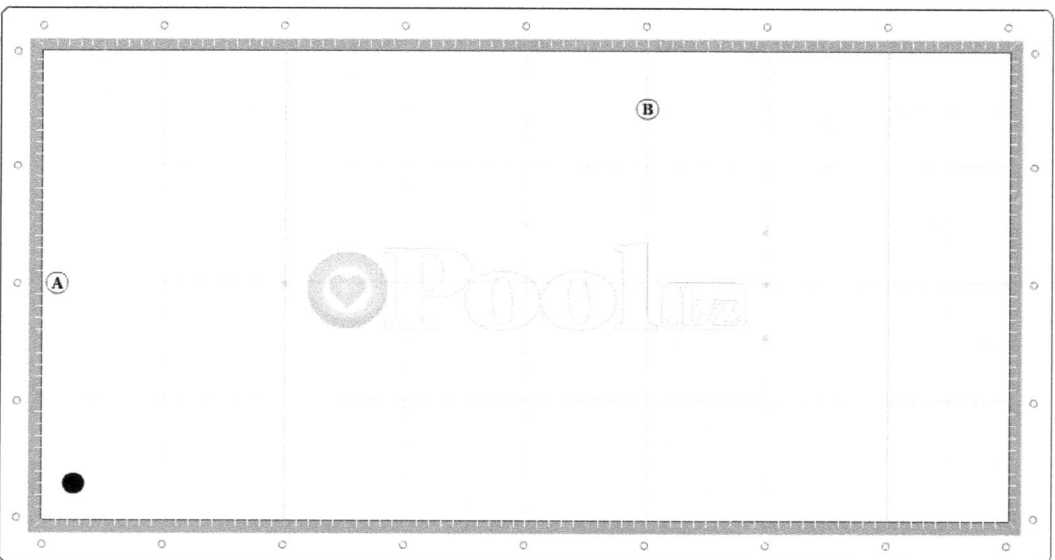

BEMÆRKNINGER:

Gruppe 1, sæt 5

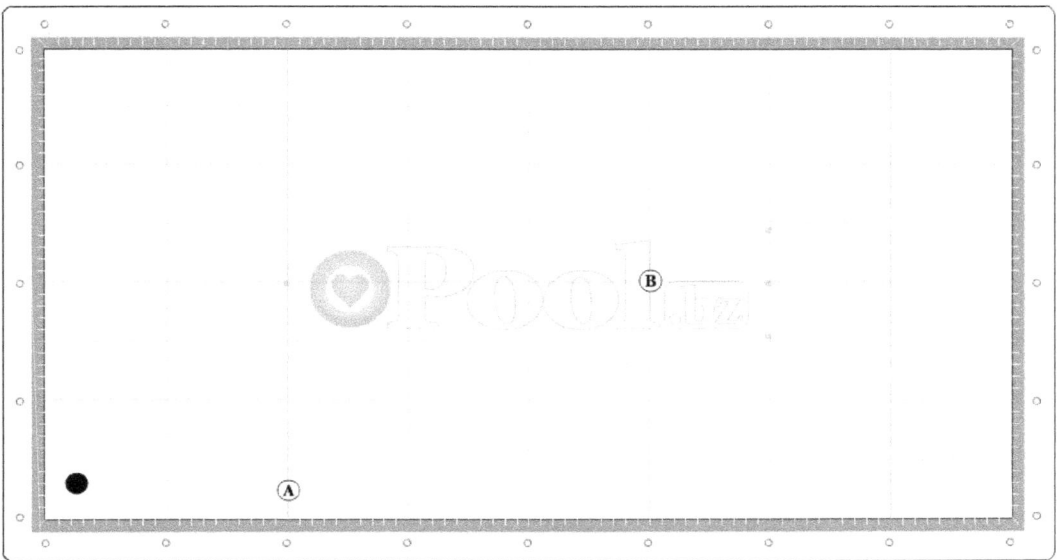

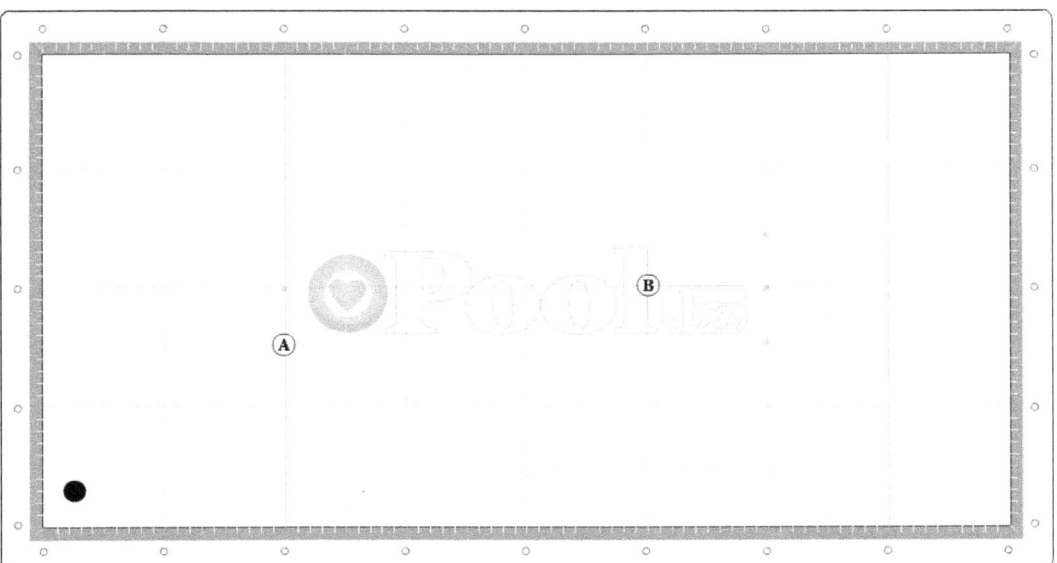

BEMÆRKNINGER:

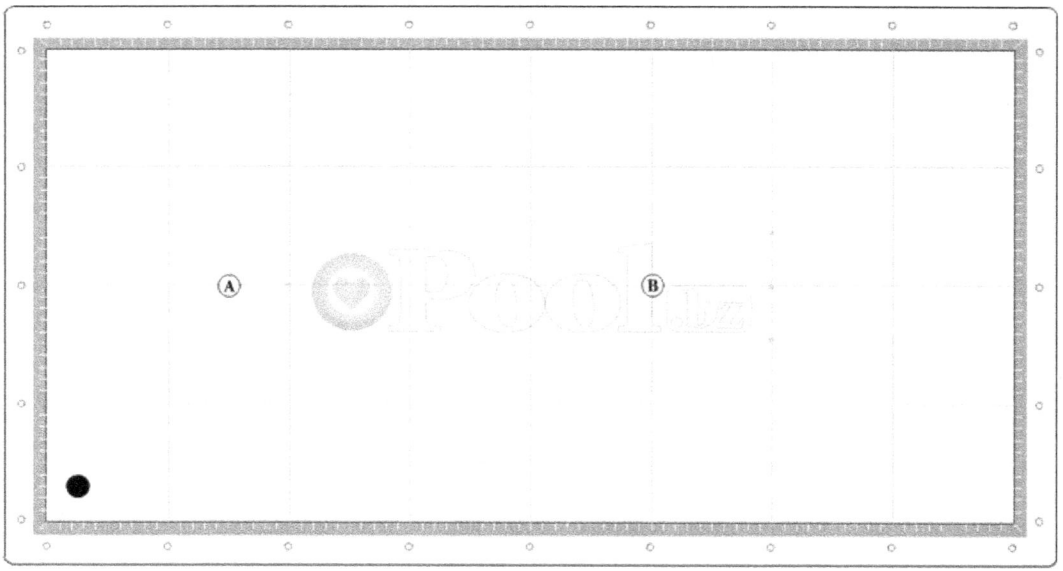

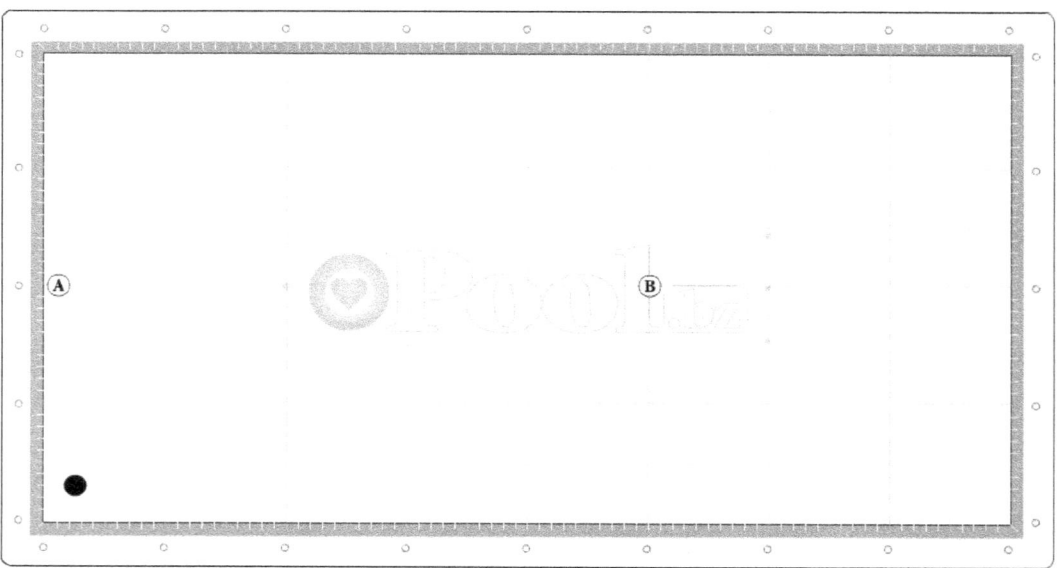

BEMÆRKNINGER:

Gruppe 1, sæt 6

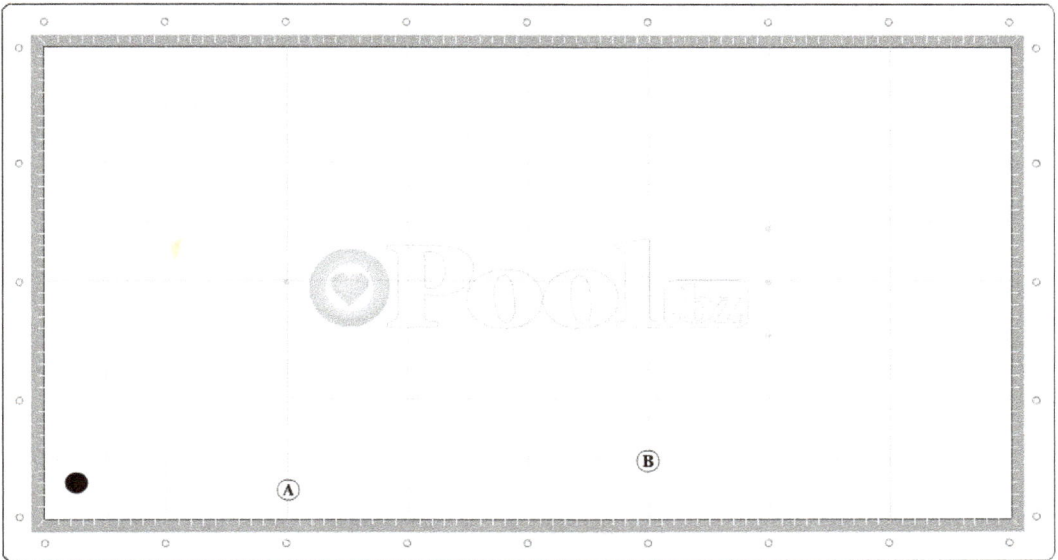

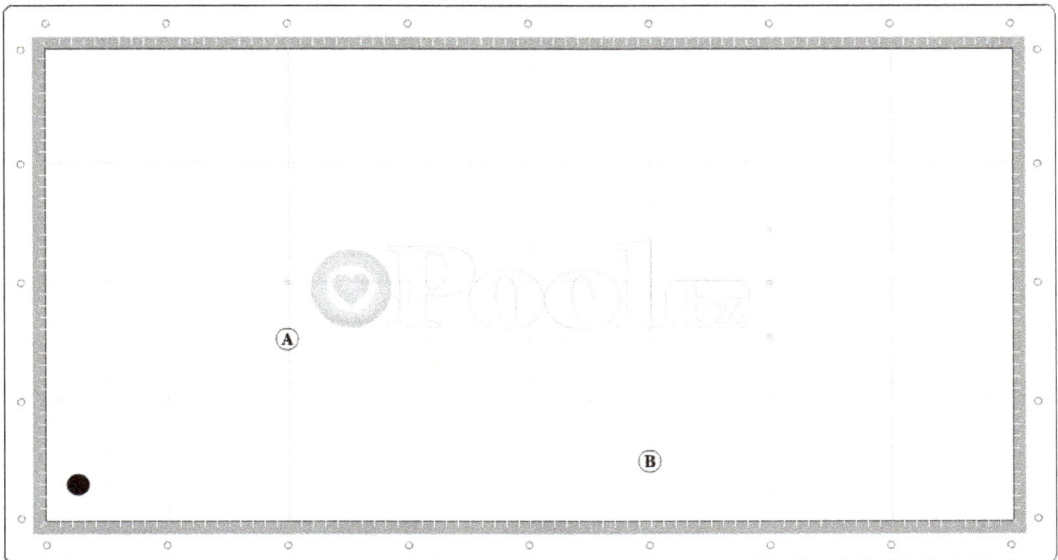

BEMÆRKNINGER:

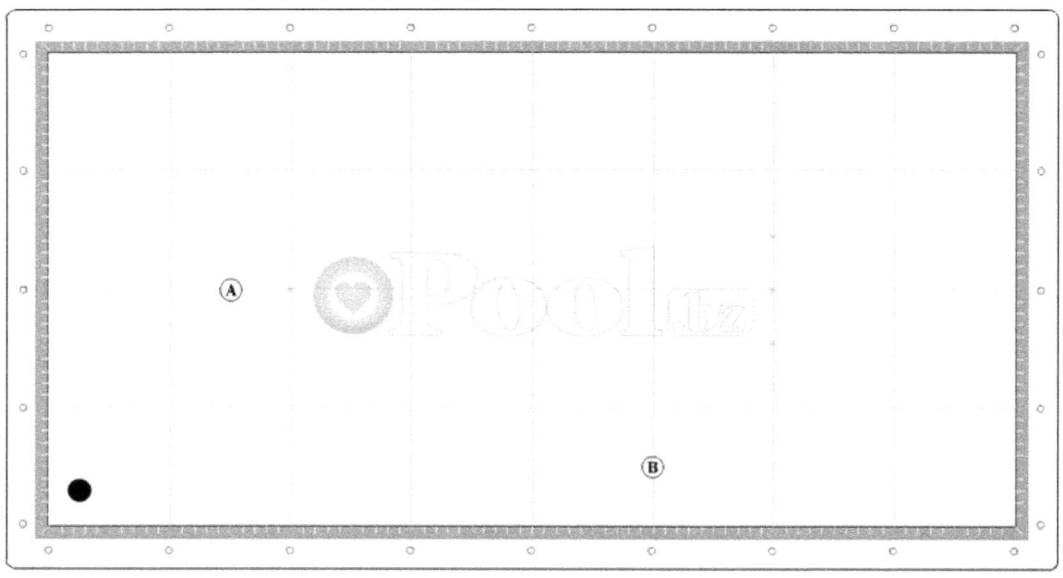

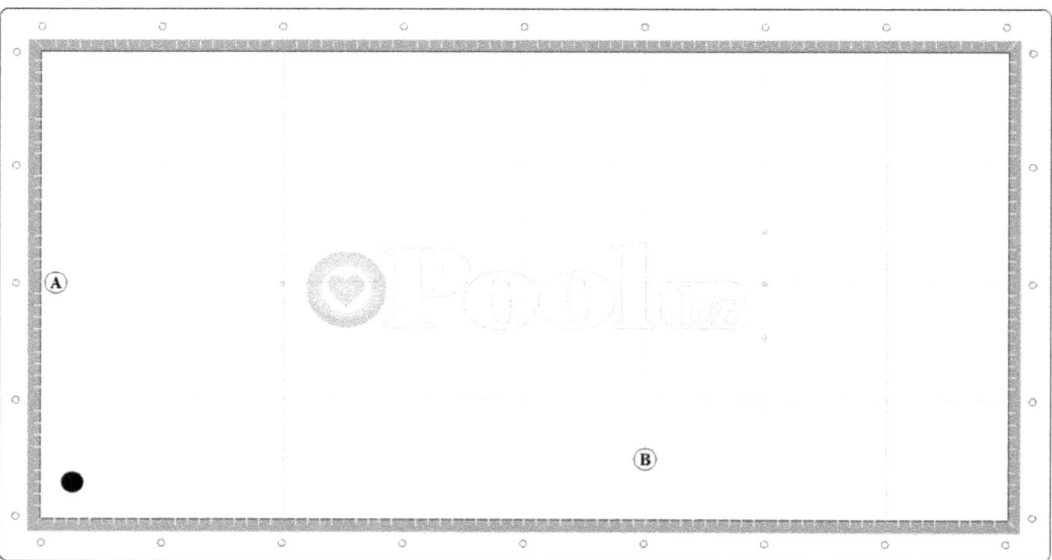

BEMÆRKNINGER:

Gruppe 1, sæt 7

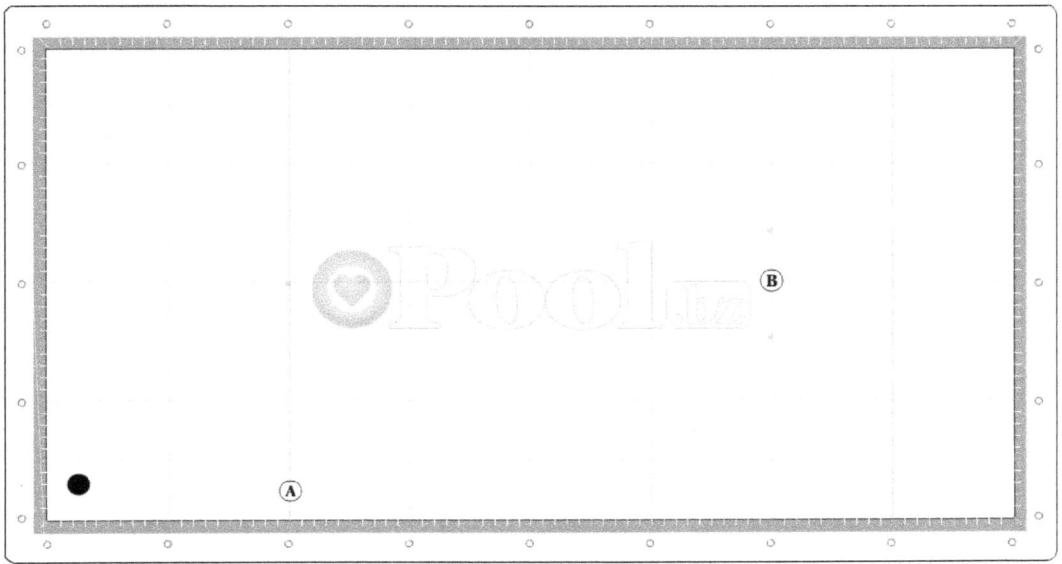

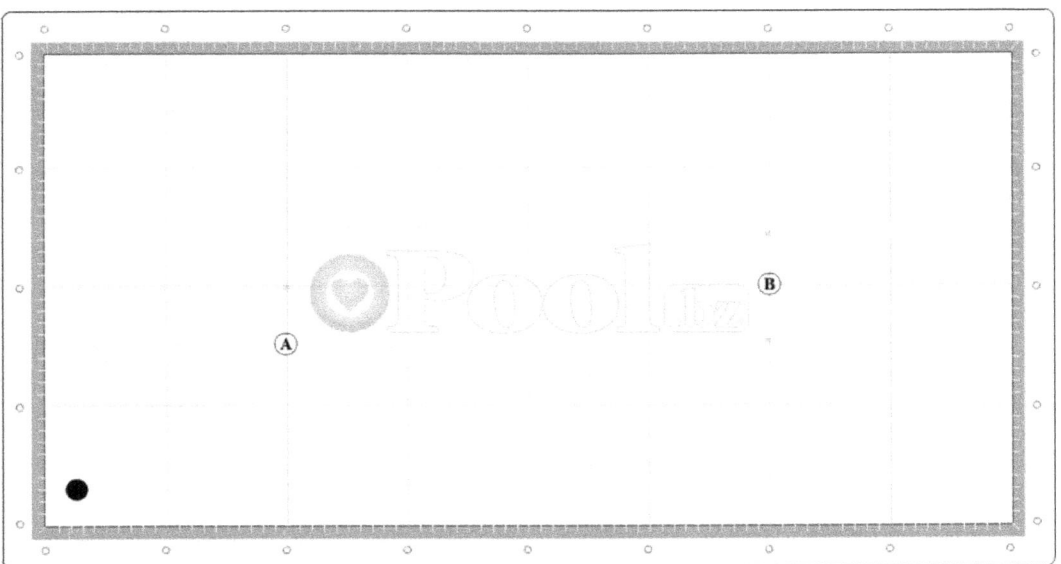

BEMÆRKNINGER:

Carom Billard: Flere gåder og puslespil

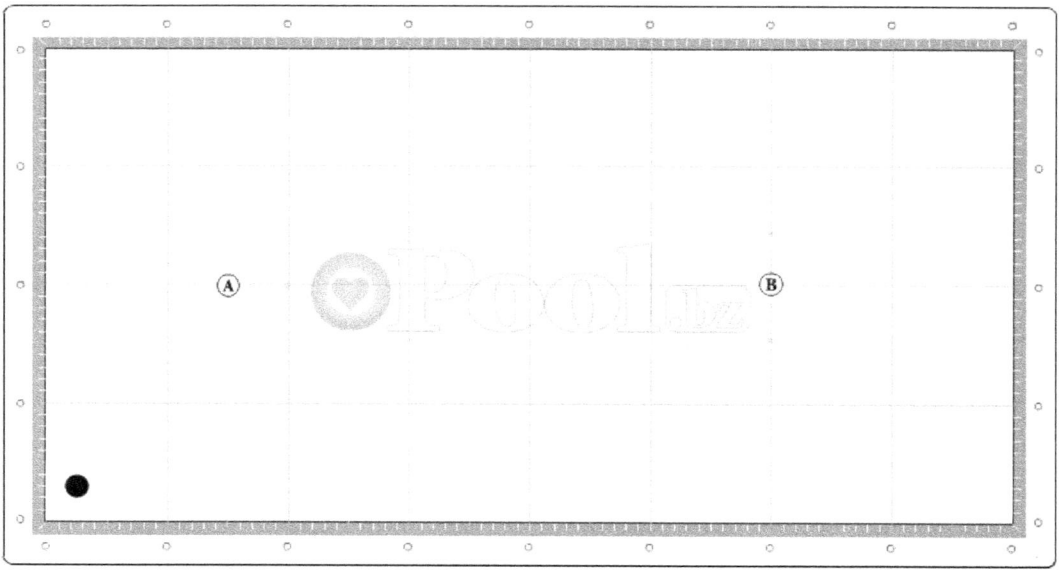

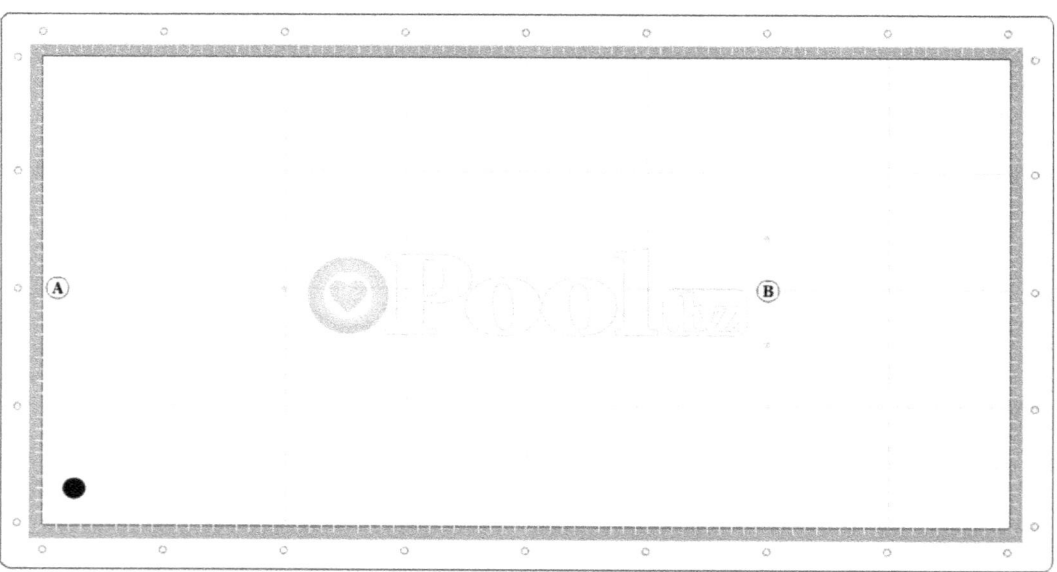

BEMÆRKNINGER:

Gruppe 1, sæt 8

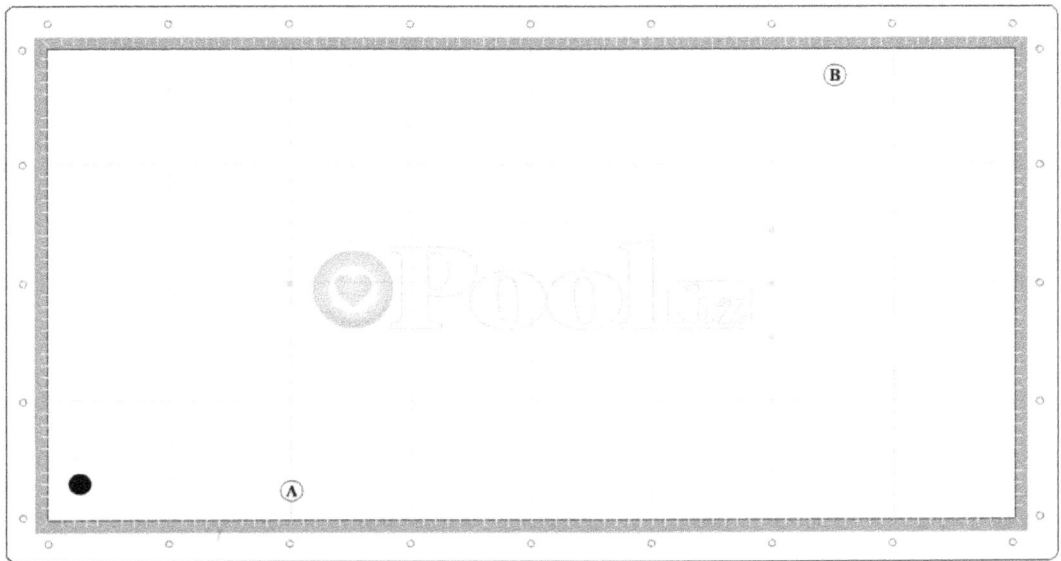

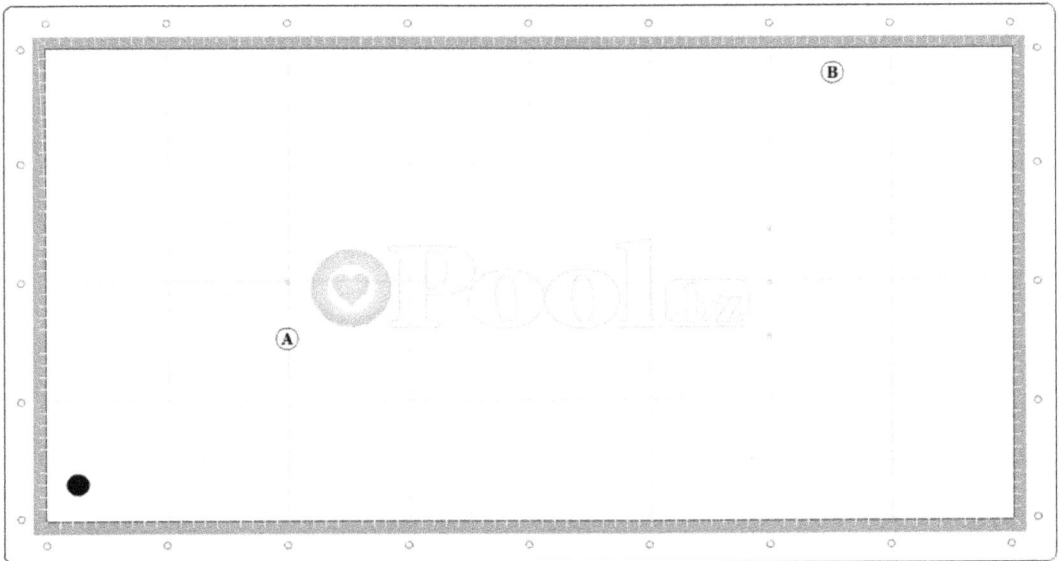

BEMÆRKNINGER:

Carom Billard: Flere gåder og puslespil

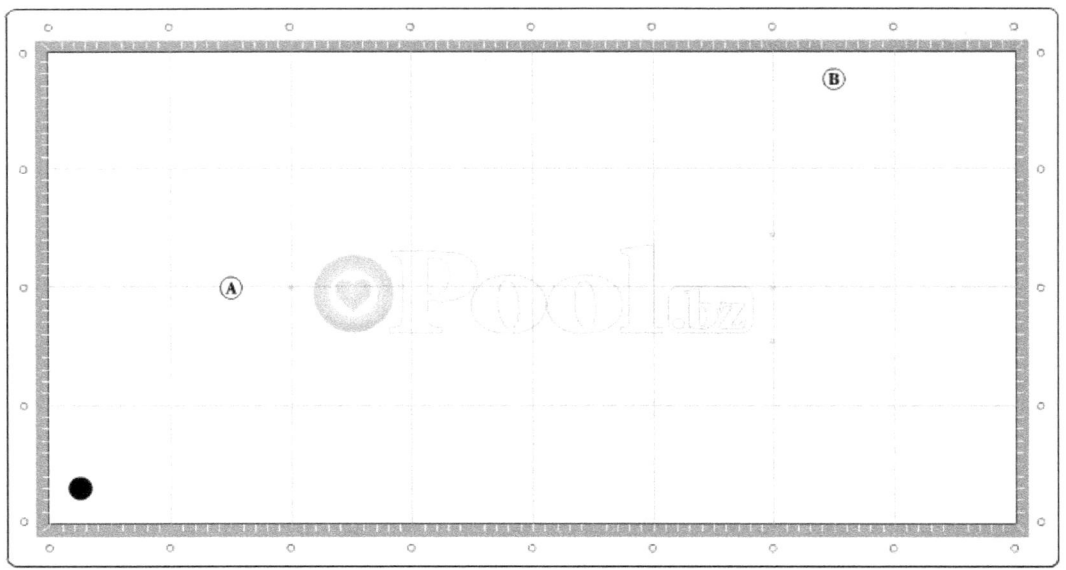

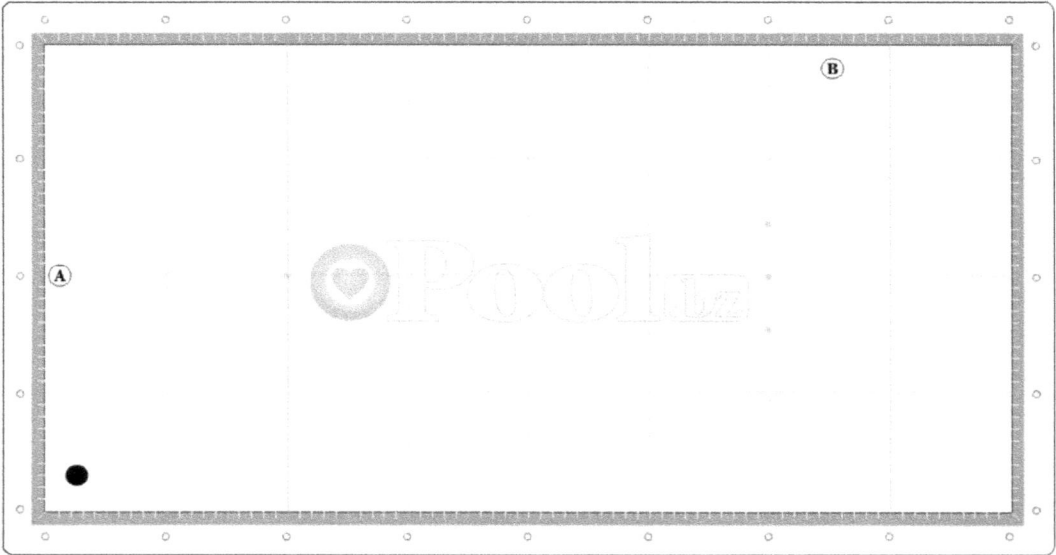

BEMÆRKNINGER:

Gruppe 1, sæt 9

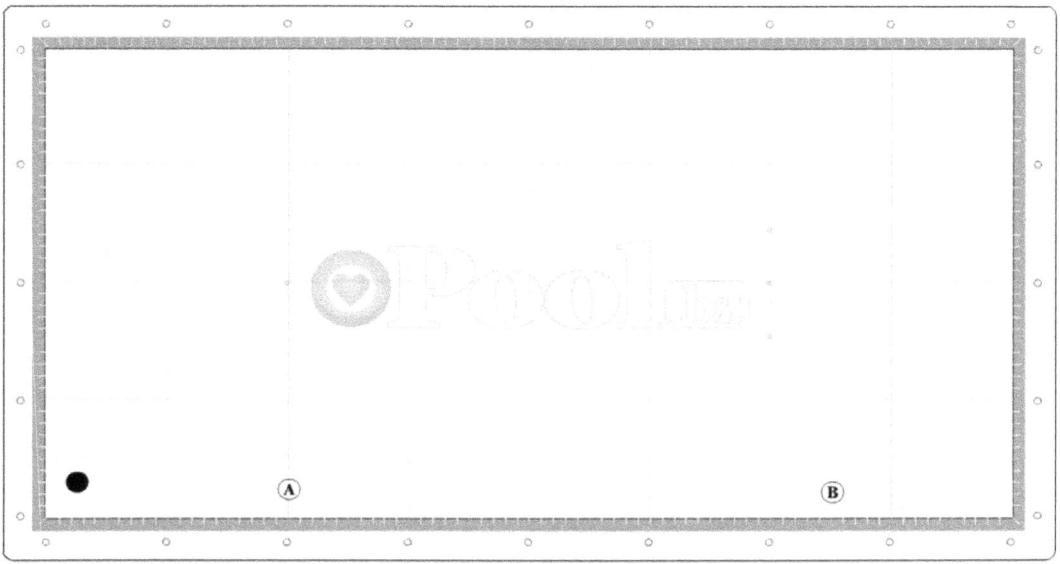

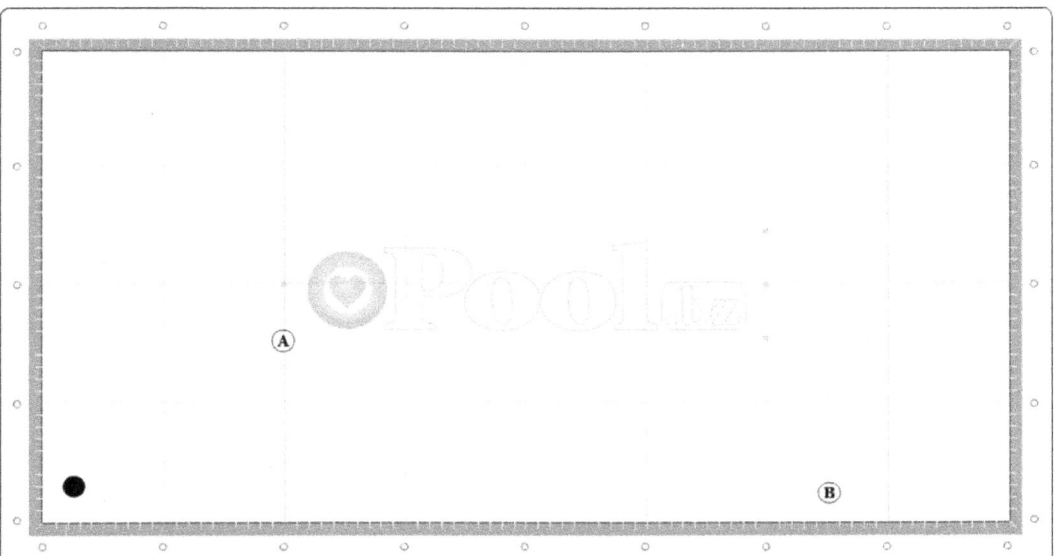

BEMÆRKNINGER:

Carom Billard: Flere gåder og puslespil

BEMÆRKNINGER:

Gruppe 1, sæt 10

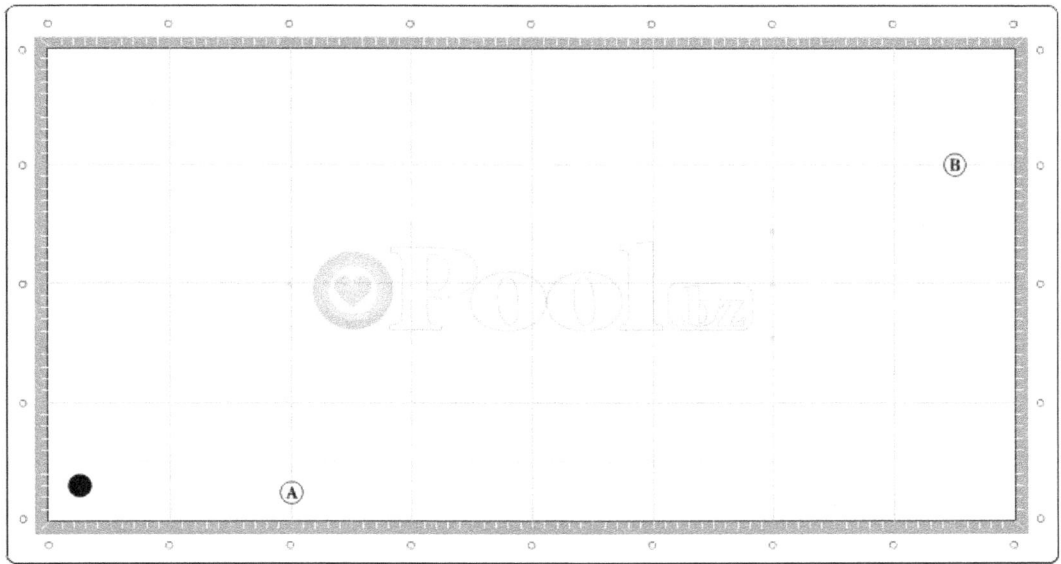

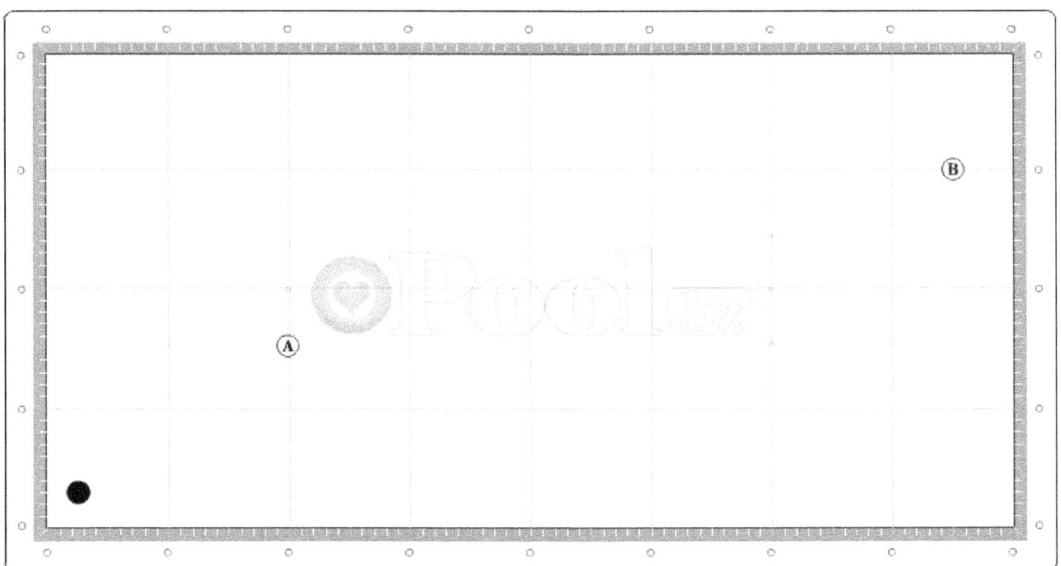

BEMÆRKNINGER:

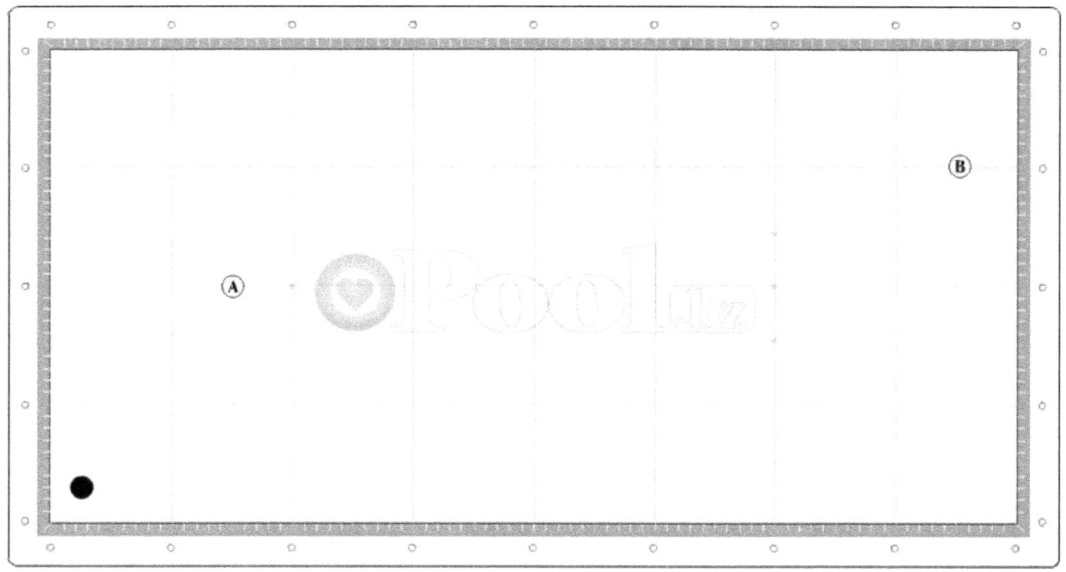

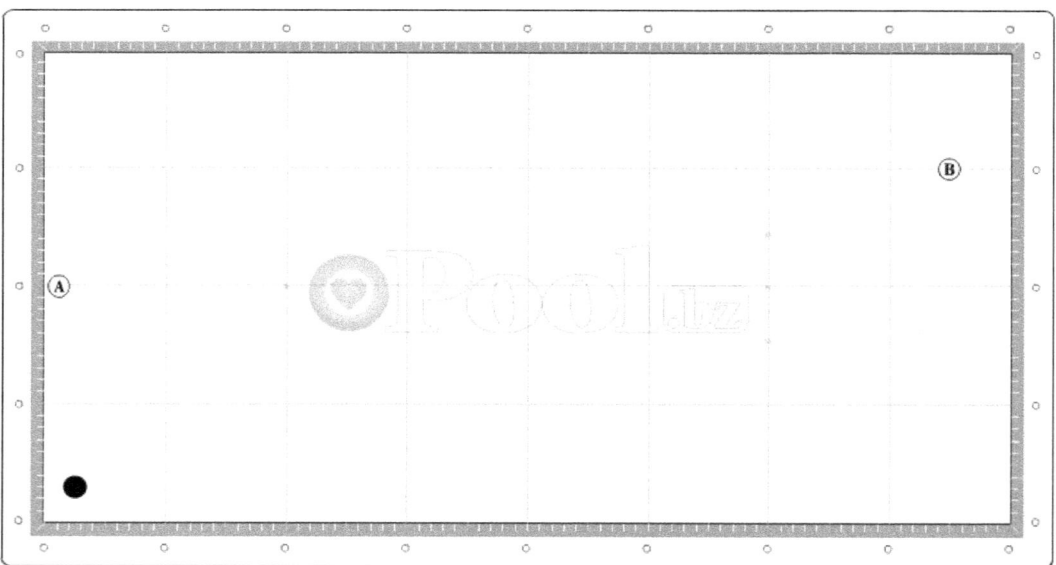

BEMÆRKNINGER:

Gruppe 1, sæt 11

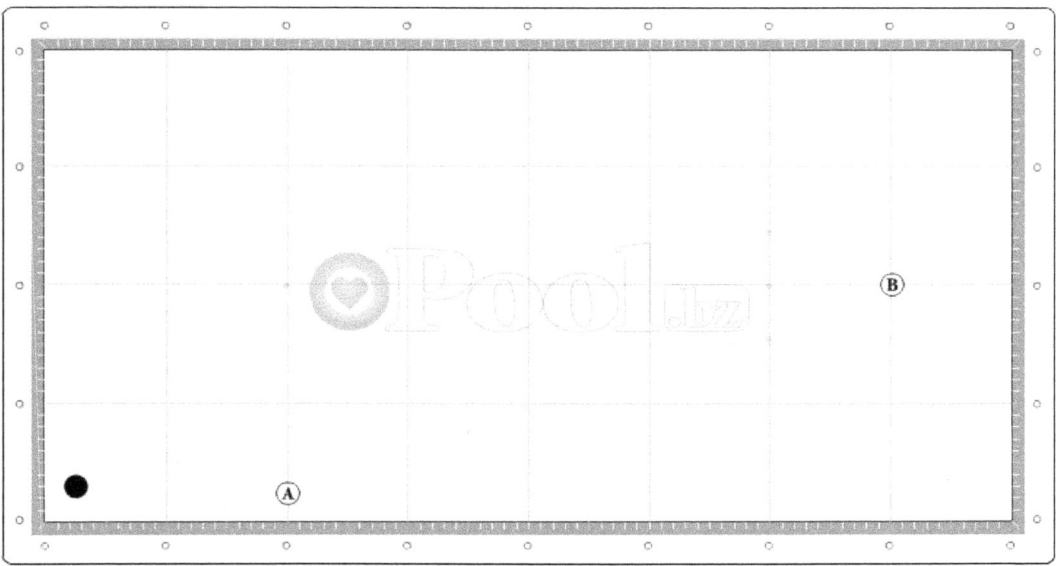

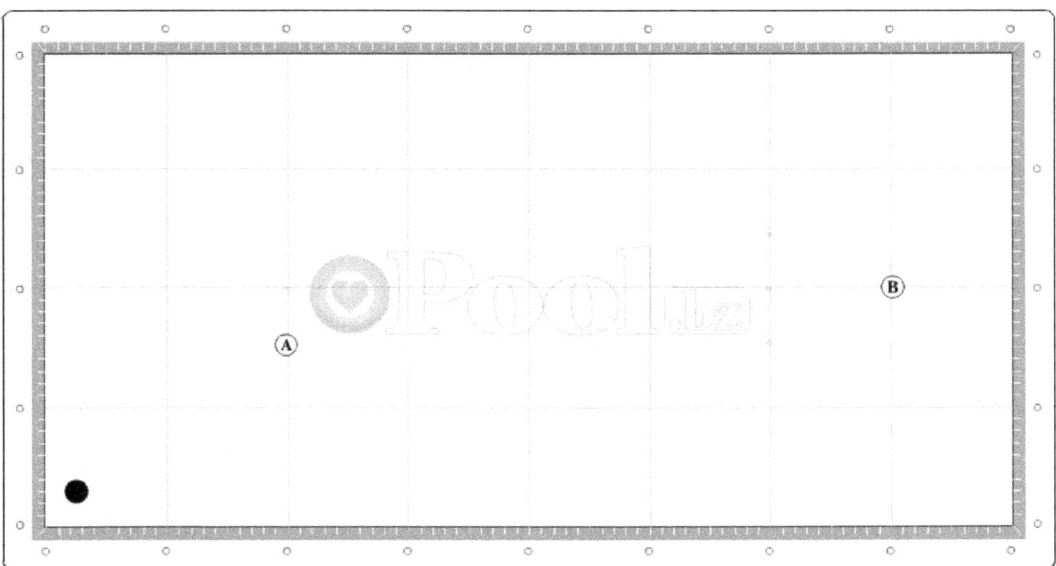

BEMÆRKNINGER:

Carom Billard: Flere gåder og puslespil

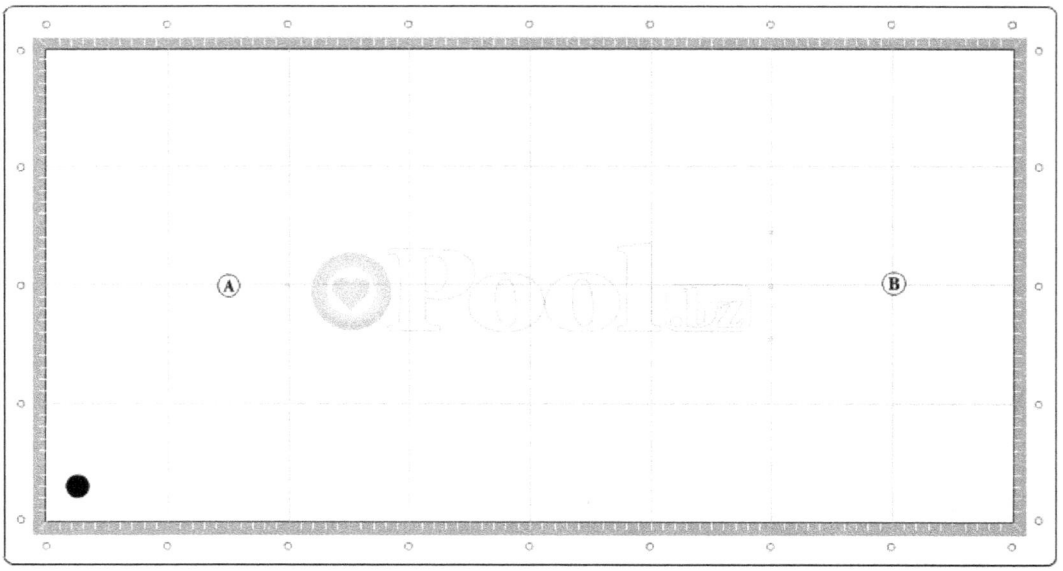

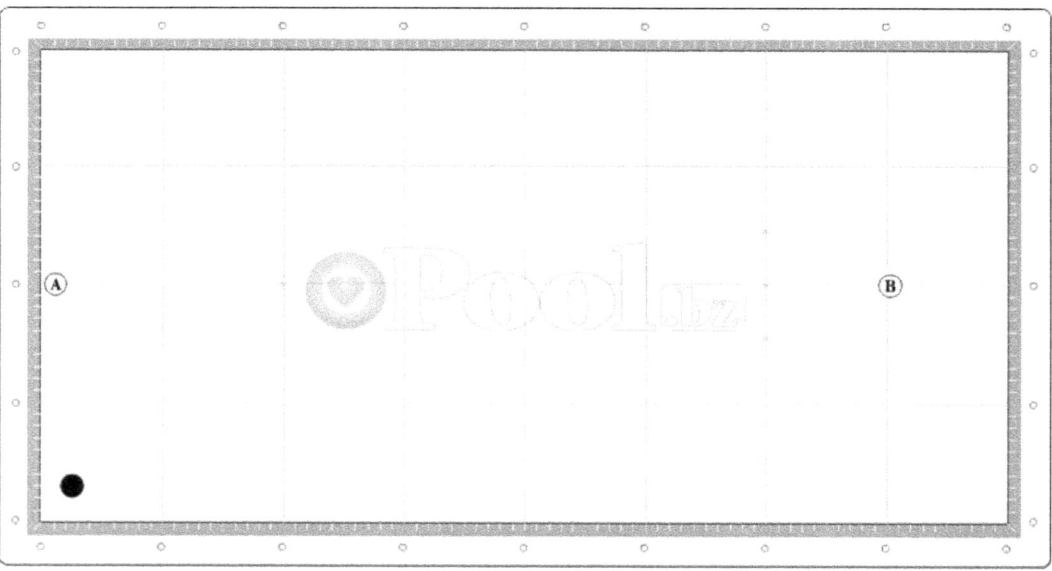

BEMÆRKNINGER:

Gruppe 1, sæt 12

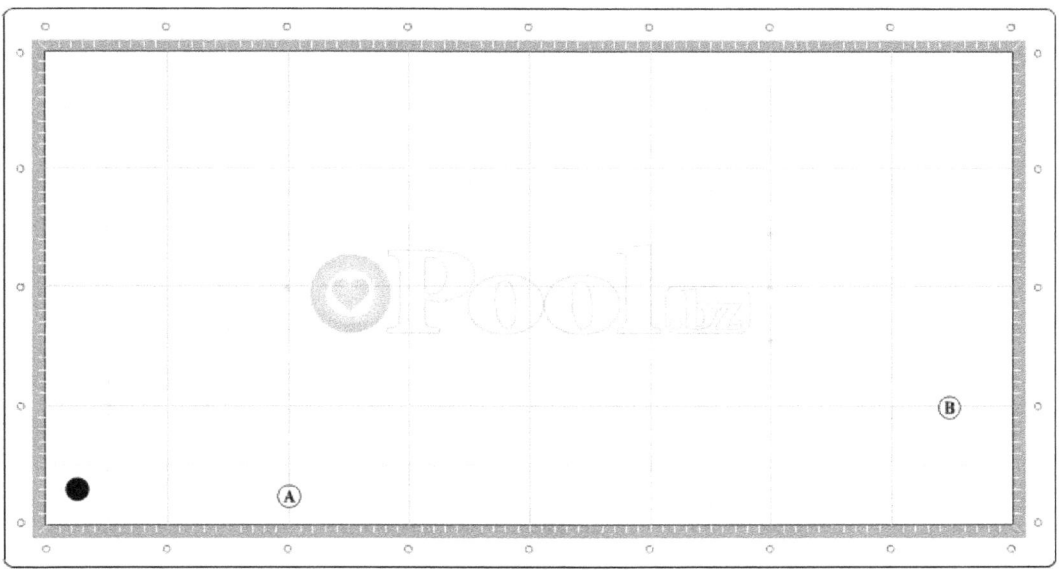

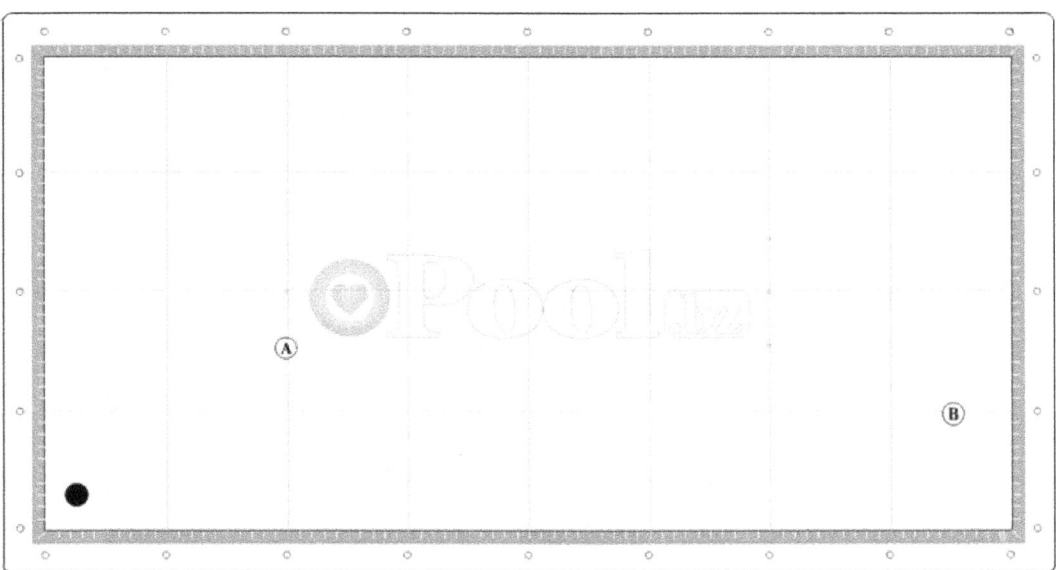

BEMÆRKNINGER:

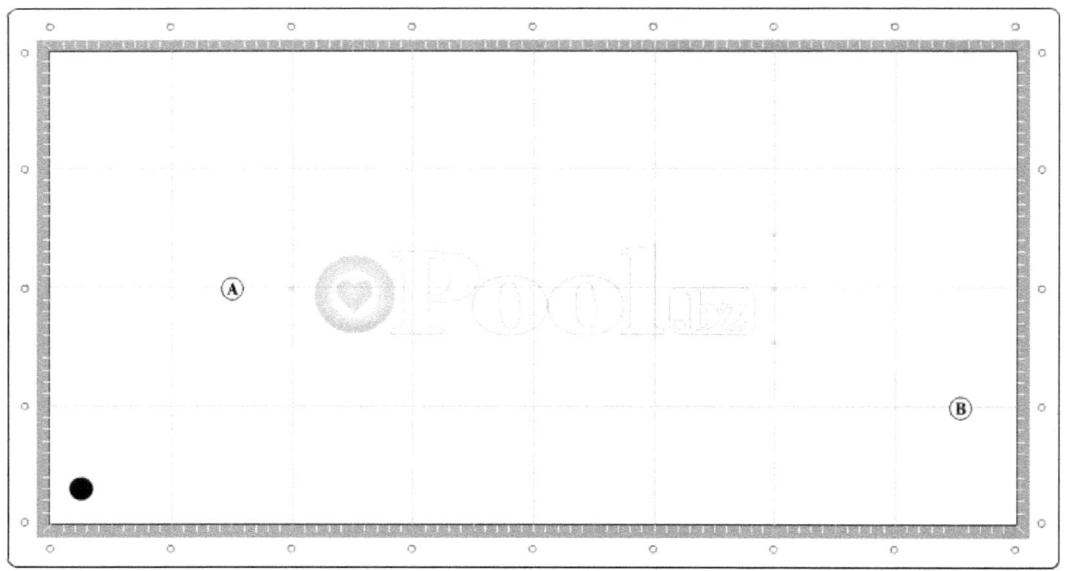

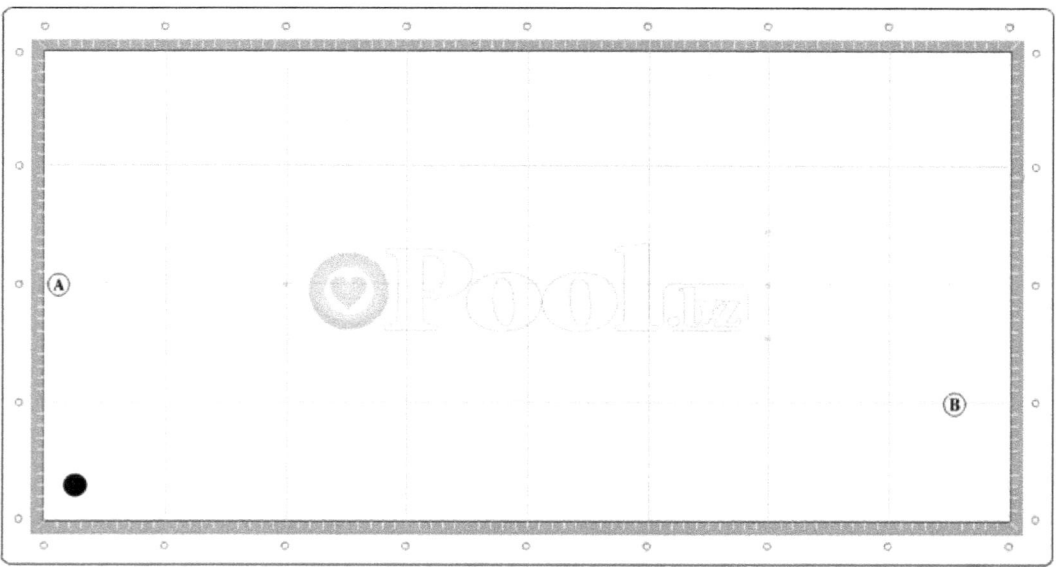

BEMÆRKNINGER:

GRUPPE 2

Gruppe 2, sæt 1

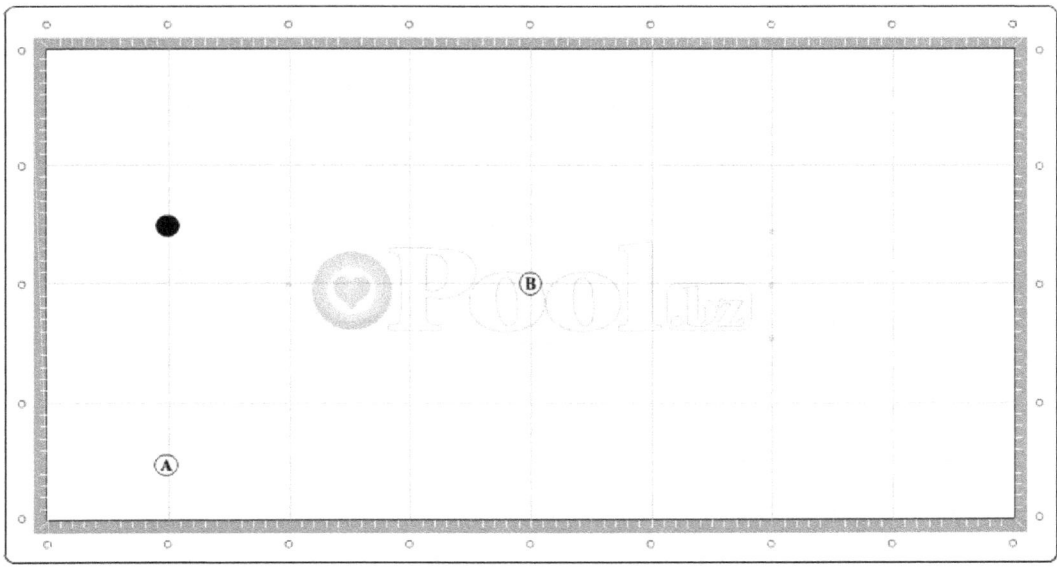

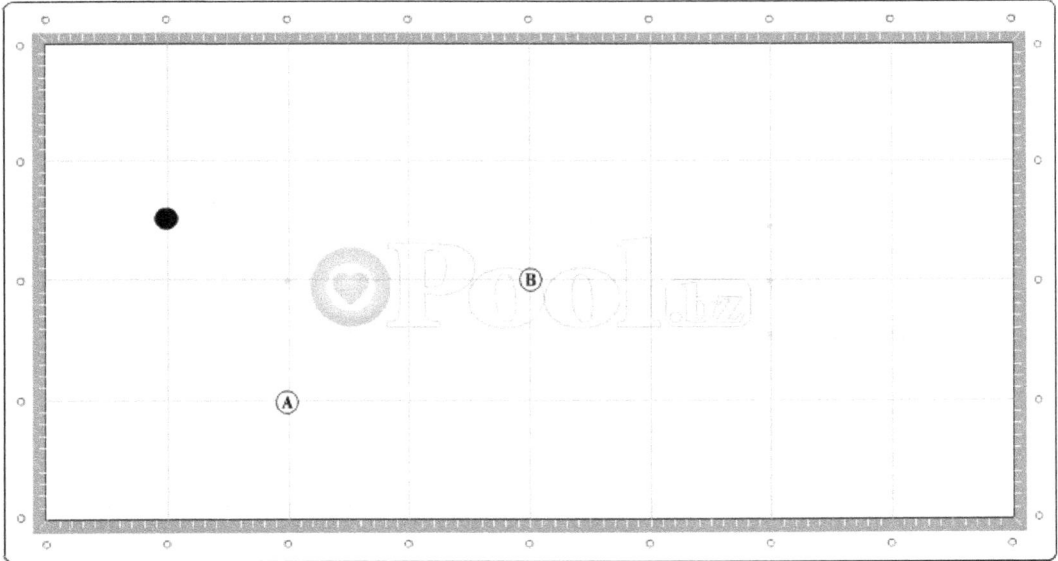

BEMÆRKNINGER:

Carom Billard: Flere gåder og puslespil

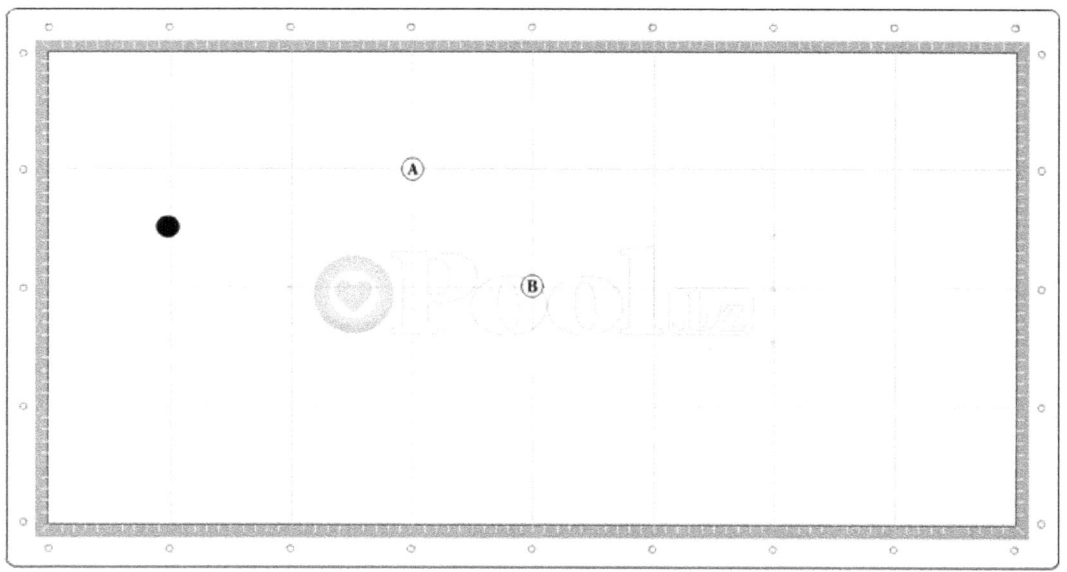

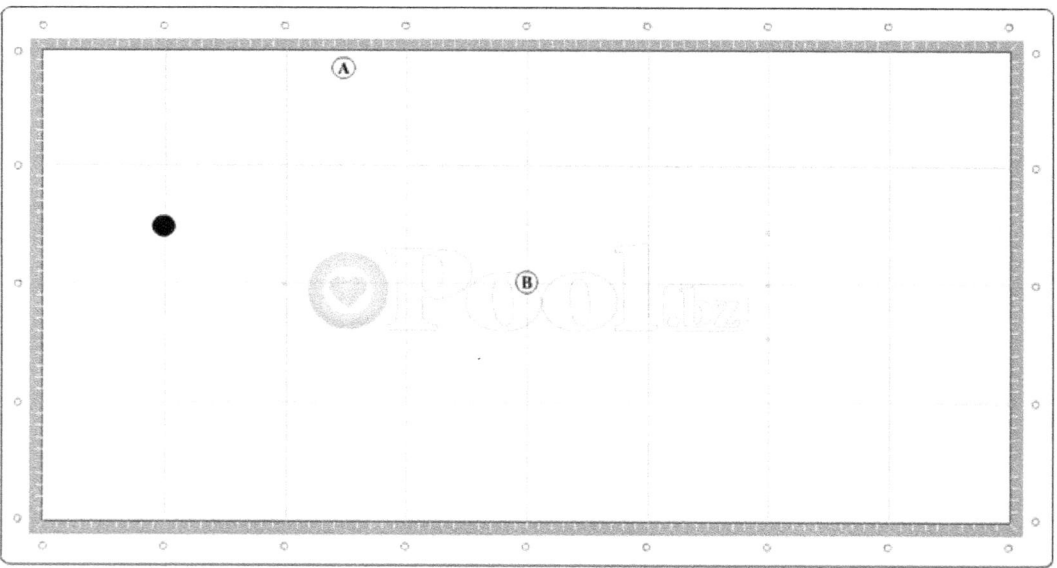

BEMÆRKNINGER:

Gruppe 2, sæt 2

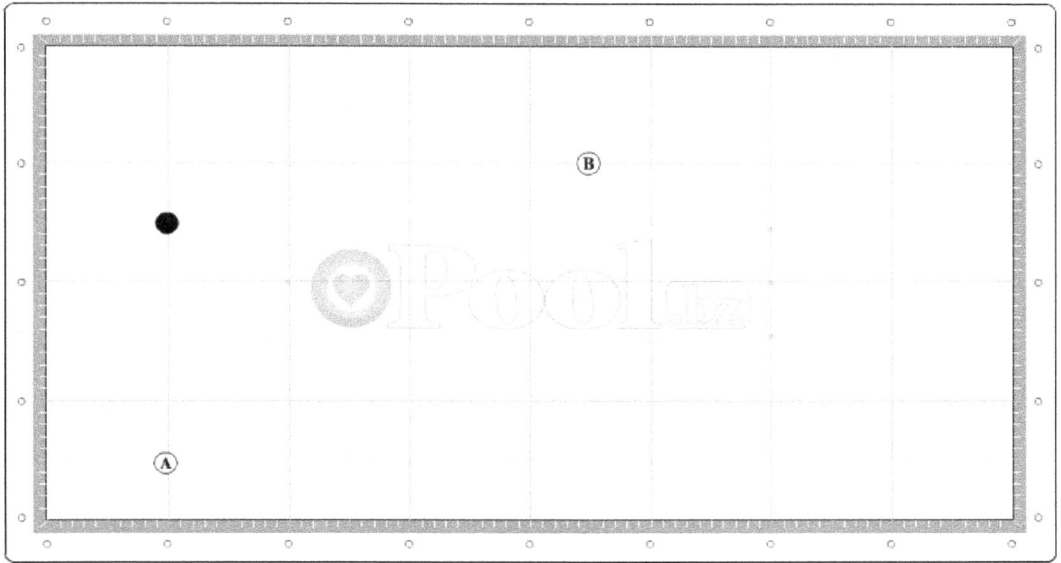

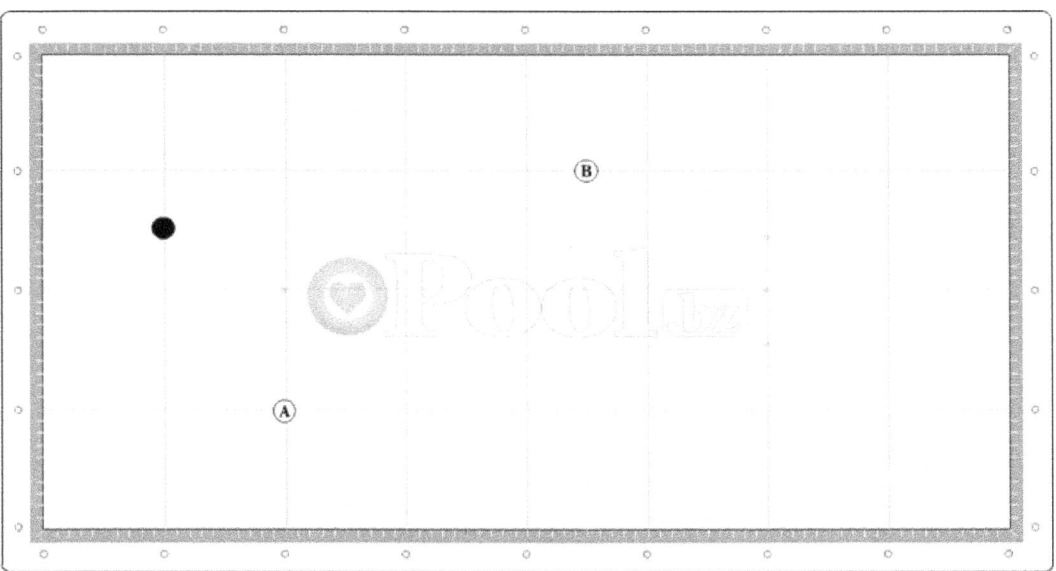

BEMÆRKNINGER:

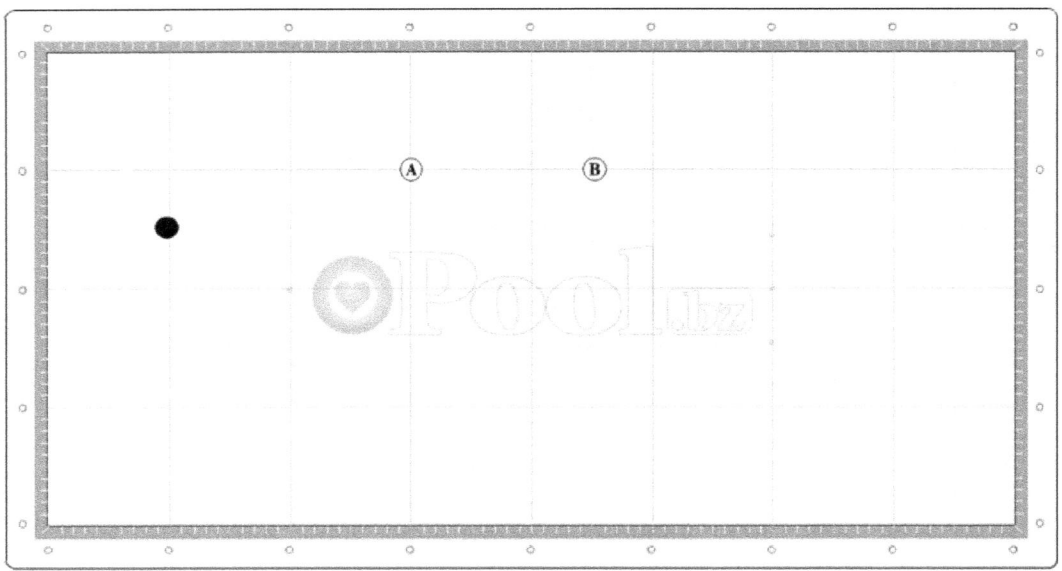

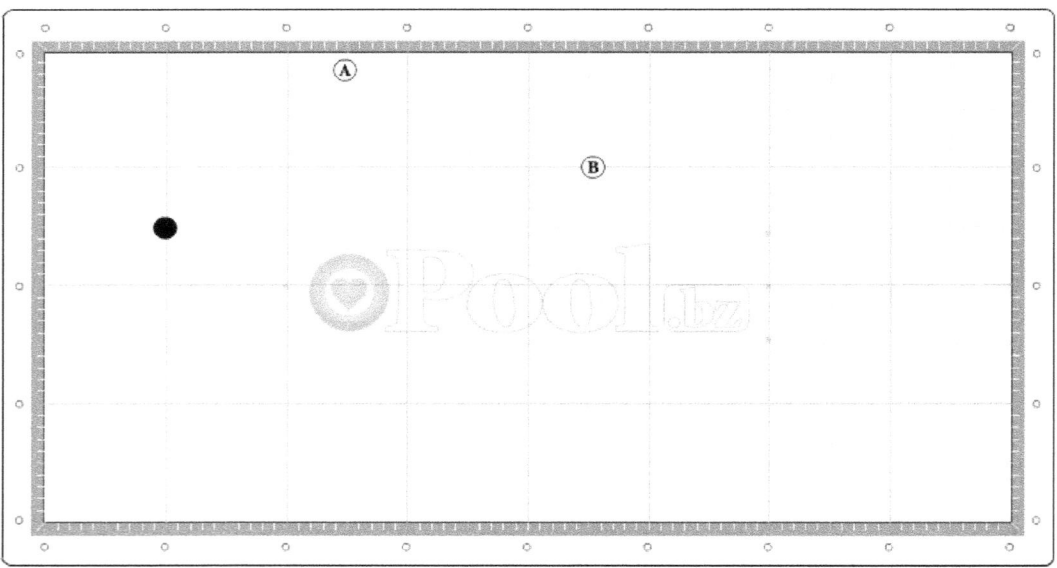

BEMÆRKNINGER:

Gruppe 2, sæt 3

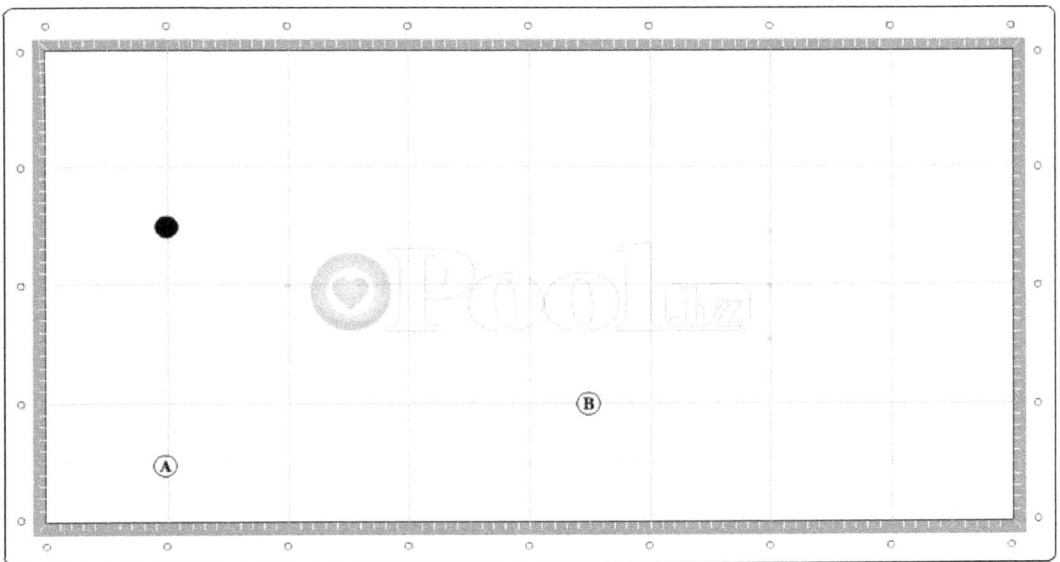

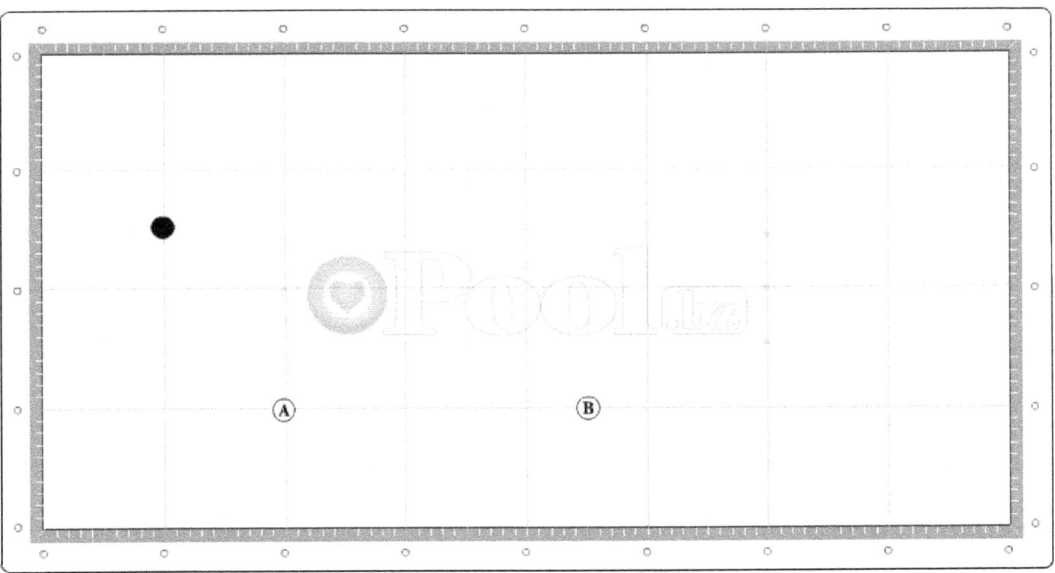

BEMÆRKNINGER:

Carom Billard: Flere gåder og puslespil

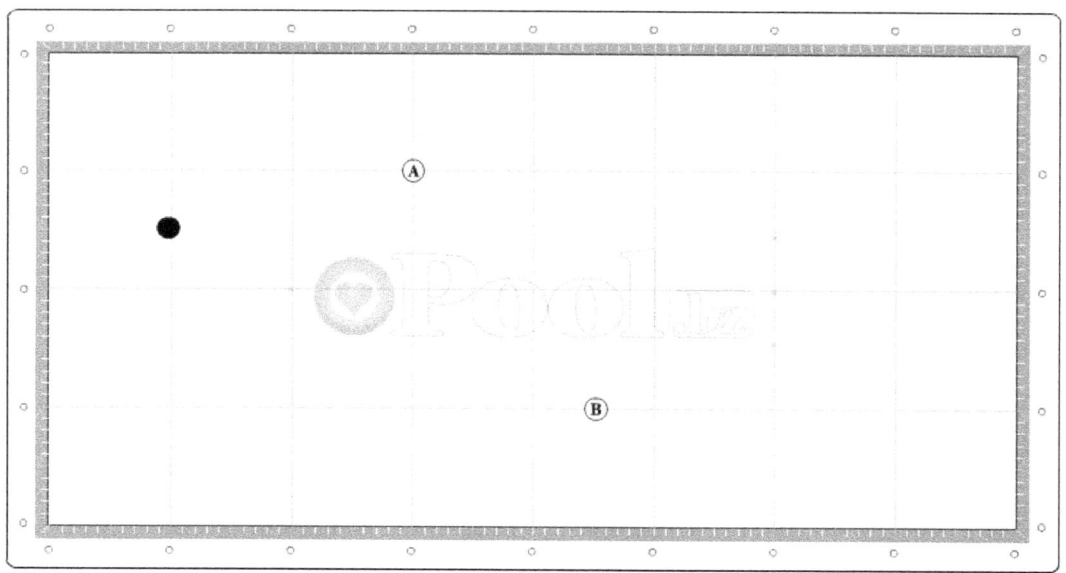

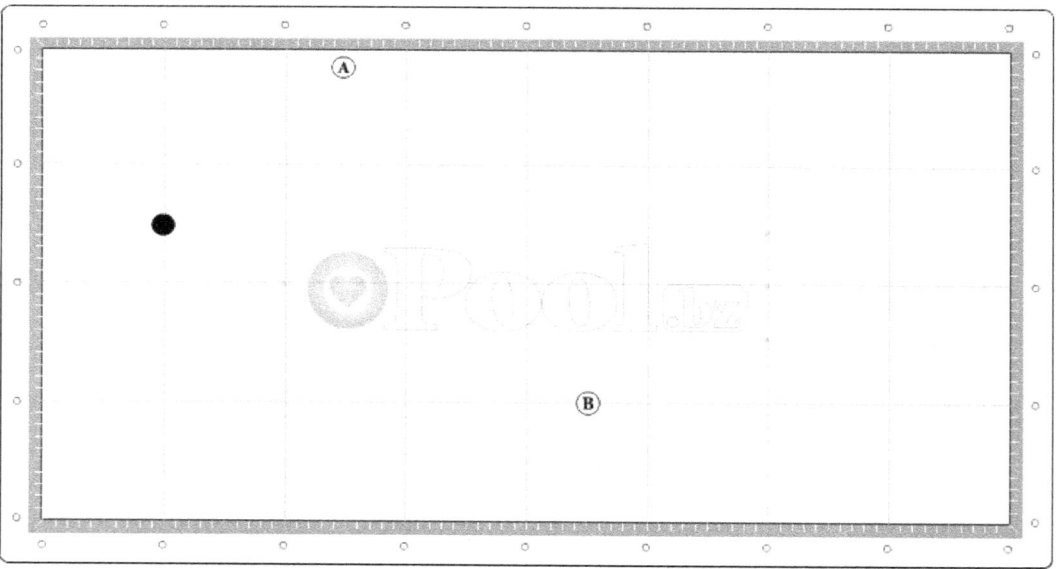

BEMÆRKNINGER:

Gruppe 2, sæt 4

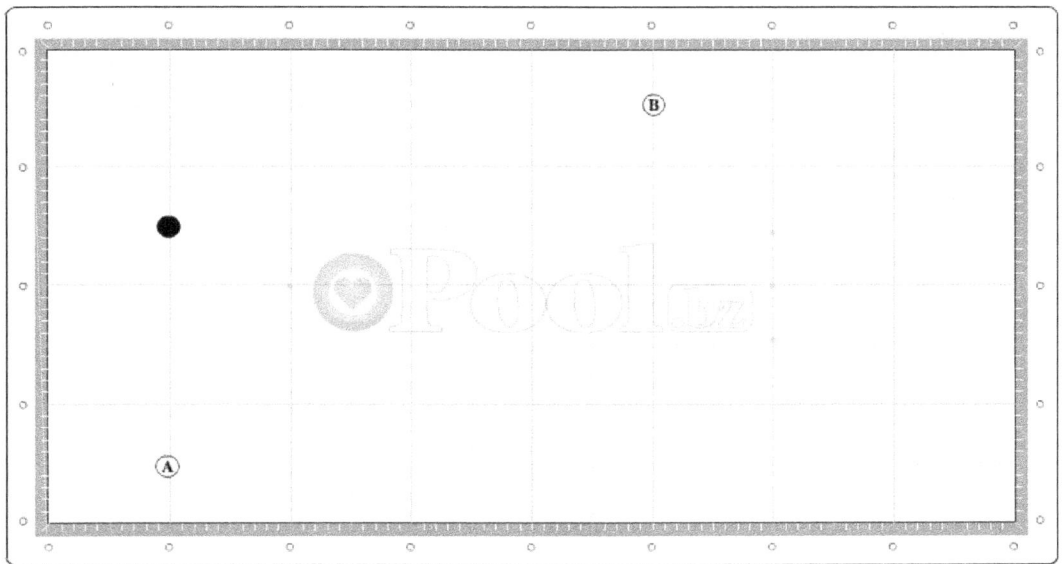

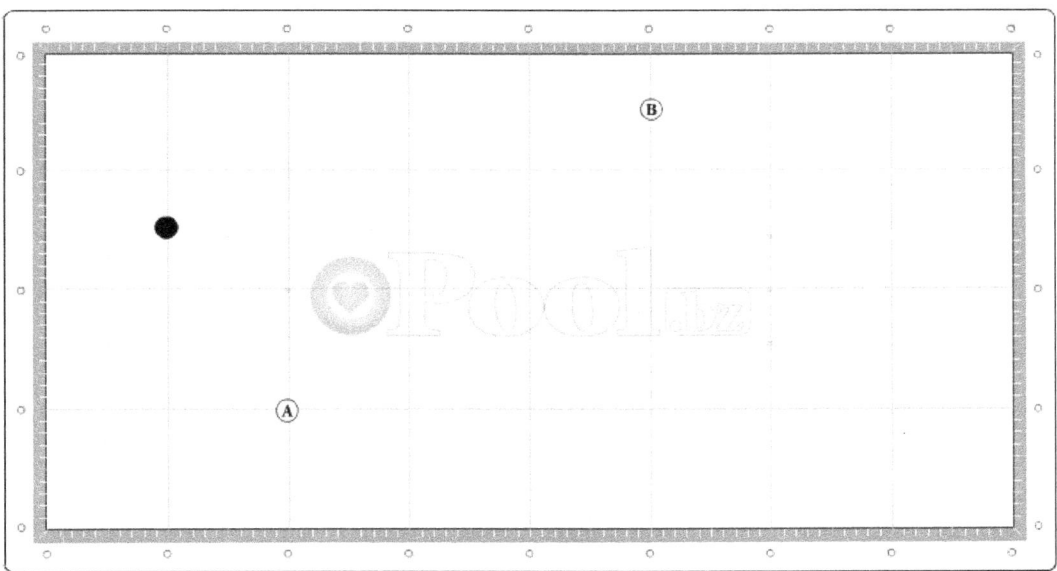

BEMÆRKNINGER:

Carom Billard: Flere gåder og puslespil

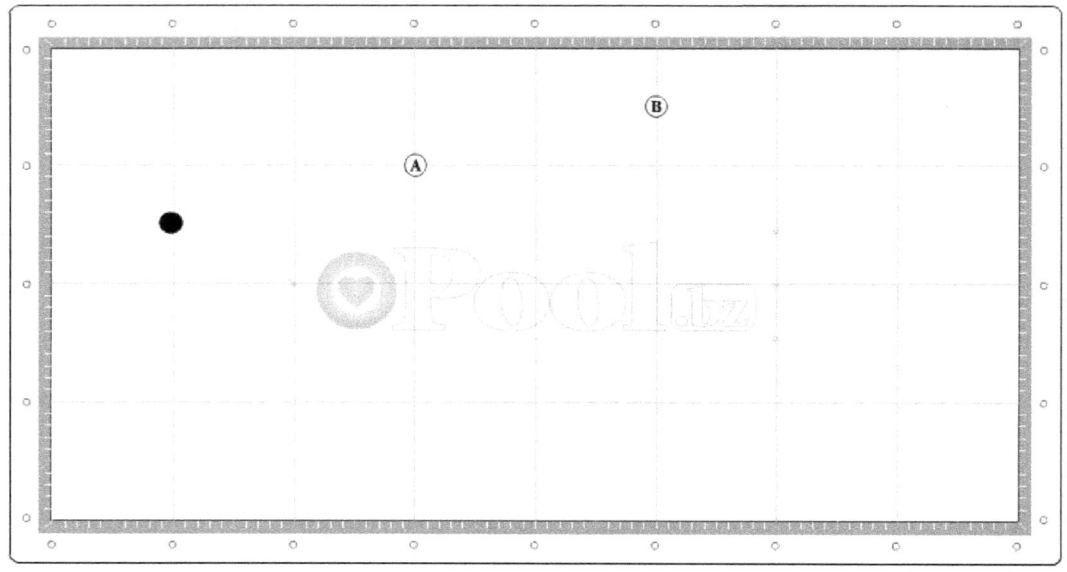

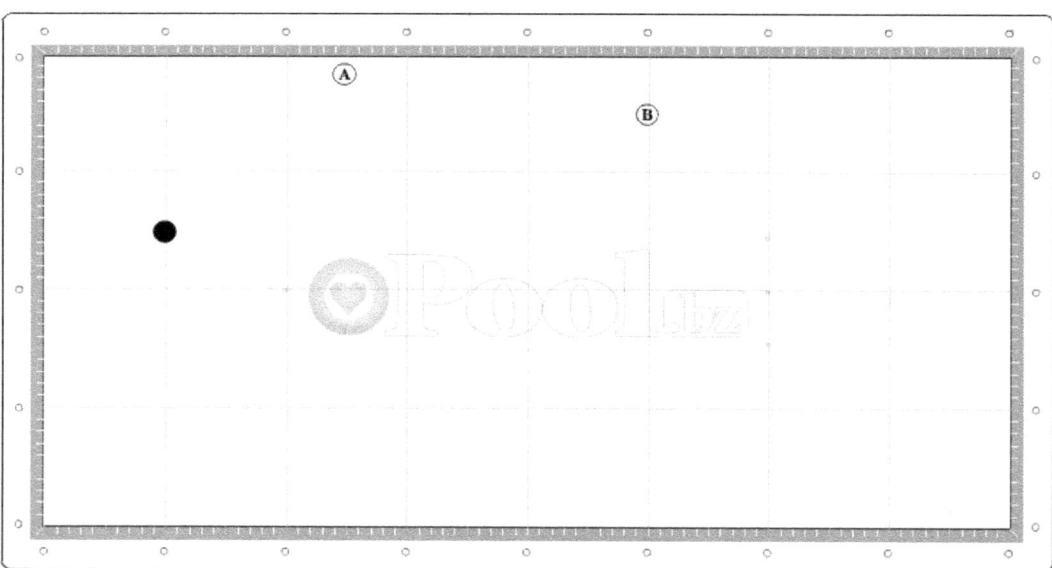

BEMÆRKNINGER:

Gruppe 2, sæt 5

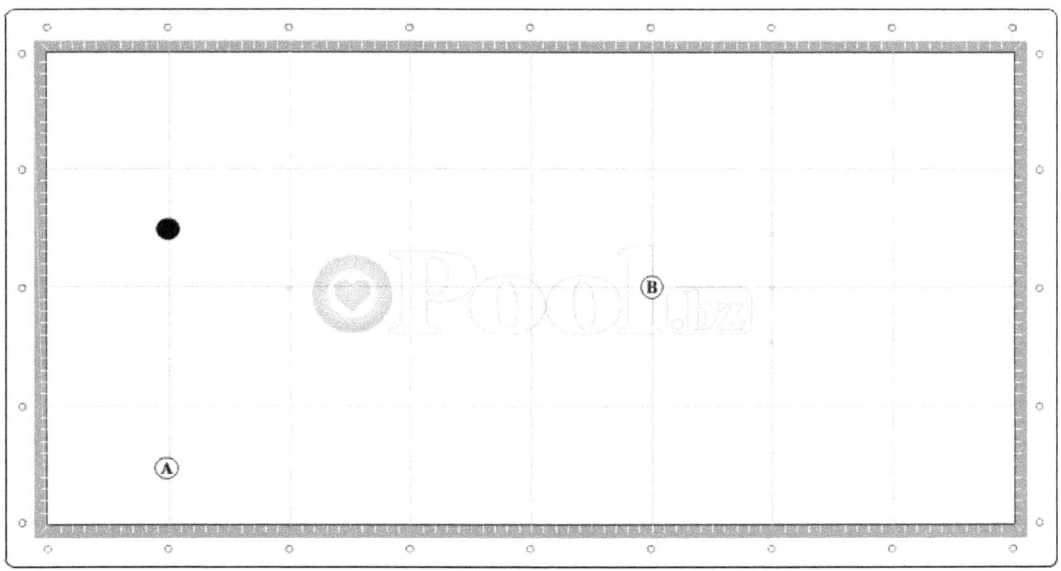

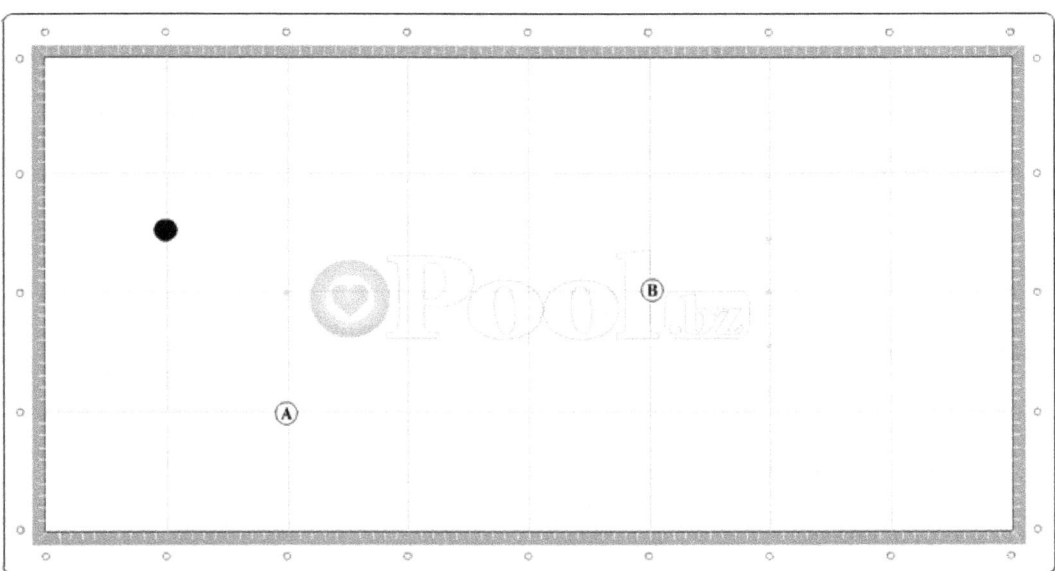

BEMÆRKNINGER:

Carom Billard: Flere gåder og puslespil

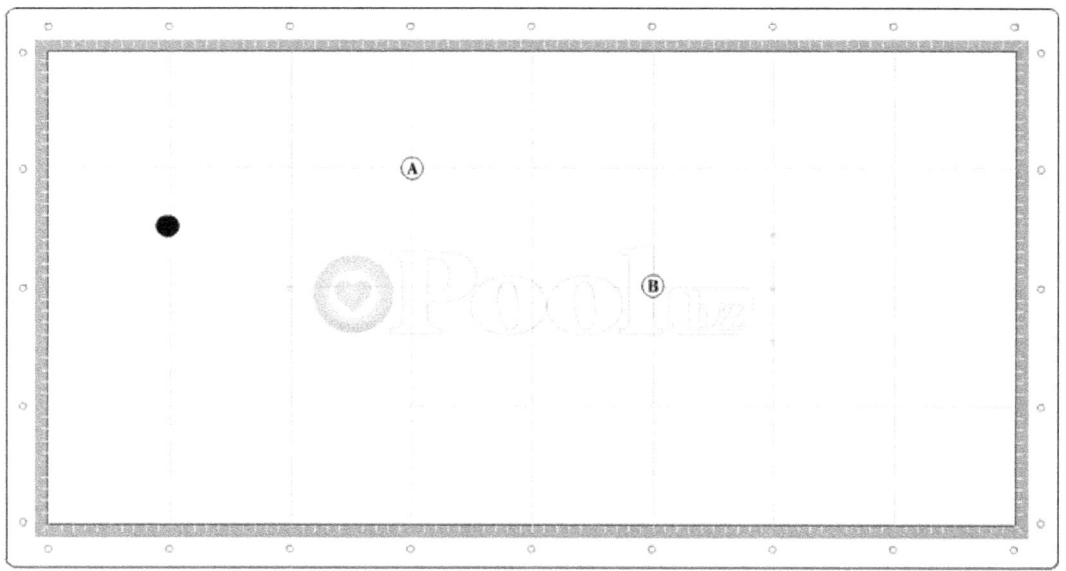

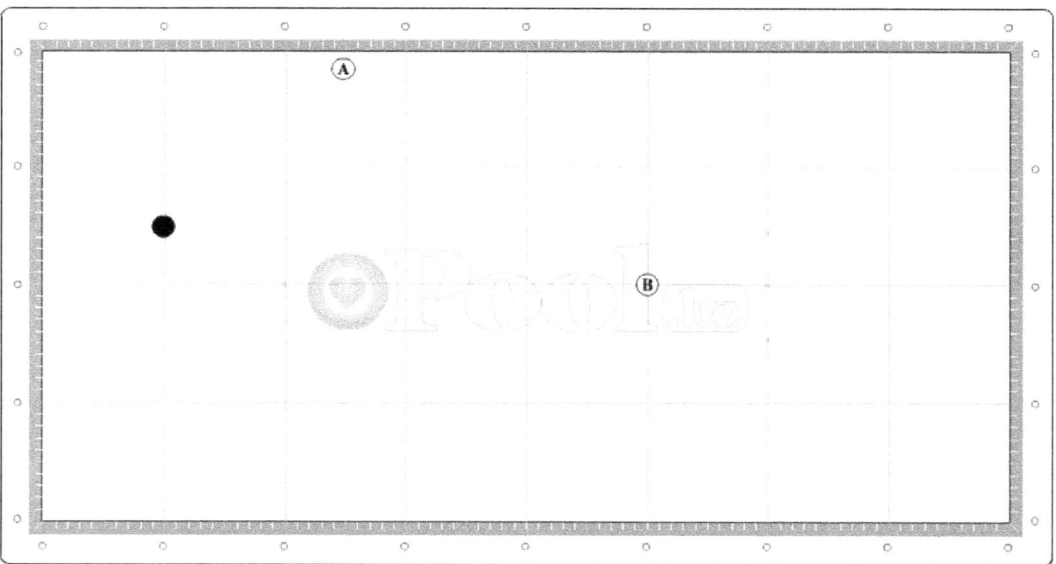

BEMÆRKNINGER:

Gruppe 2, sæt 6

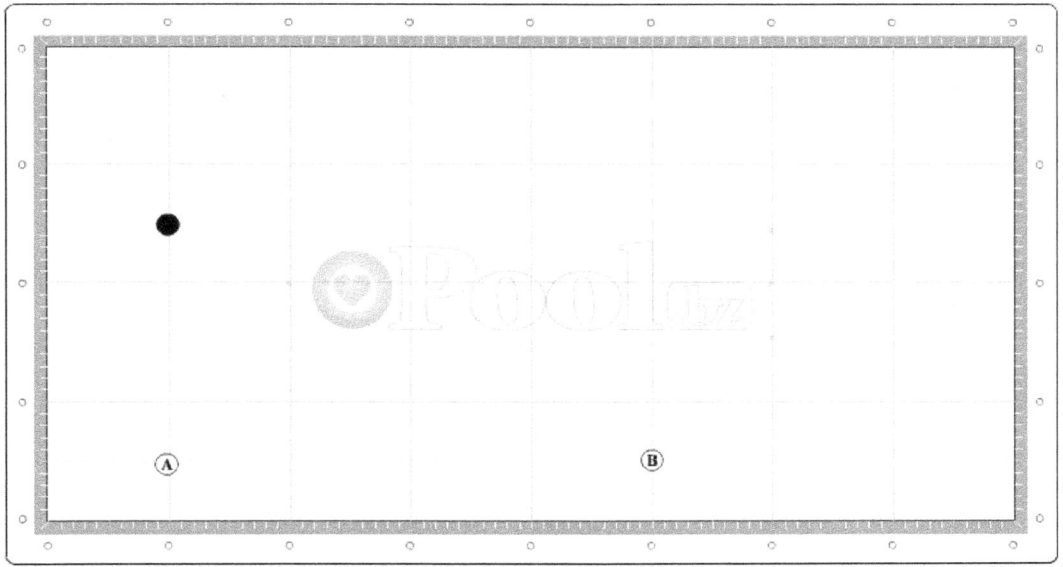

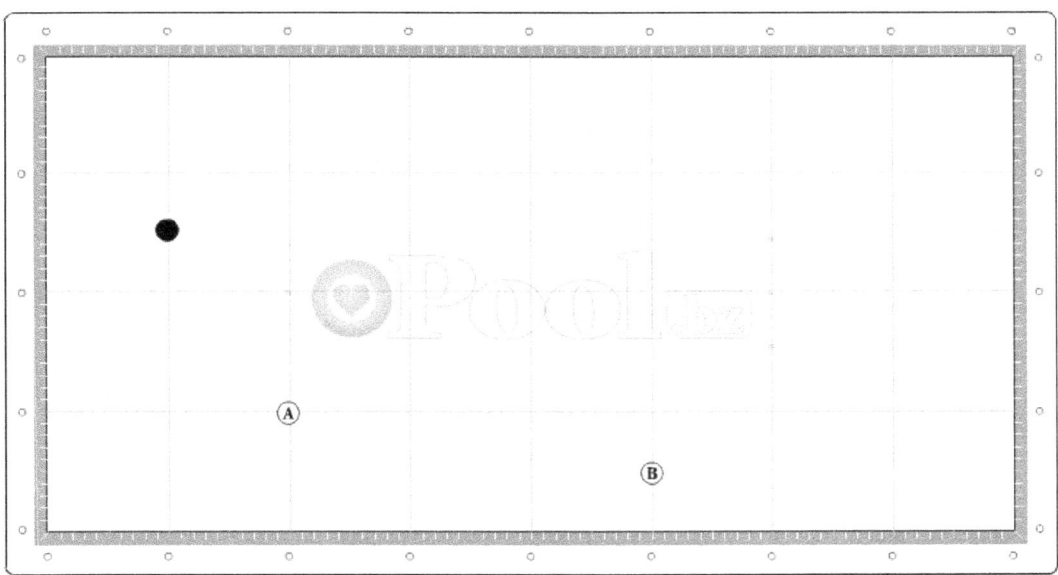

BEMÆRKNINGER:

Carom Billard: Flere gåder og puslespil

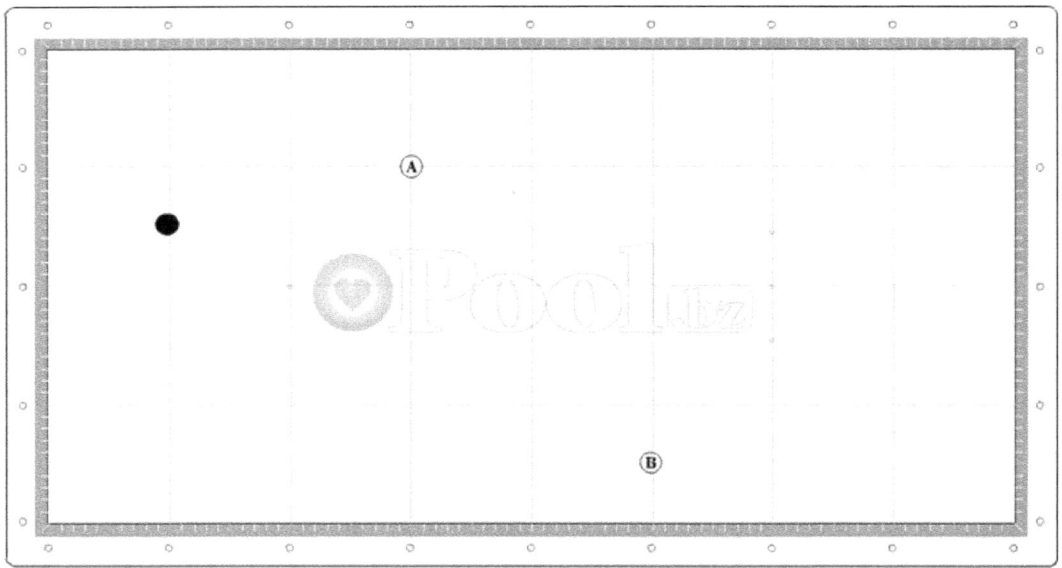

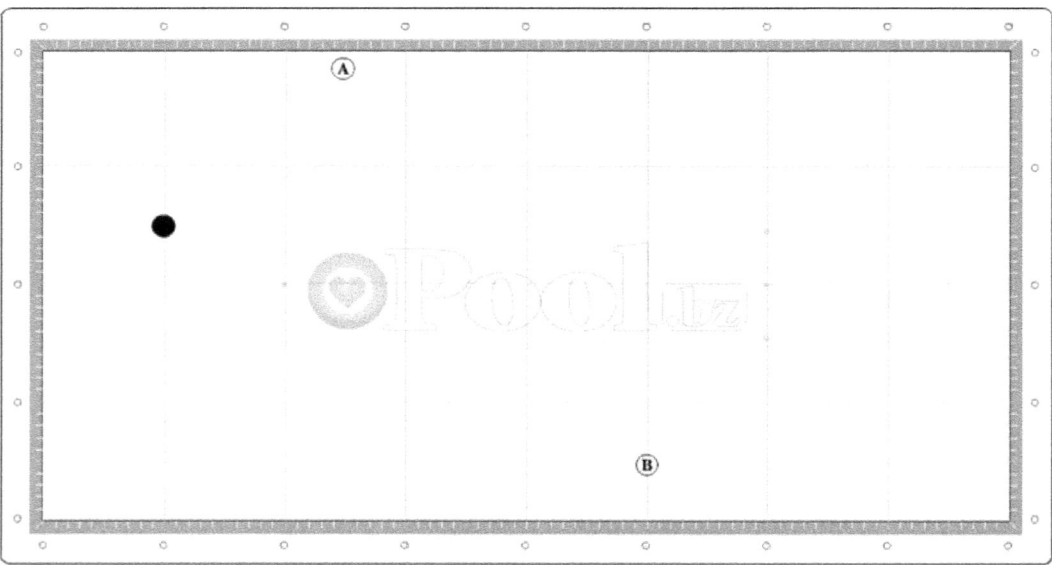

BEMÆRKNINGER:

Gruppe 2, sæt 7

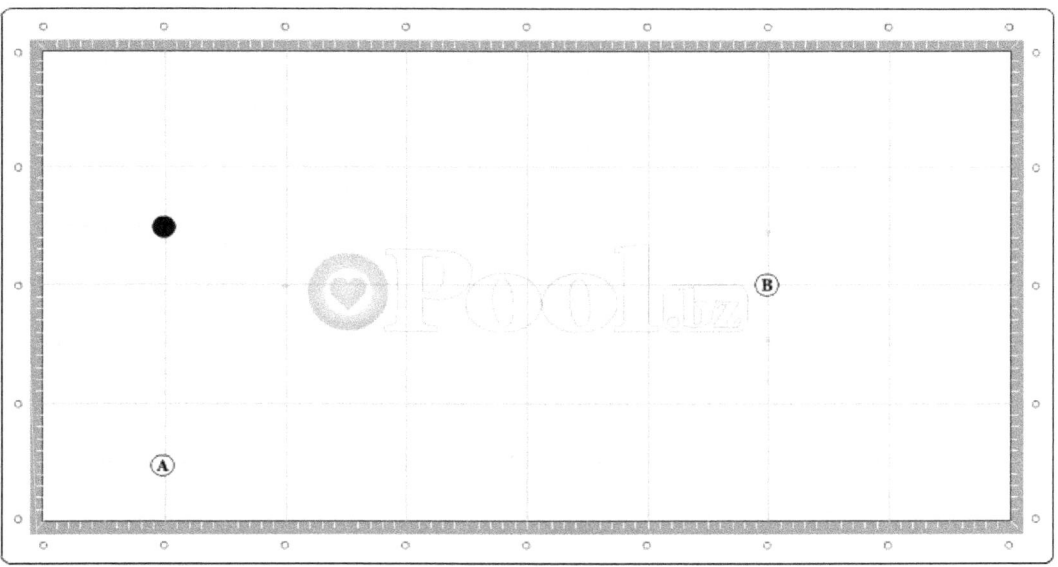

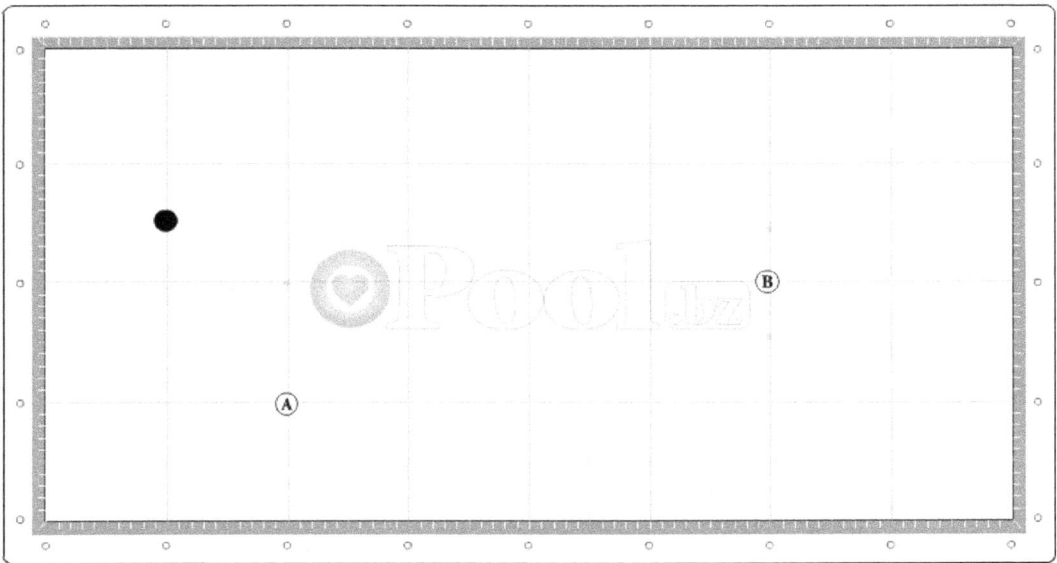

BEMÆRKNINGER:

Carom Billard: Flere gåder og puslespil

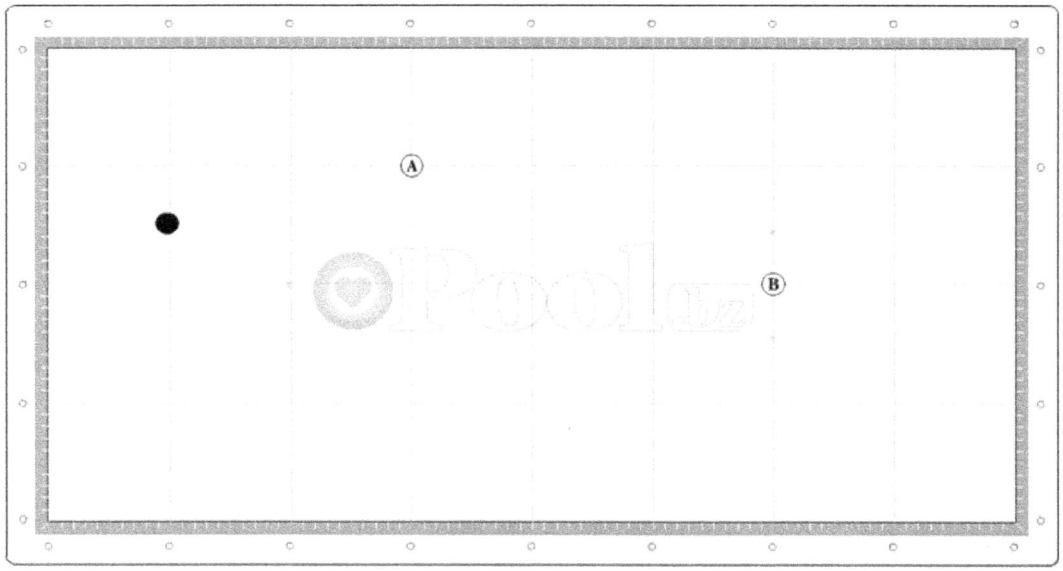

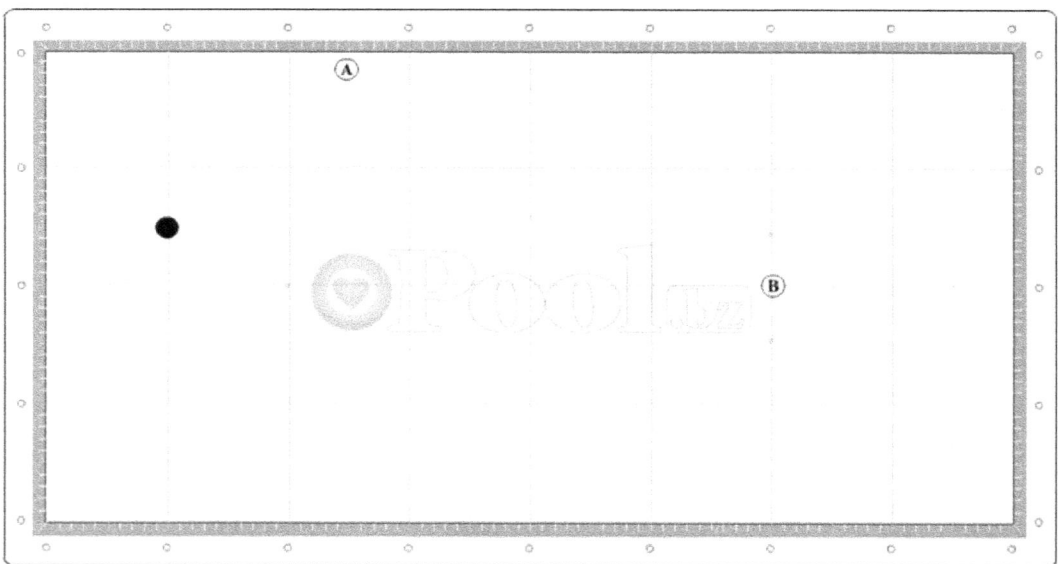

BEMÆRKNINGER:

Gruppe 2, sæt 8

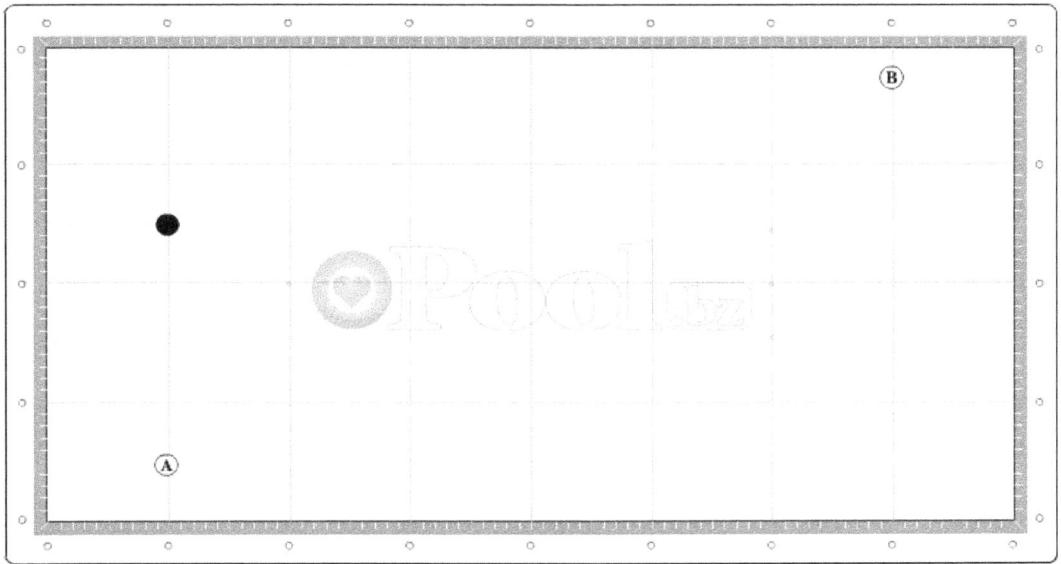

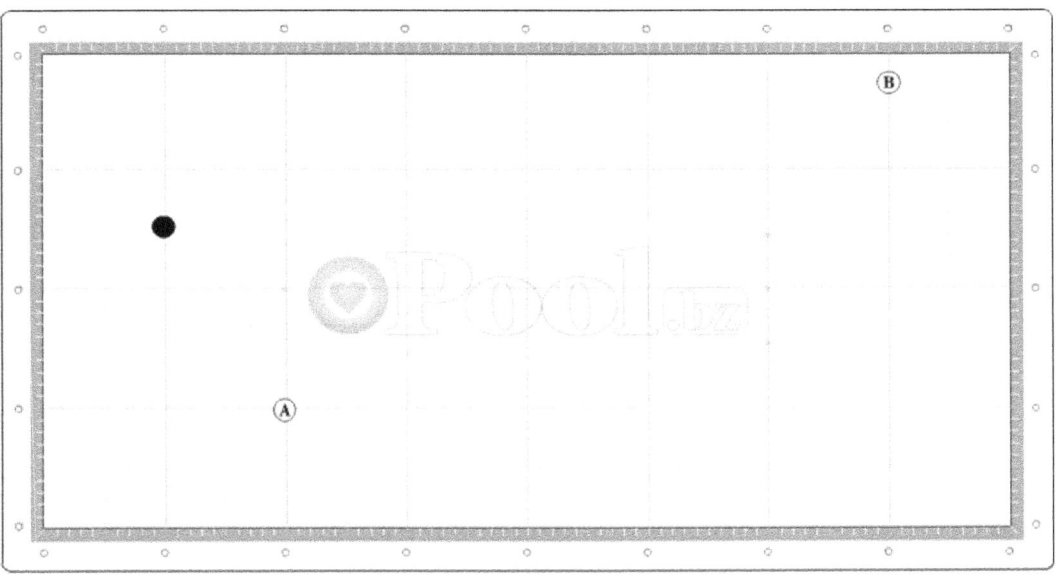

BEMÆRKNINGER:

Carom Billard: Flere gåder og puslespil

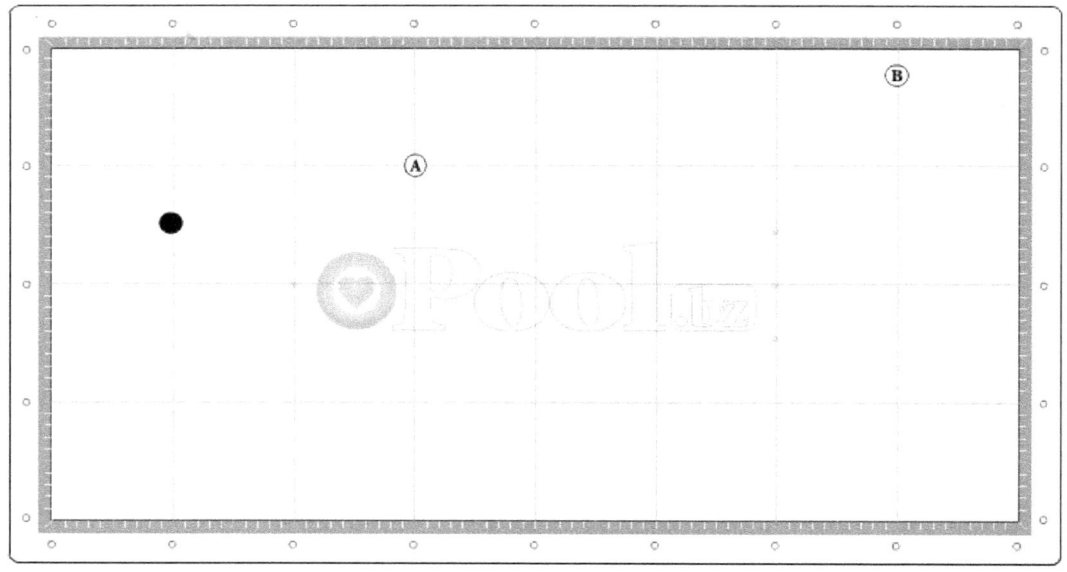

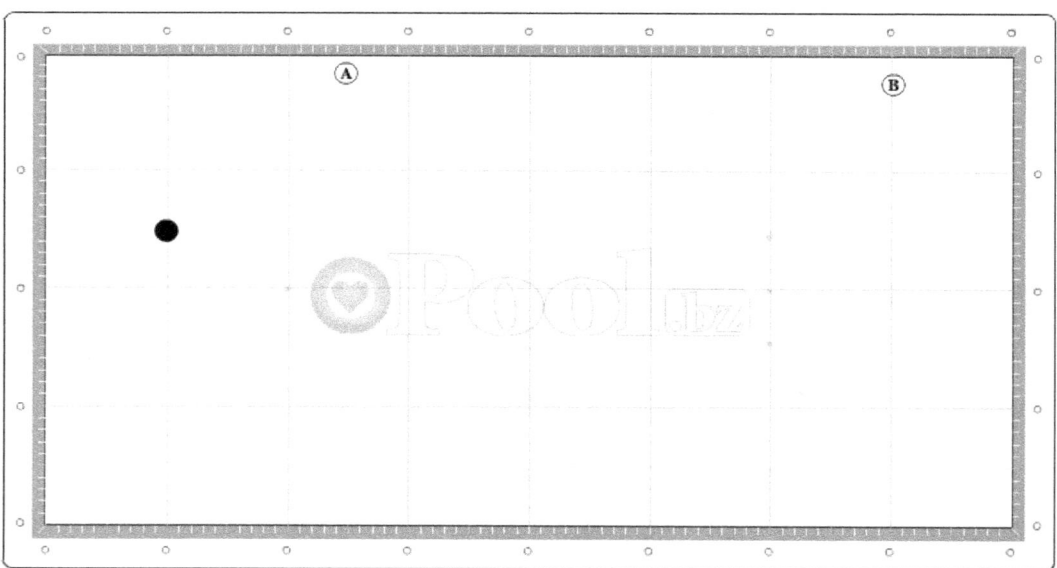

BEMÆRKNINGER:

Gruppe 2, sæt 9

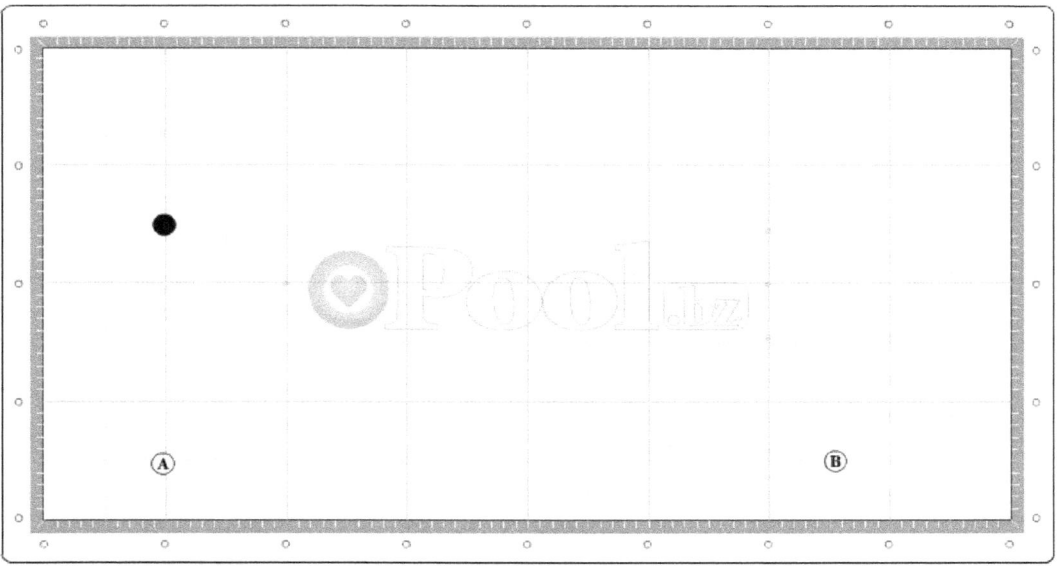

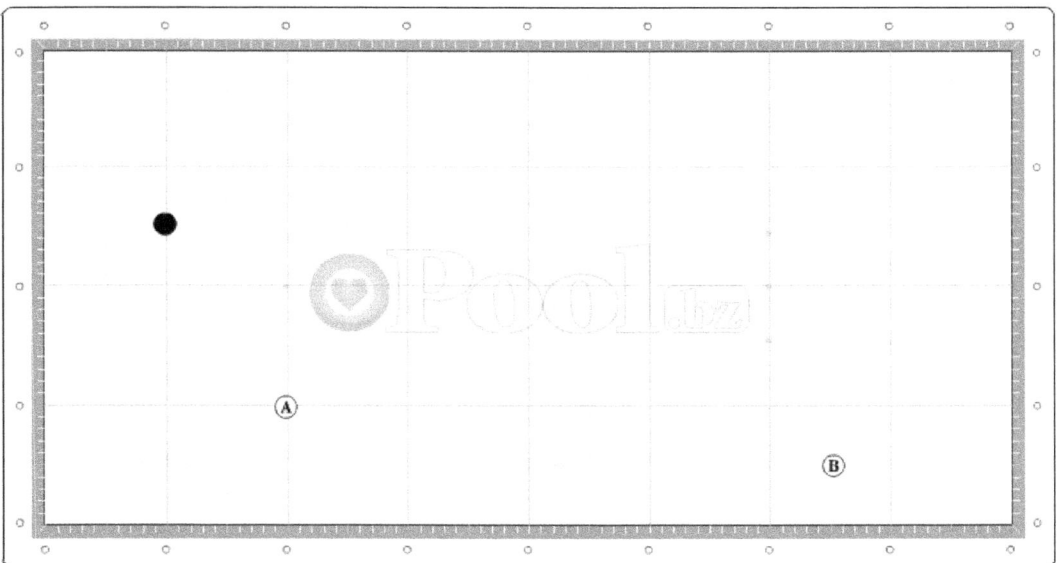

BEMÆRKNINGER:

Carom Billard: Flere gåder og puslespil

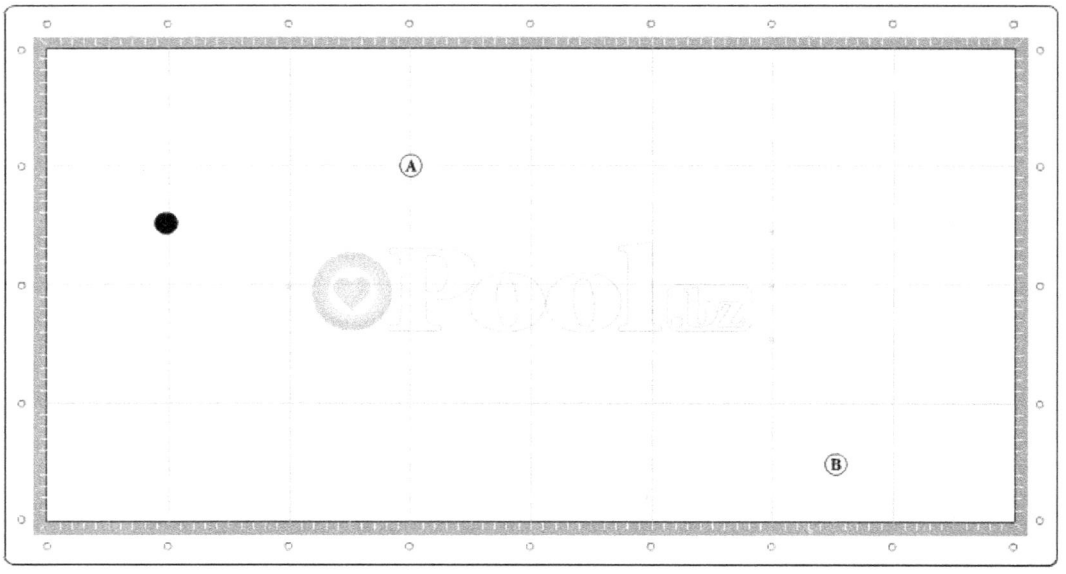

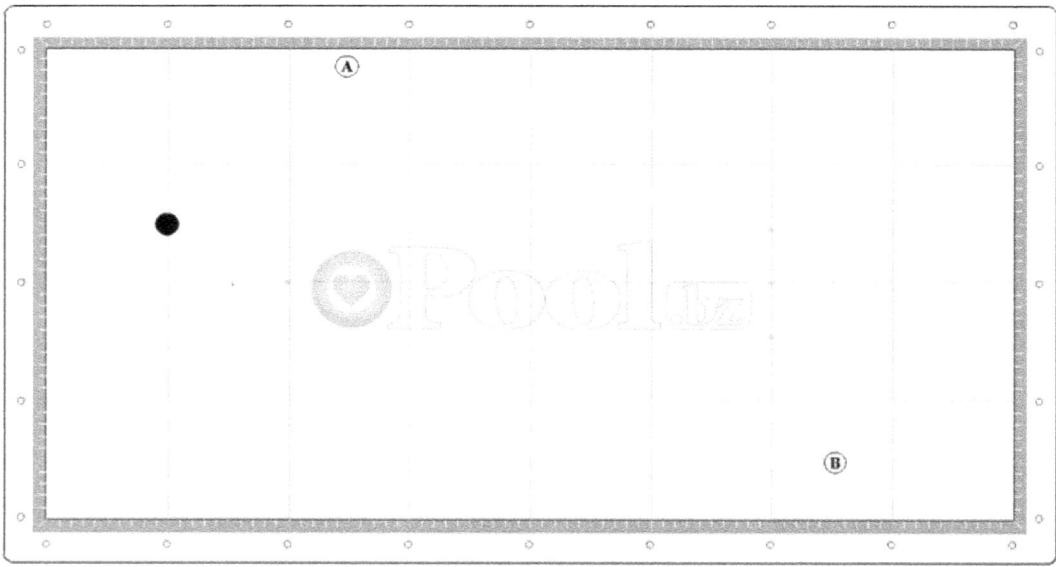

BEMÆRKNINGER:

Gruppe 2, sæt 10

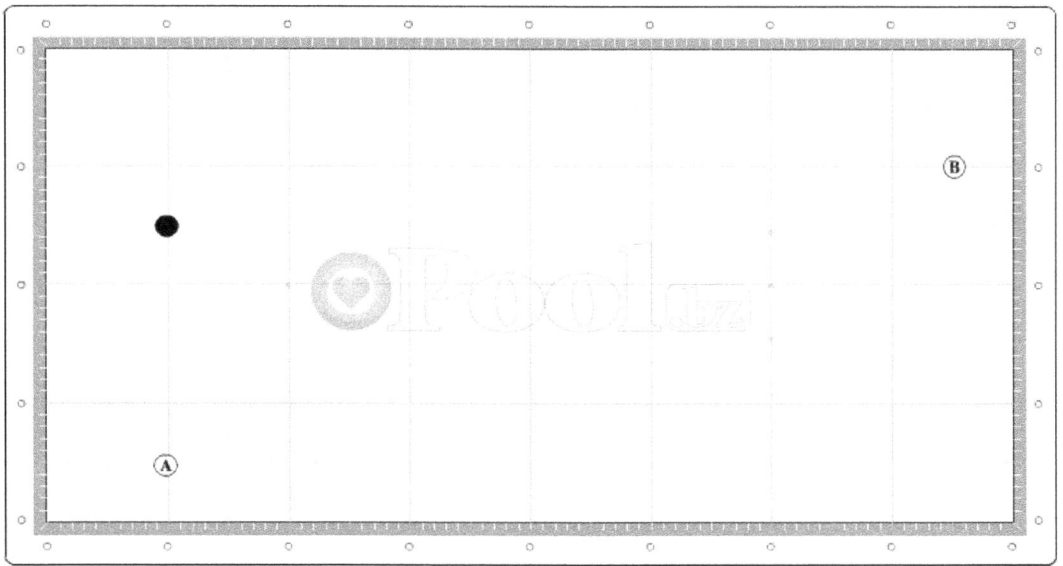

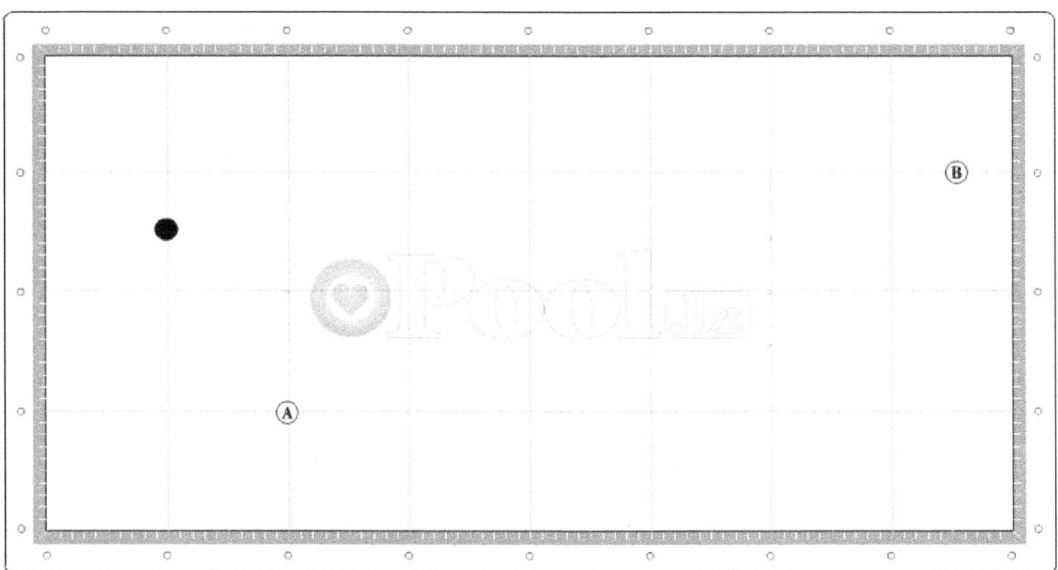

BEMÆRKNINGER:

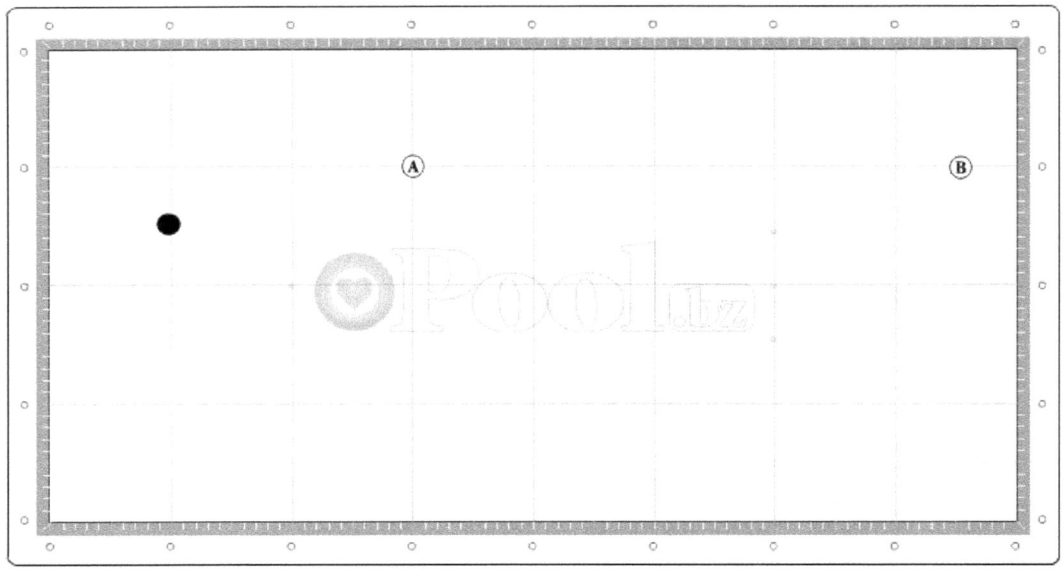

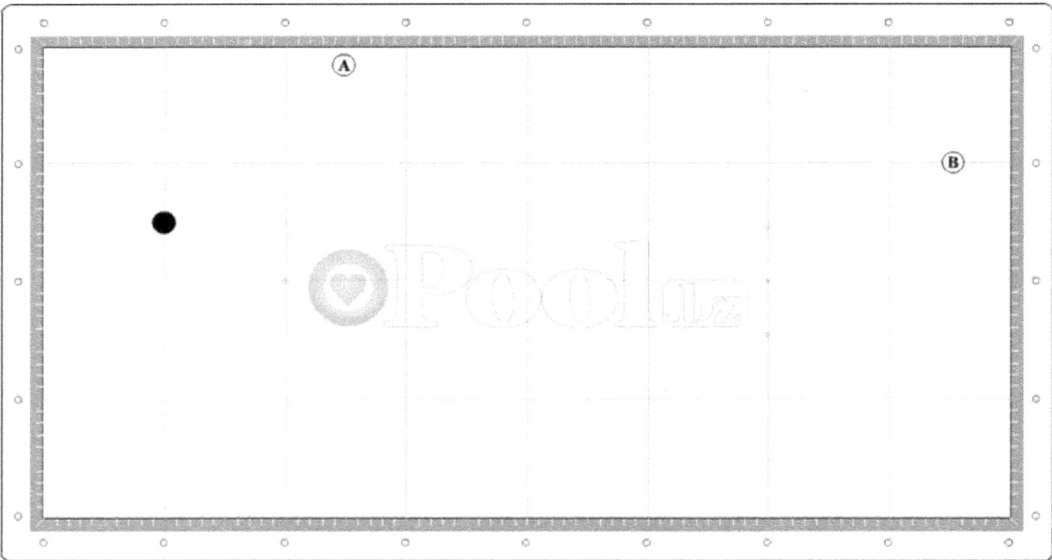

BEMÆRKNINGER:

Gruppe 2, sæt 11

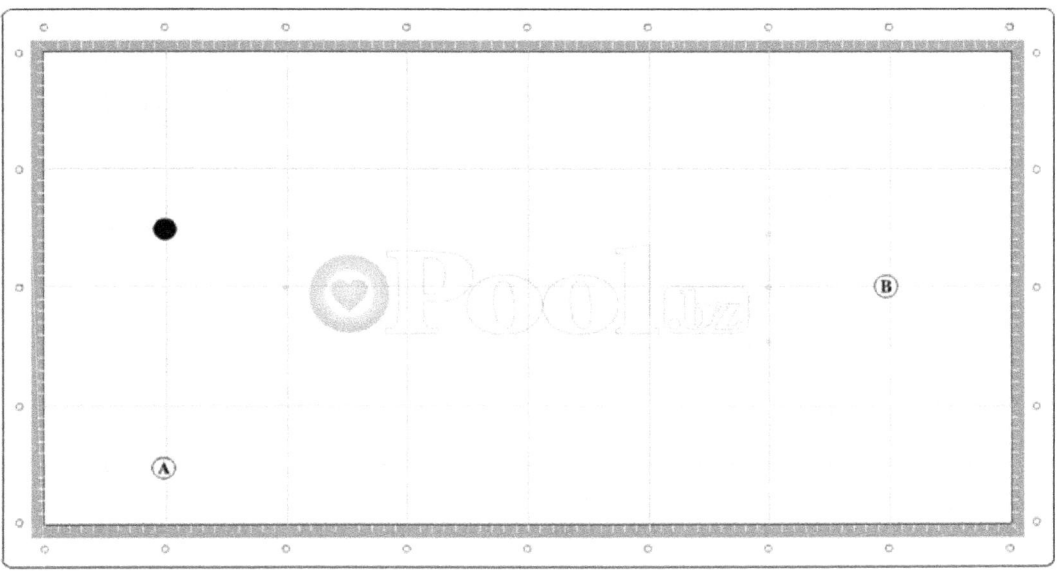

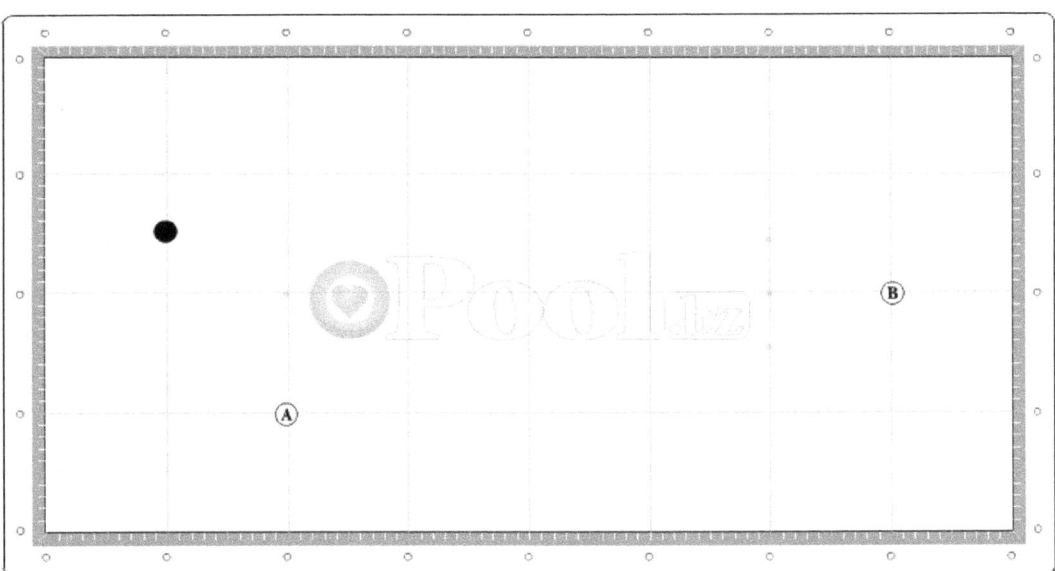

BEMÆRKNINGER:

Carom Billard: Flere gåder og puslespil

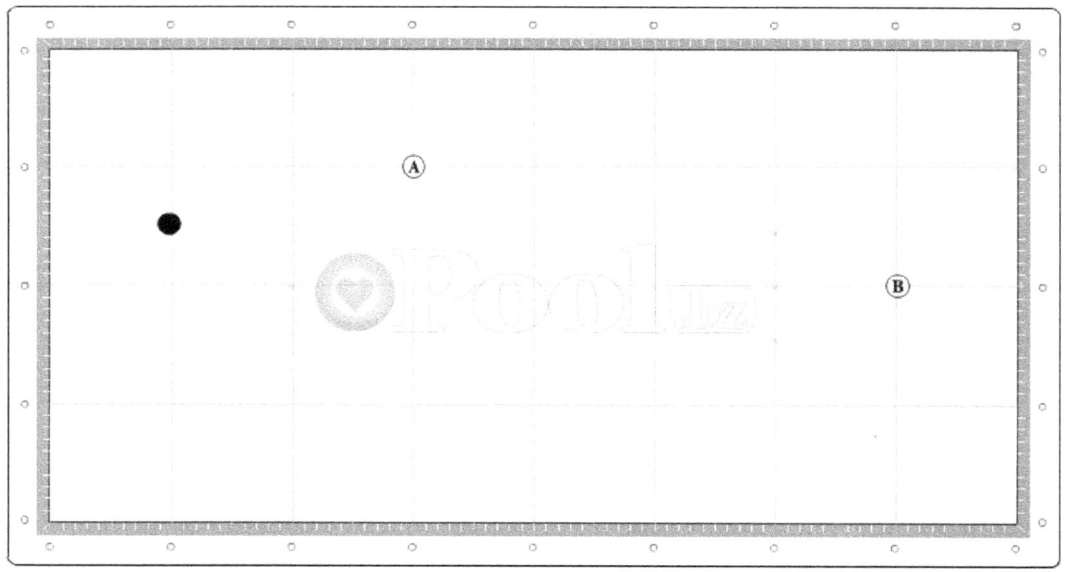

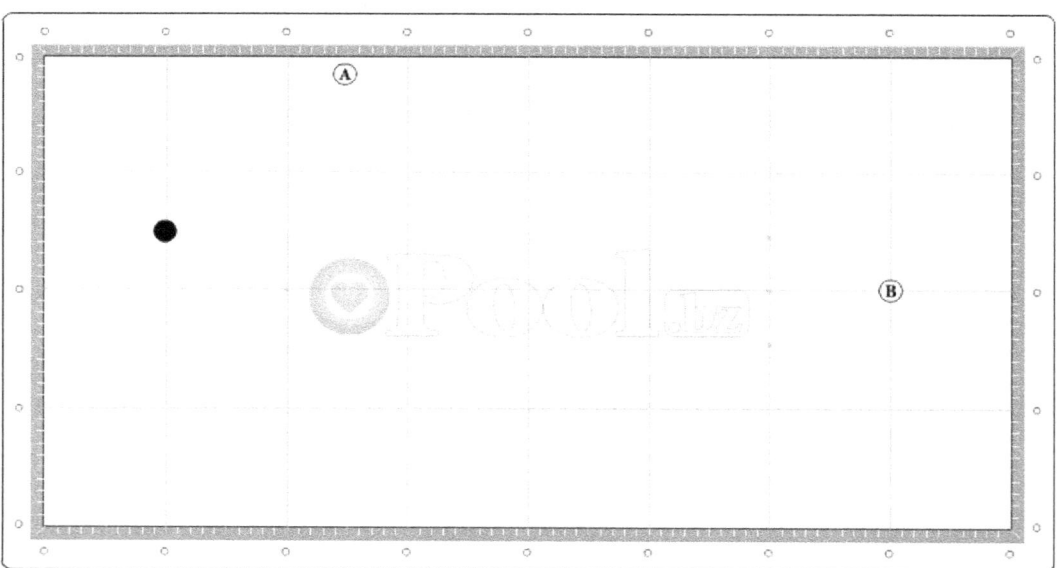

BEMÆRKNINGER:

Gruppe 2, sæt 12

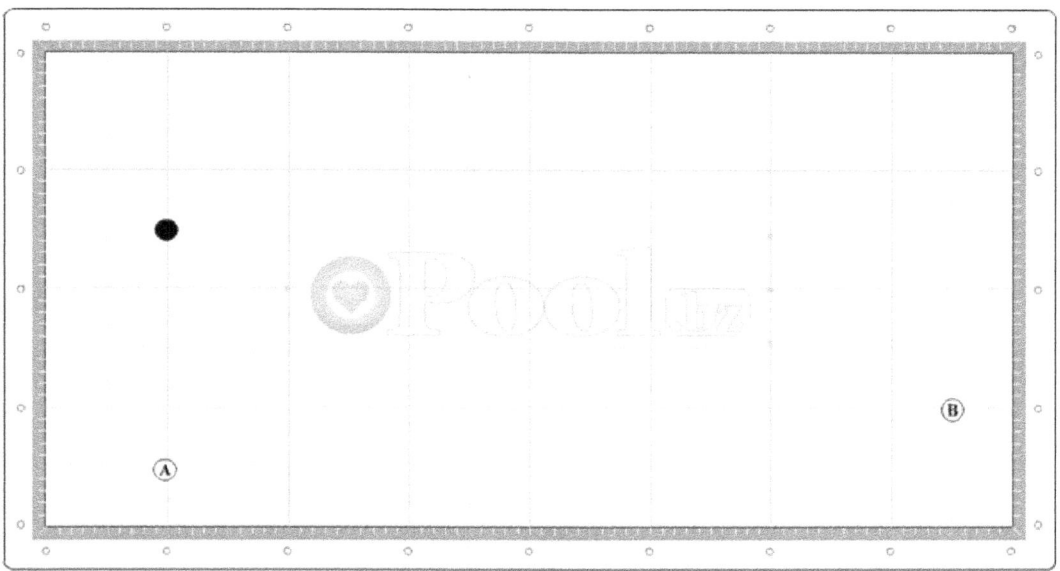

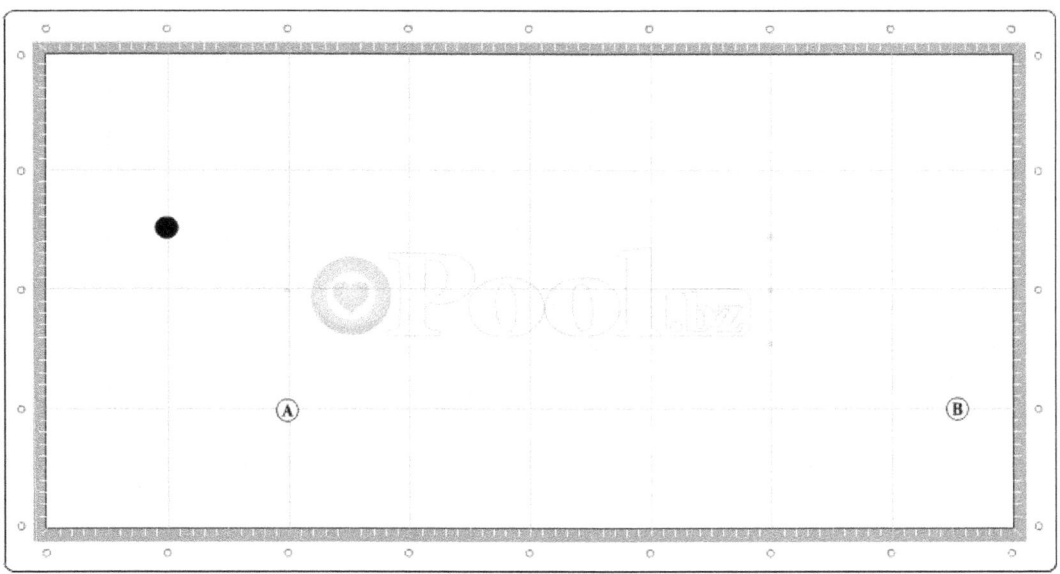

BEMÆRKNINGER:

Carom Billard: Flere gåder og puslespil

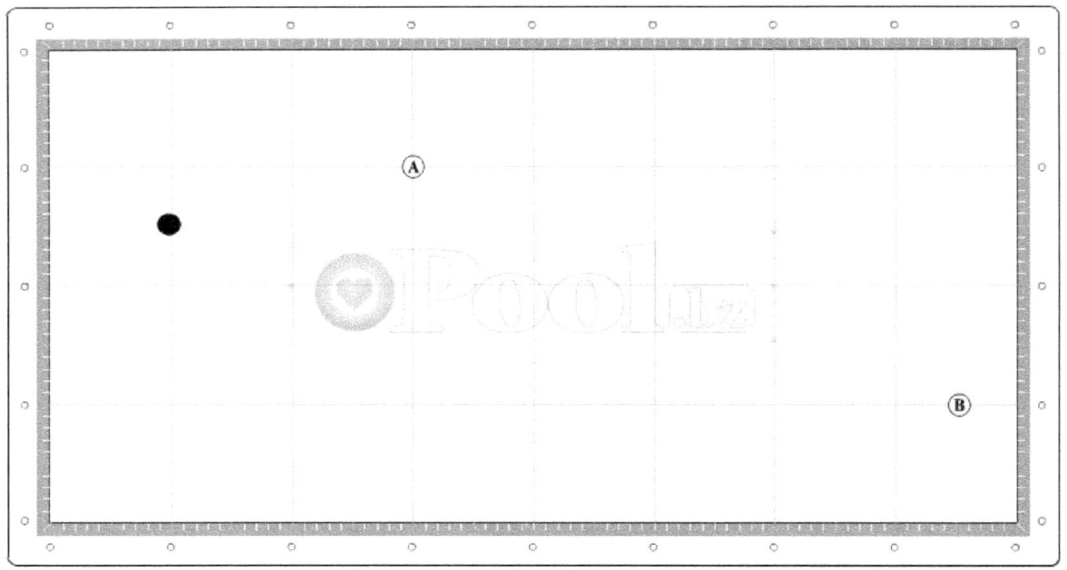

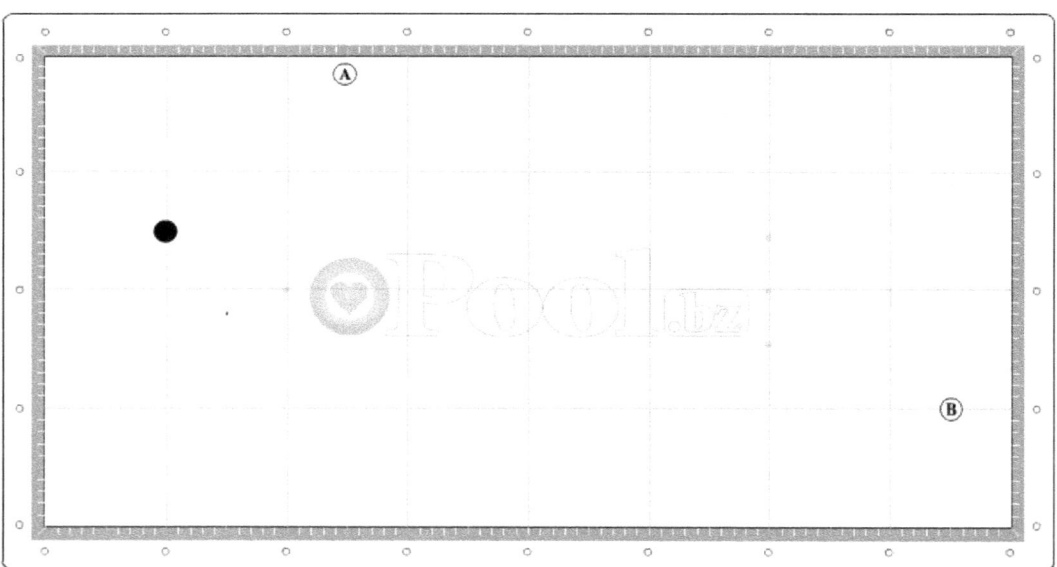

BEMÆRKNINGER:

GRUPPE 3

Gruppe 3, sæt 1

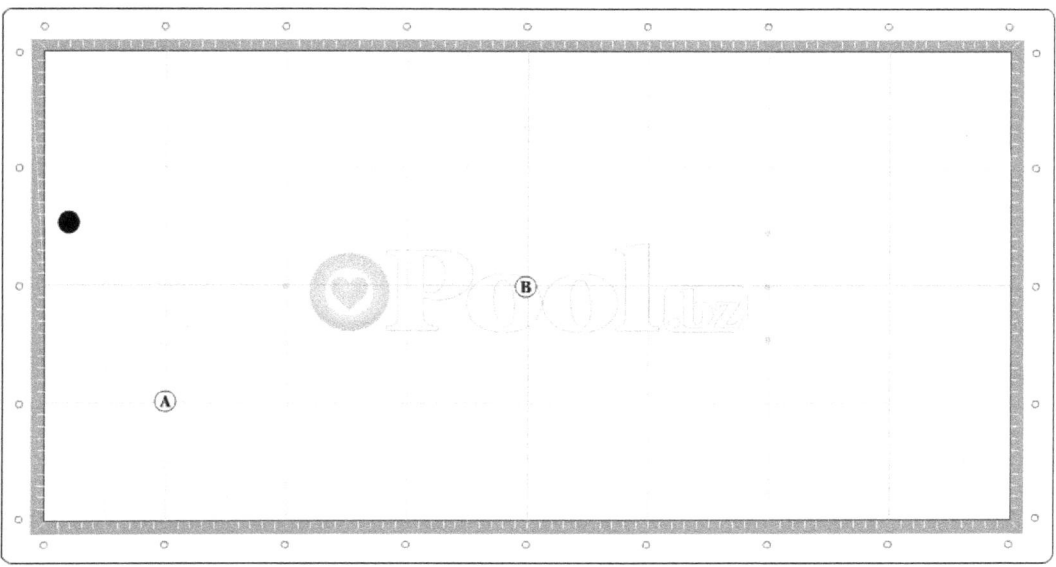

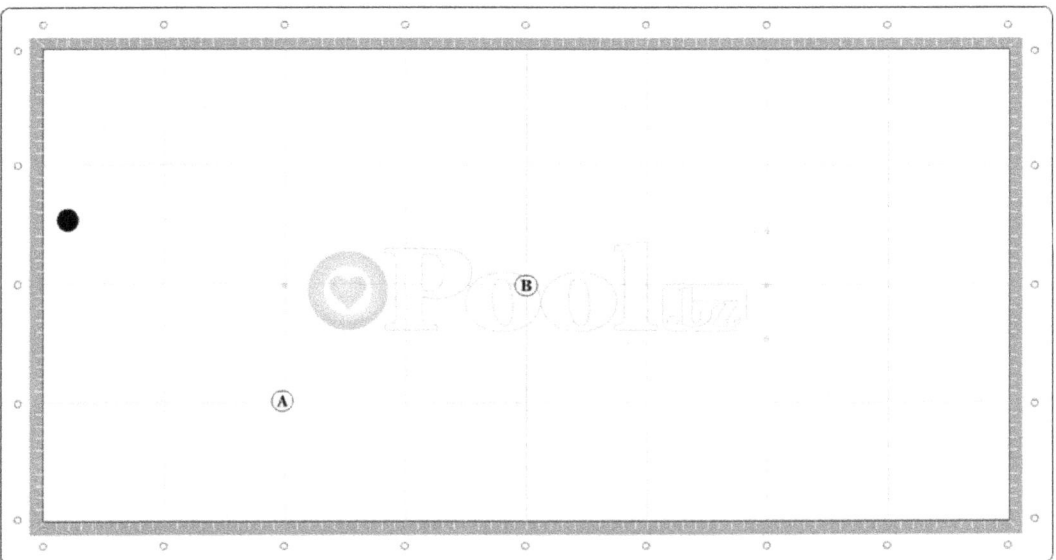

BEMÆRKNINGER:

Carom Billard: Flere gåder og puslespil

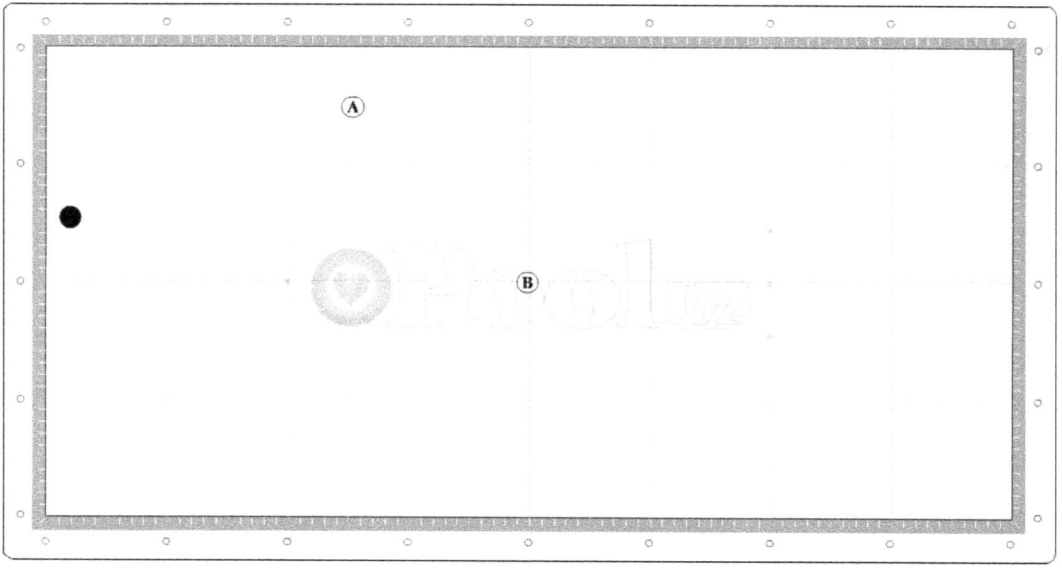

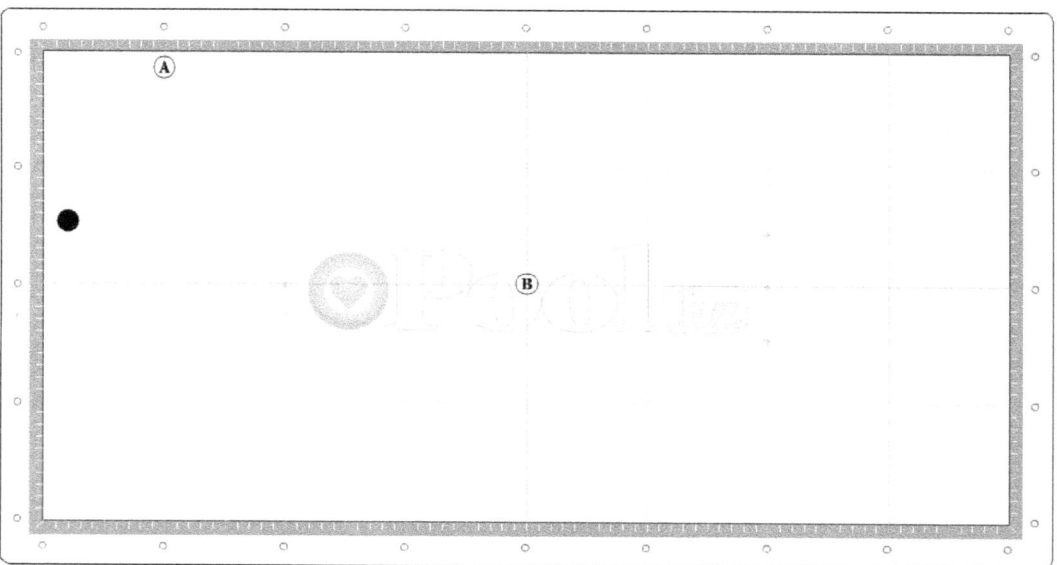

BEMÆRKNINGER:

Gruppe 3, sæt 2

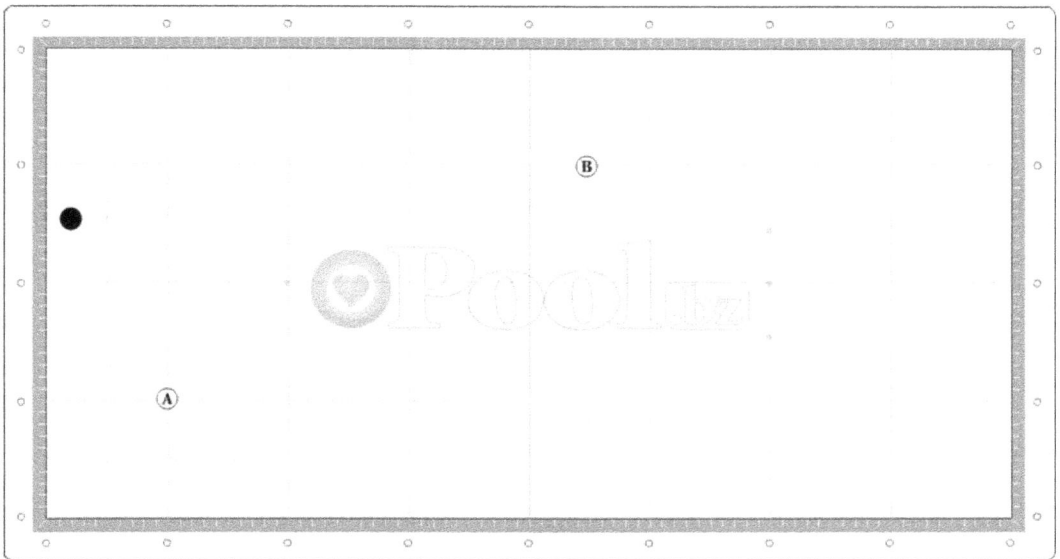

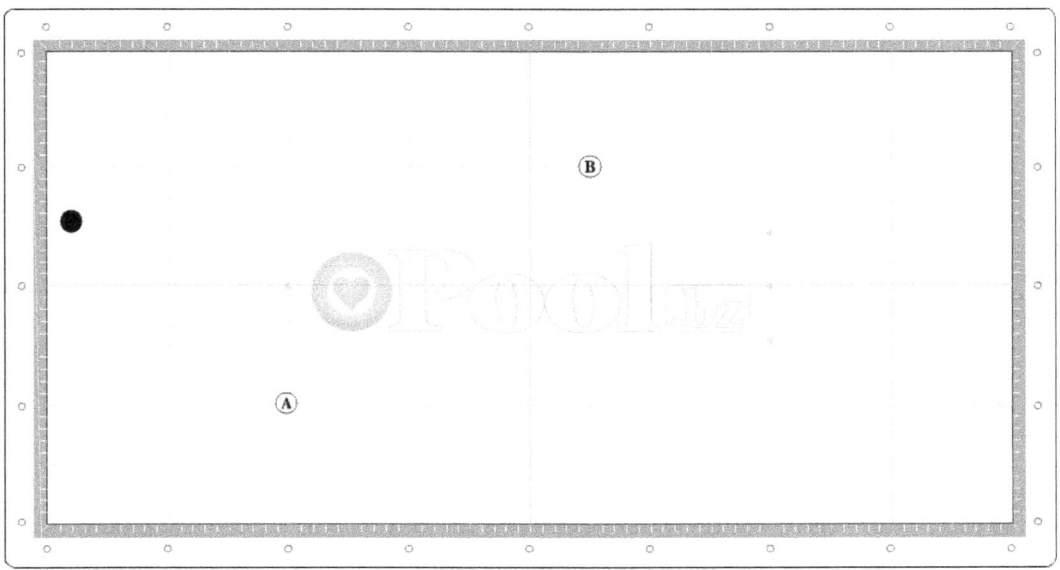

BEMÆRKNINGER:

Carom Billard: Flere gåder og puslespil

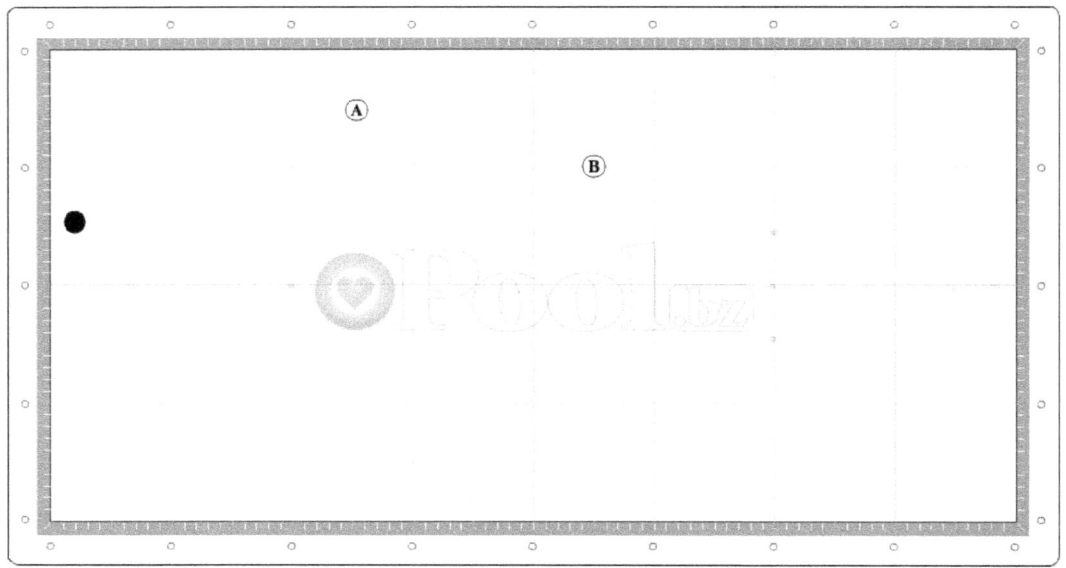

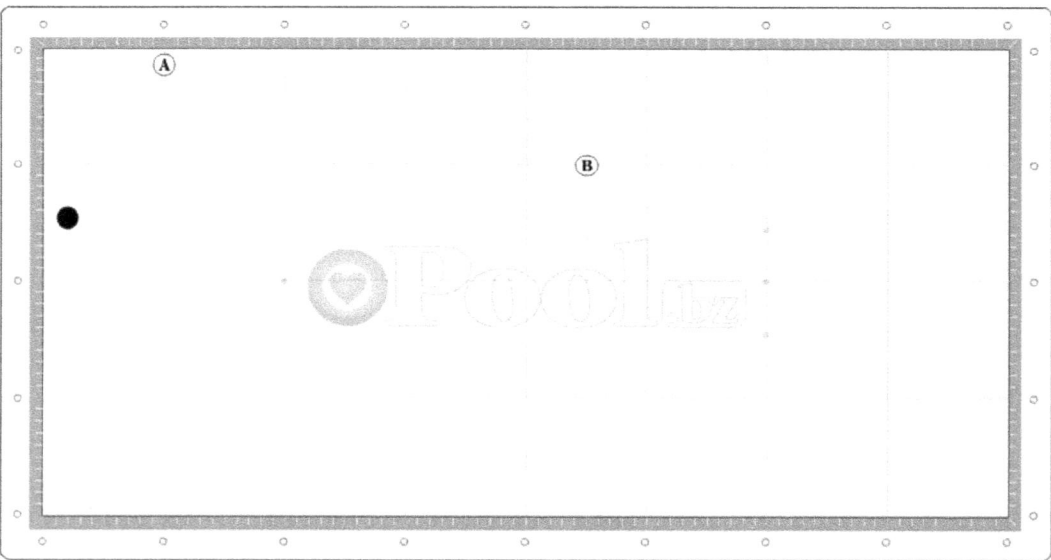

BEMÆRKNINGER:

Gruppe 3, sæt 3

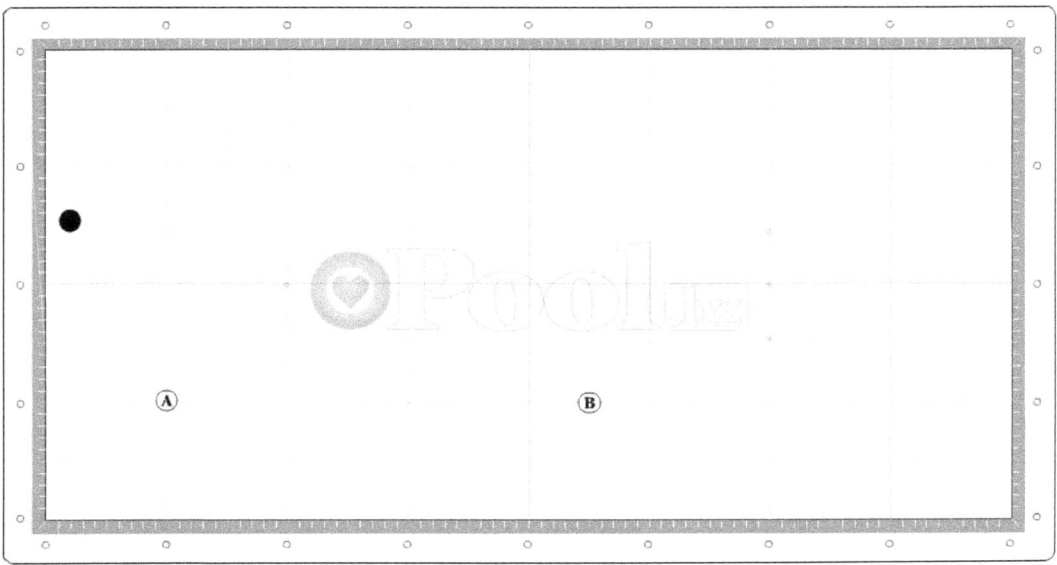

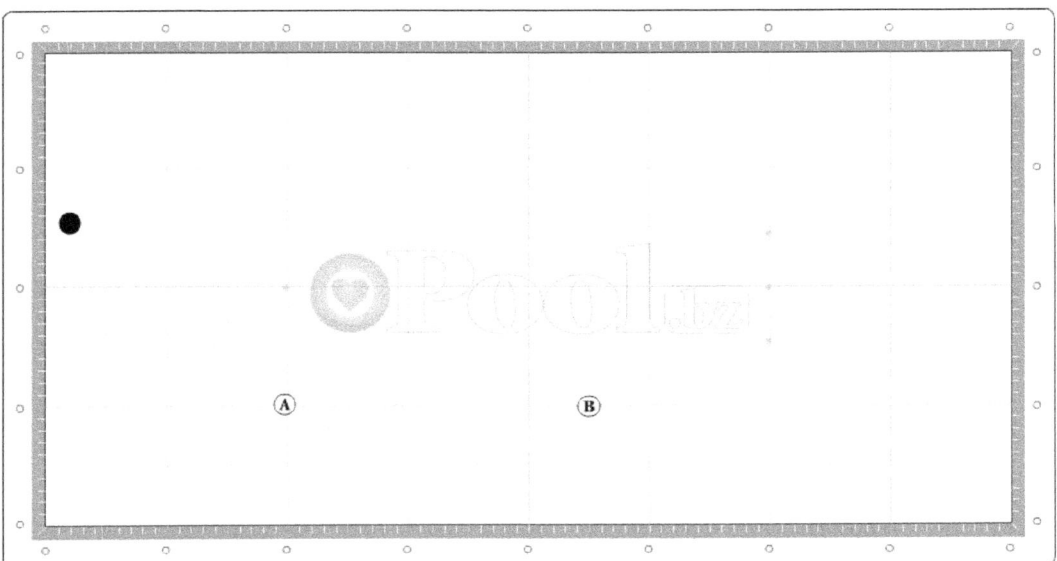

BEMÆRKNINGER:

Carom Billard: Flere gåder og puslespil

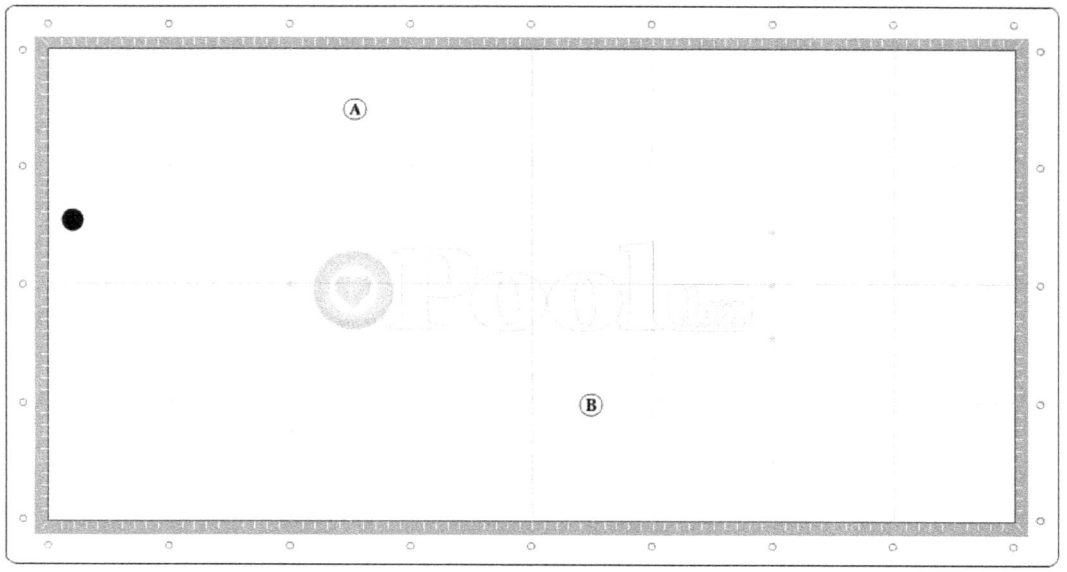

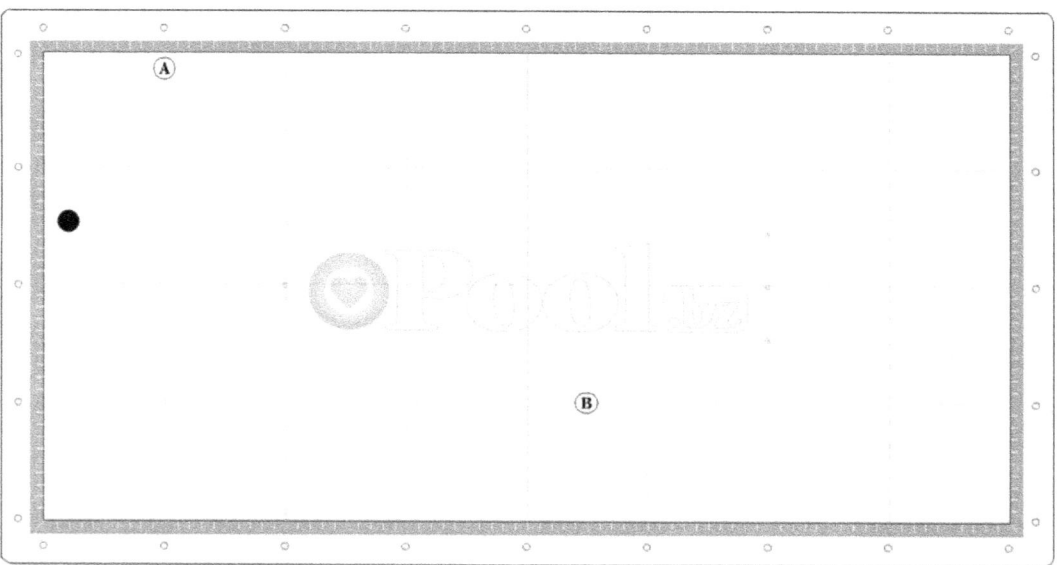

BEMÆRKNINGER:

Gruppe 3, sæt 4

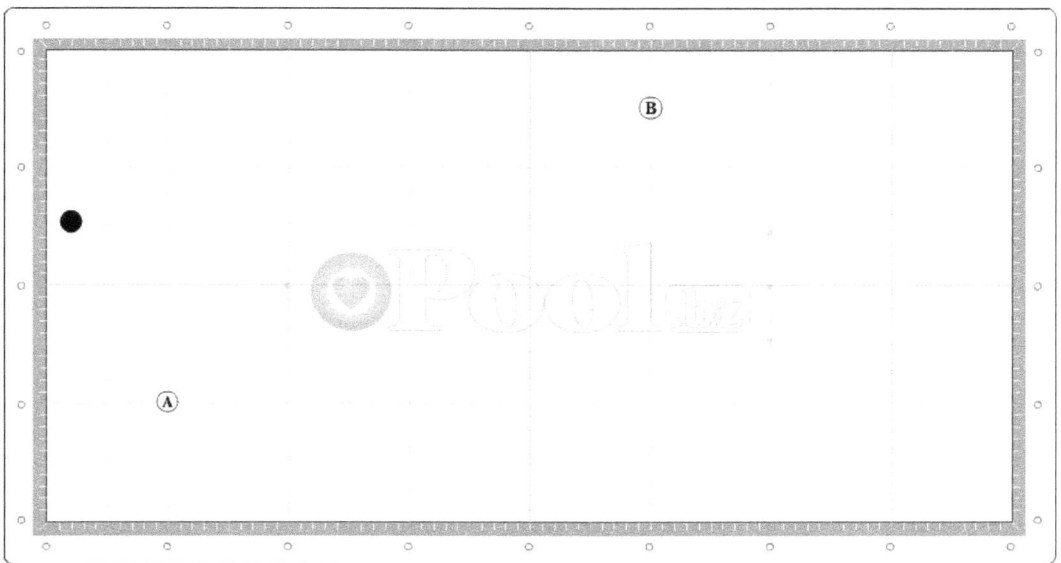

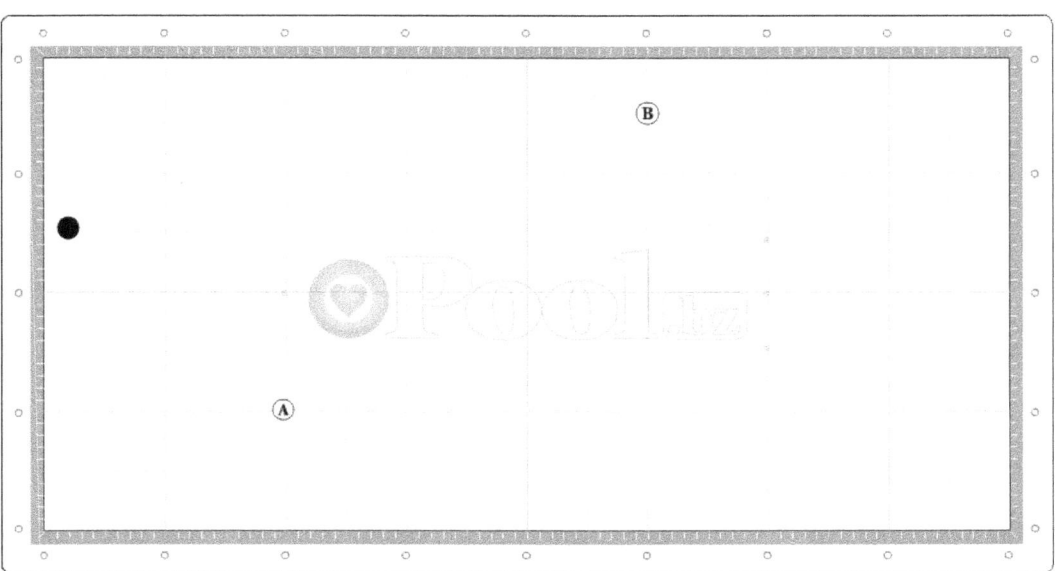

BEMÆRKNINGER:

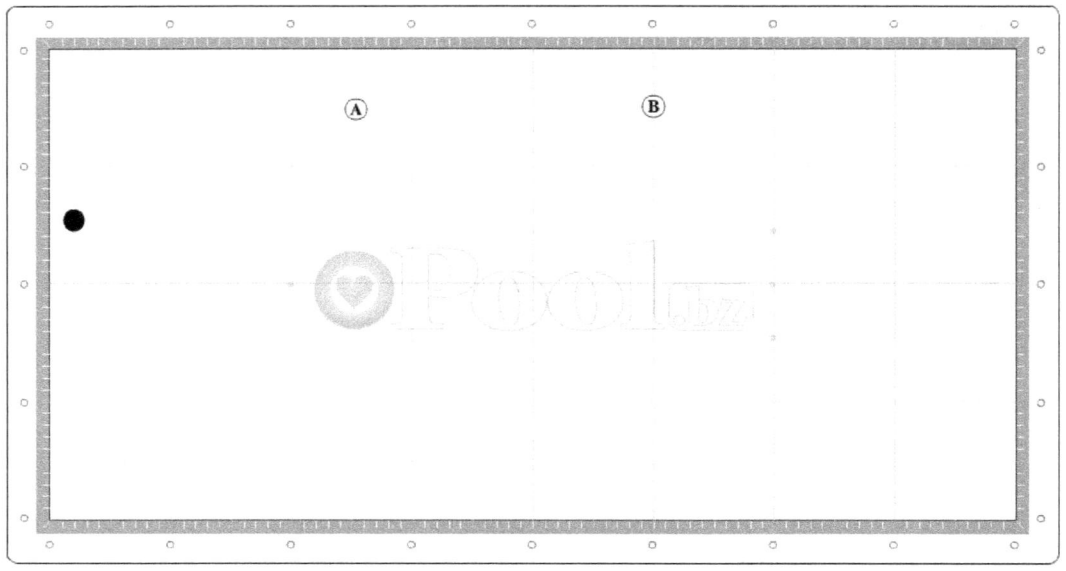

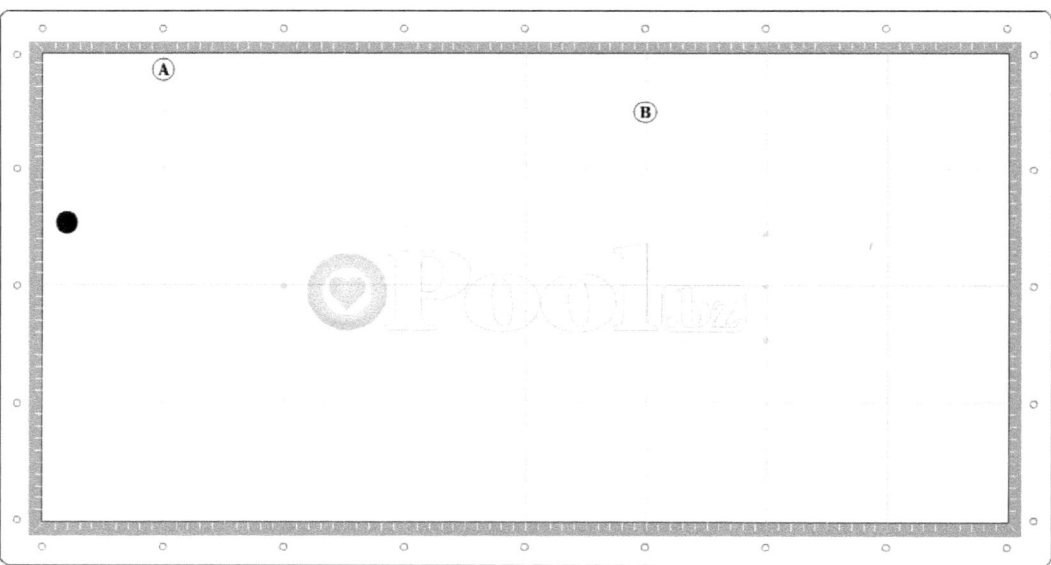

BEMÆRKNINGER:

Gruppe 3, sæt 5

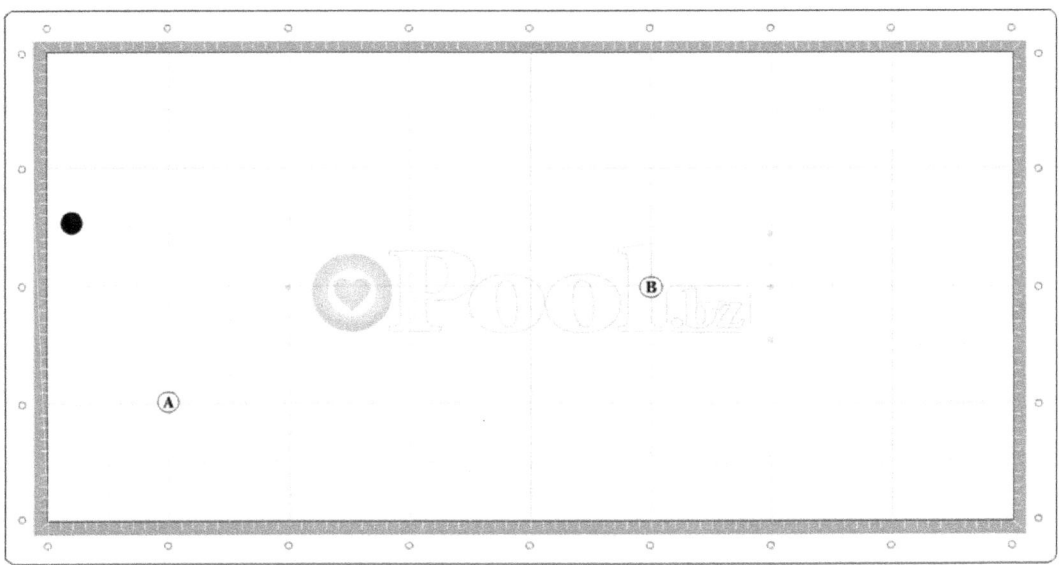

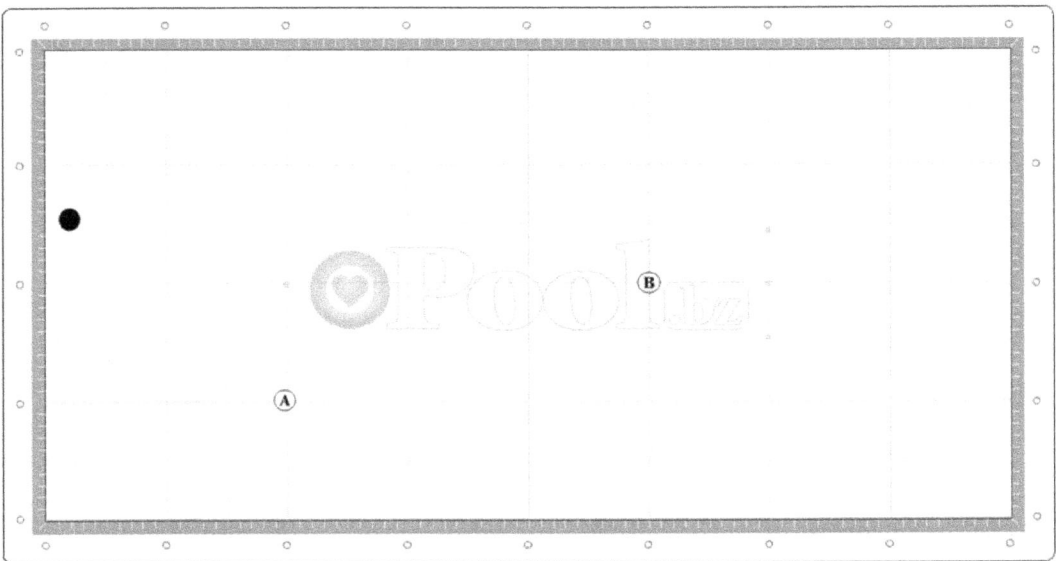

BEMÆRKNINGER:

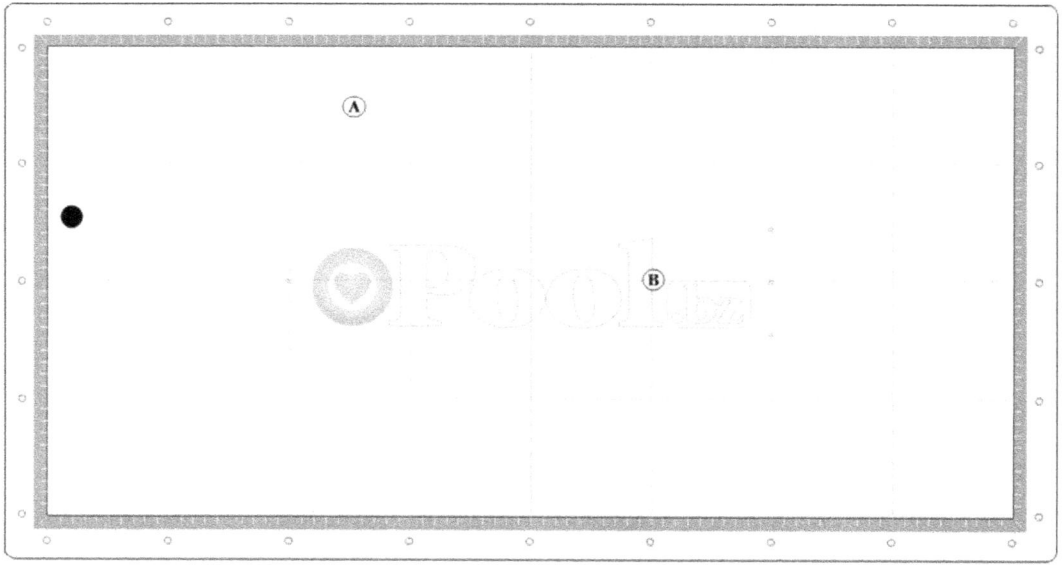

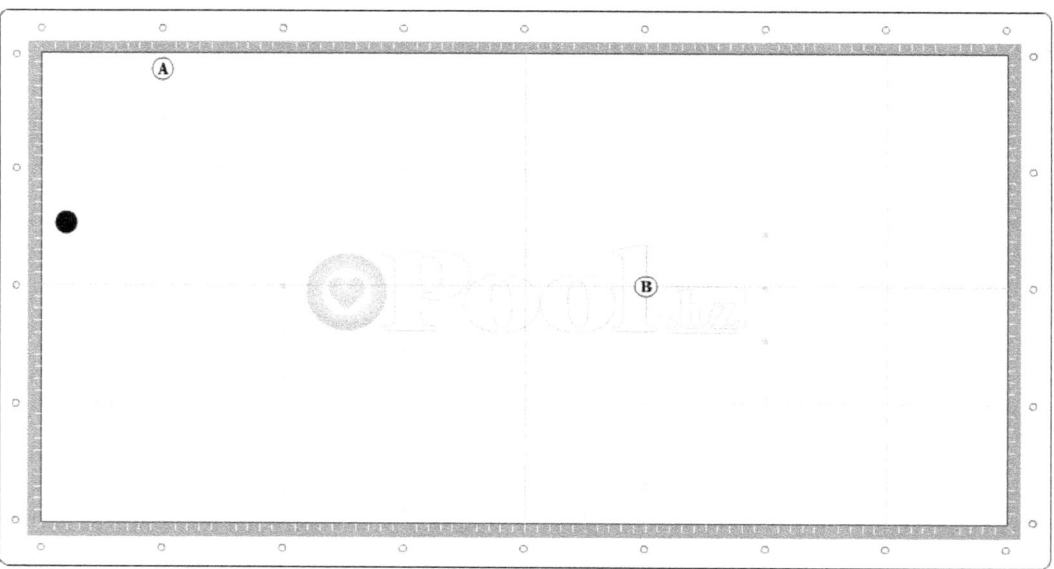

BEMÆRKNINGER:

Gruppe 3, sæt 6

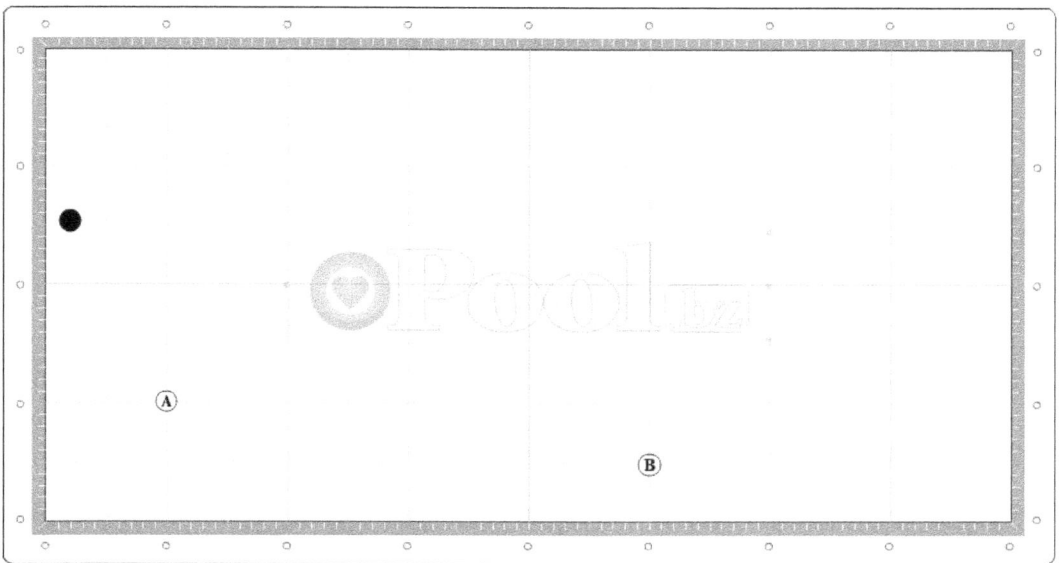

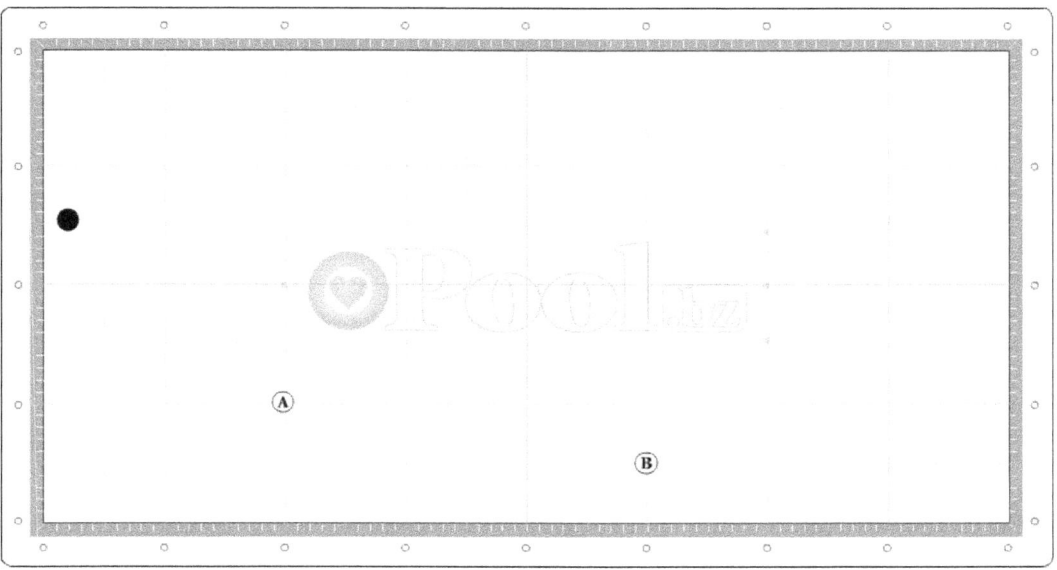

BEMÆRKNINGER:

Carom Billard: Flere gåder og puslespil

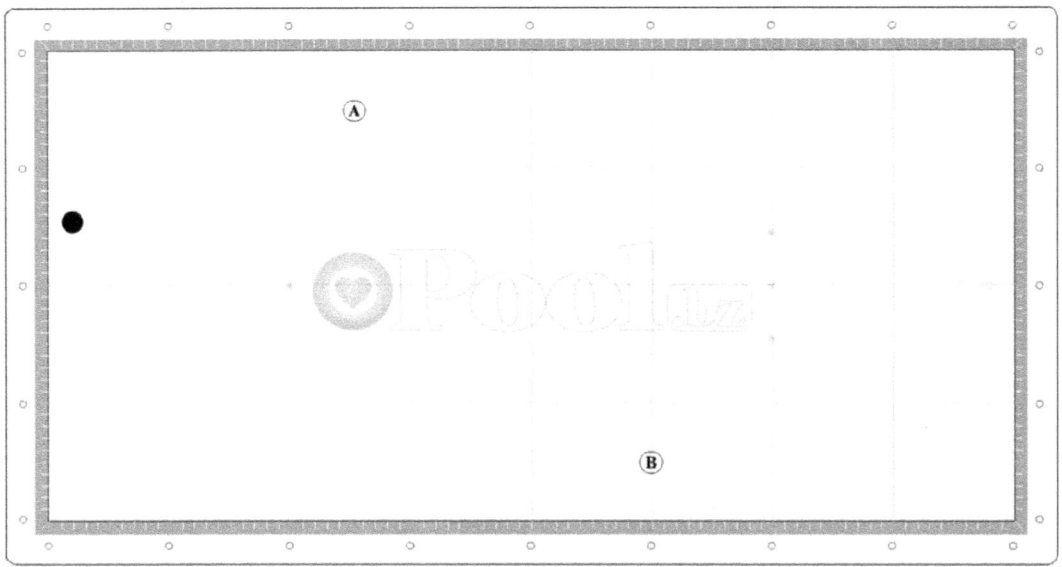

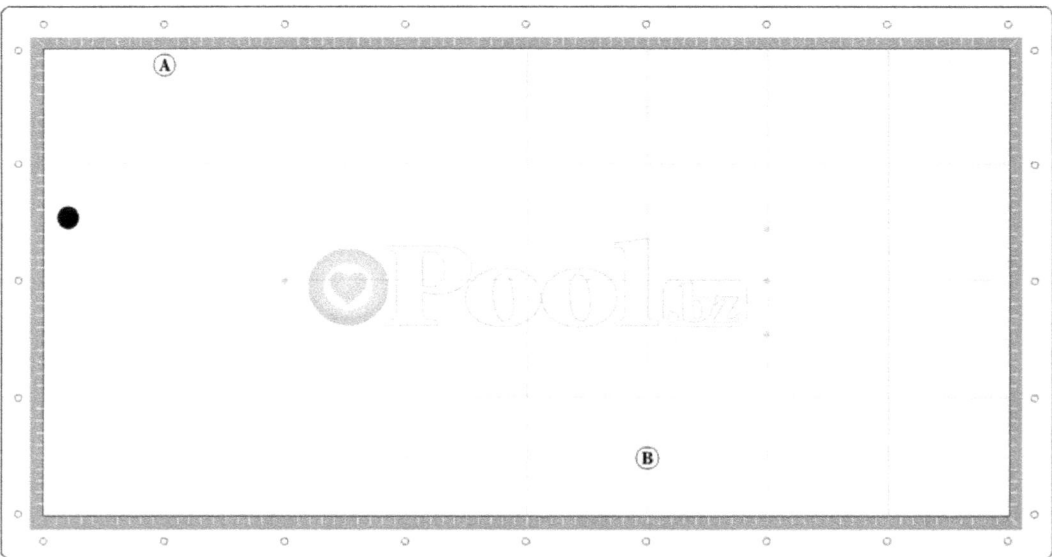

BEMÆRKNINGER:

Gruppe 3, sæt 7

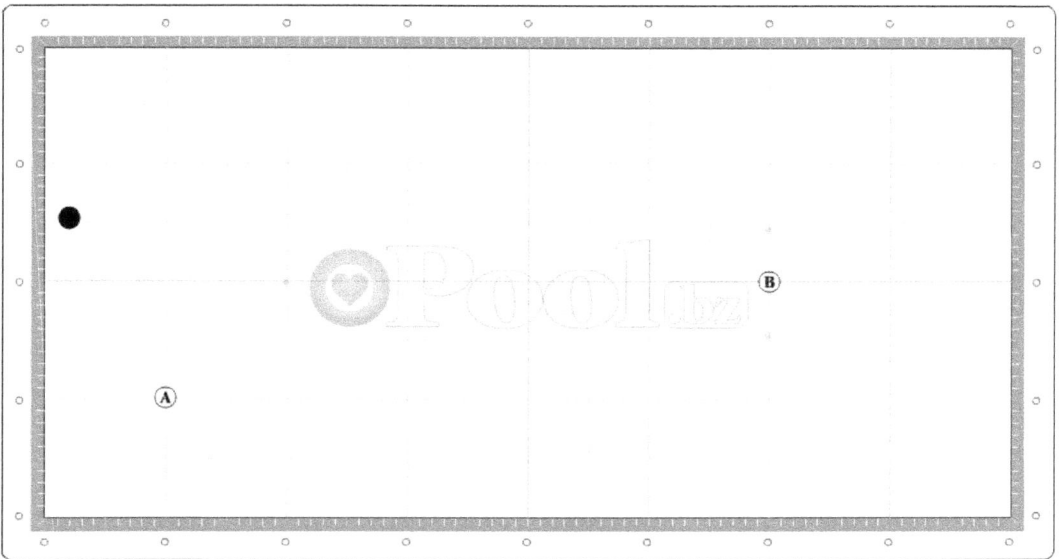

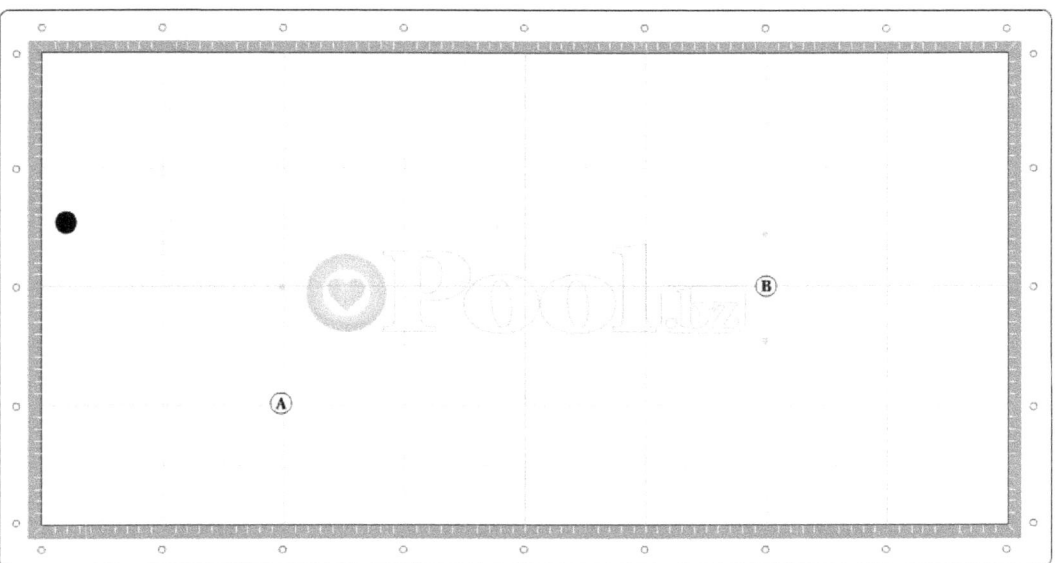

BEMÆRKNINGER:

Carom Billard: Flere gåder og puslespil

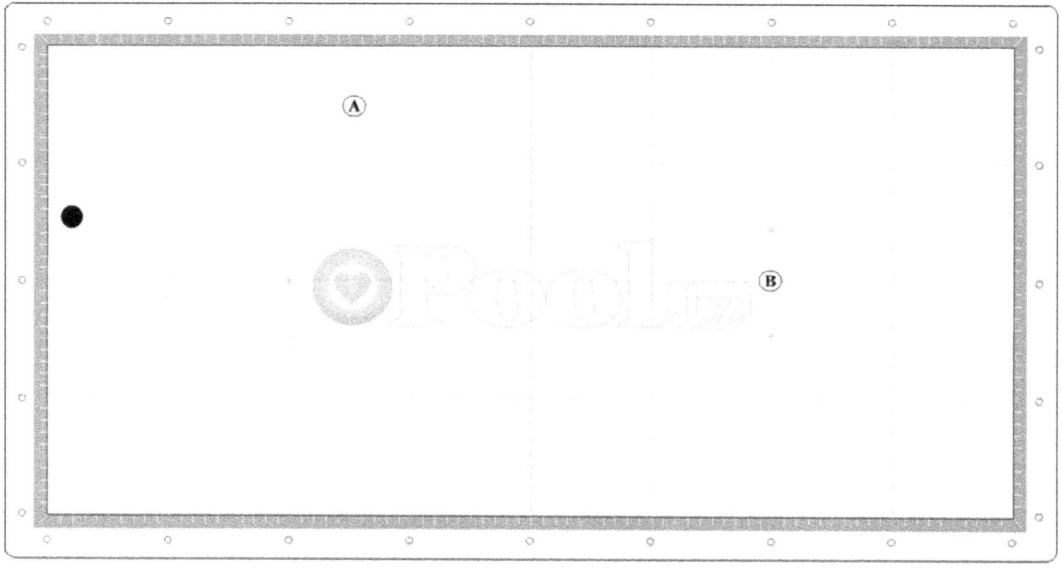

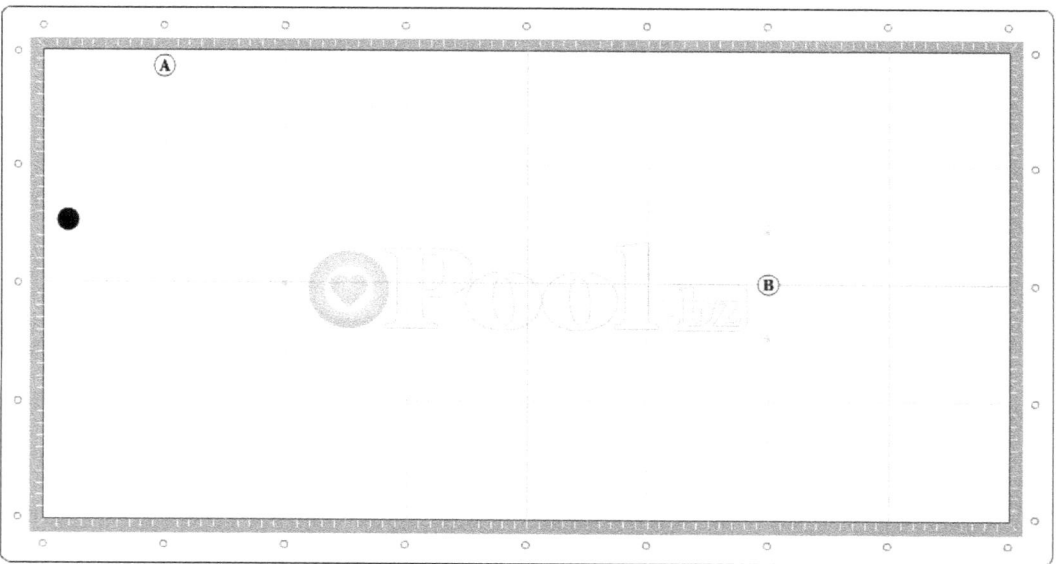

BEMÆRKNINGER:

Gruppe 3, sæt 8

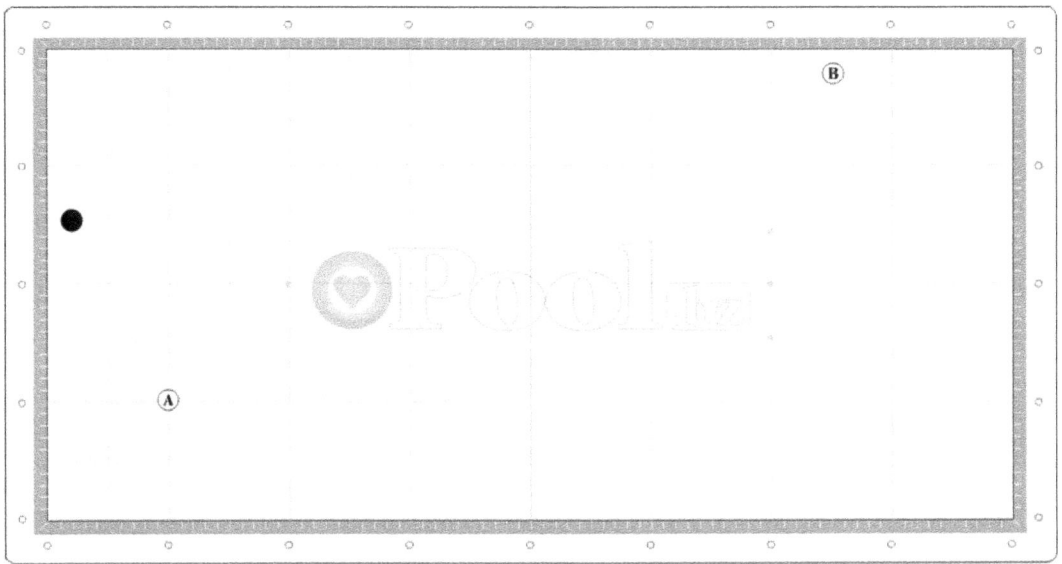

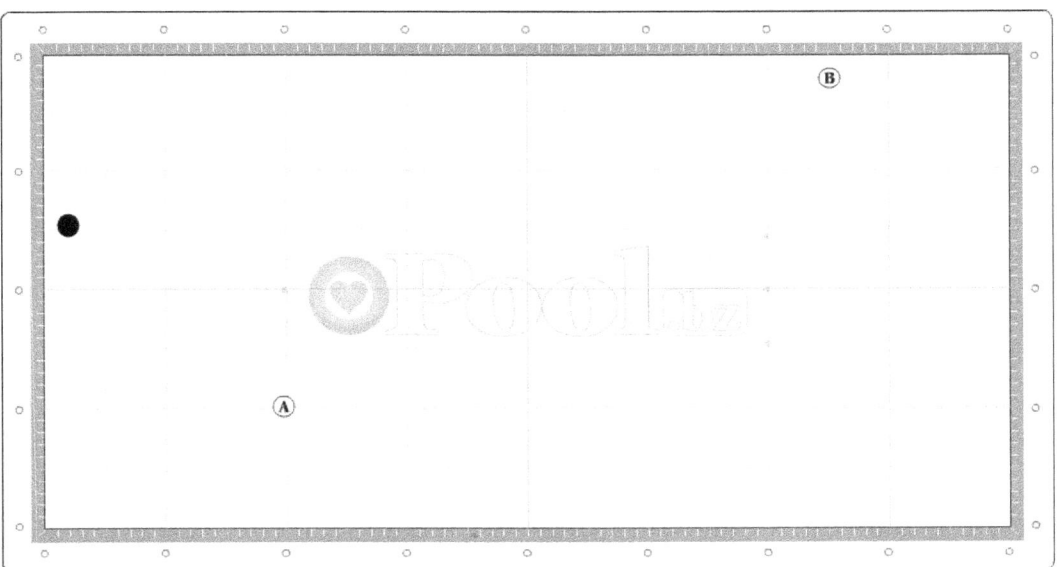

BEMÆRKNINGER:

Carom Billard: Flere gåder og puslespil

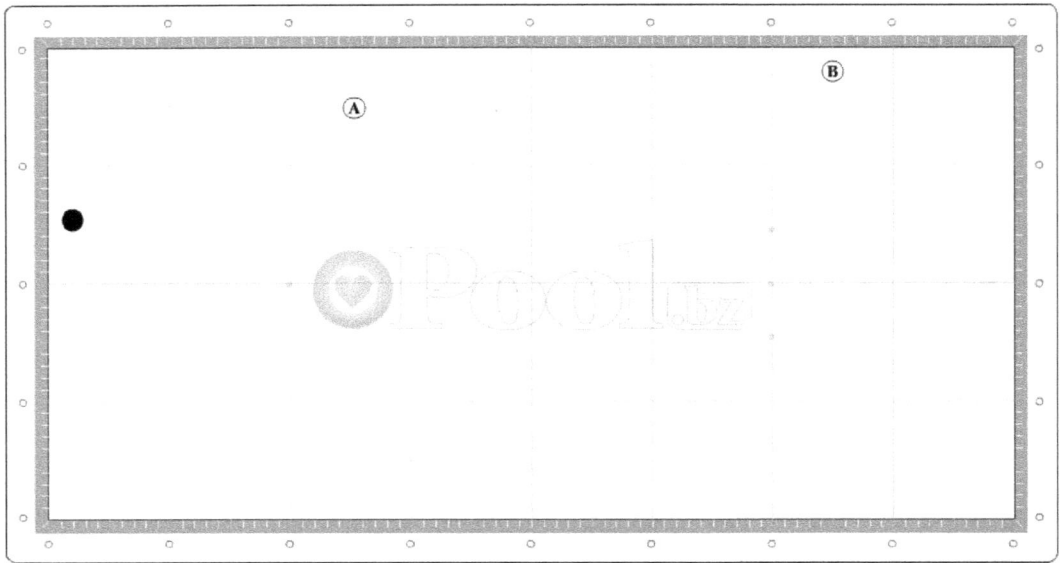

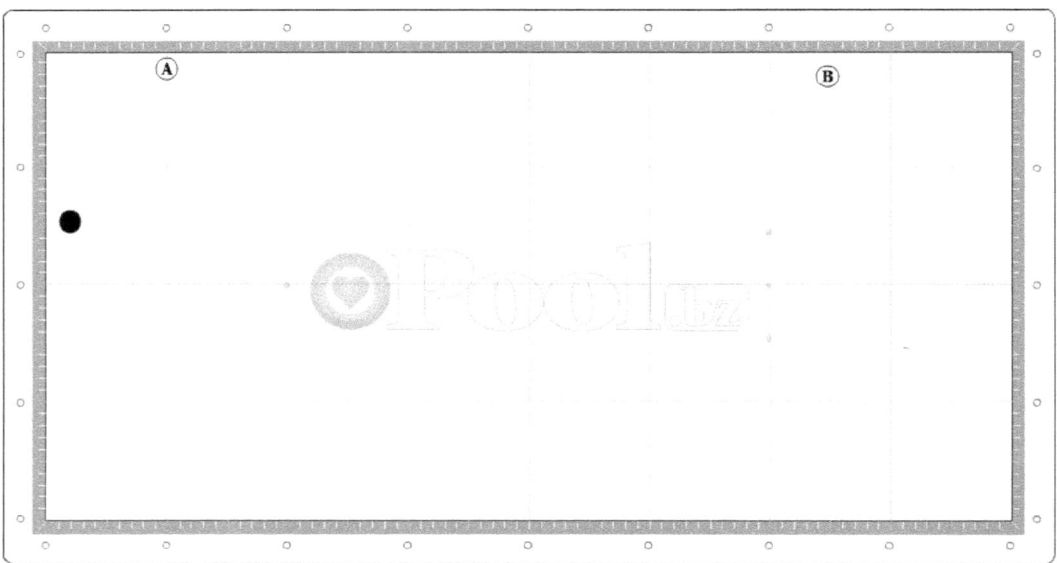

BEMÆRKNINGER:

Gruppe 3, sæt 9

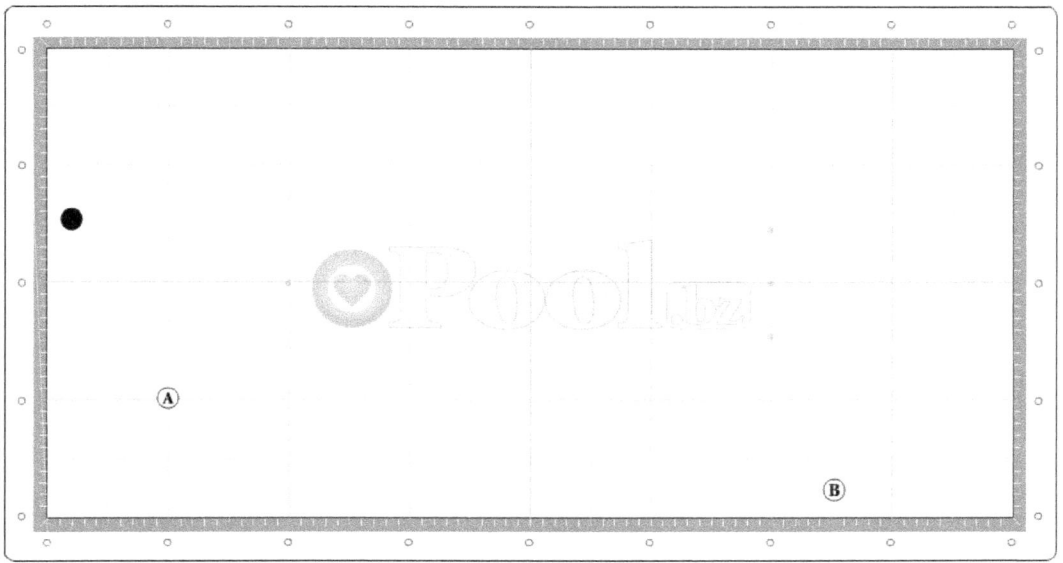

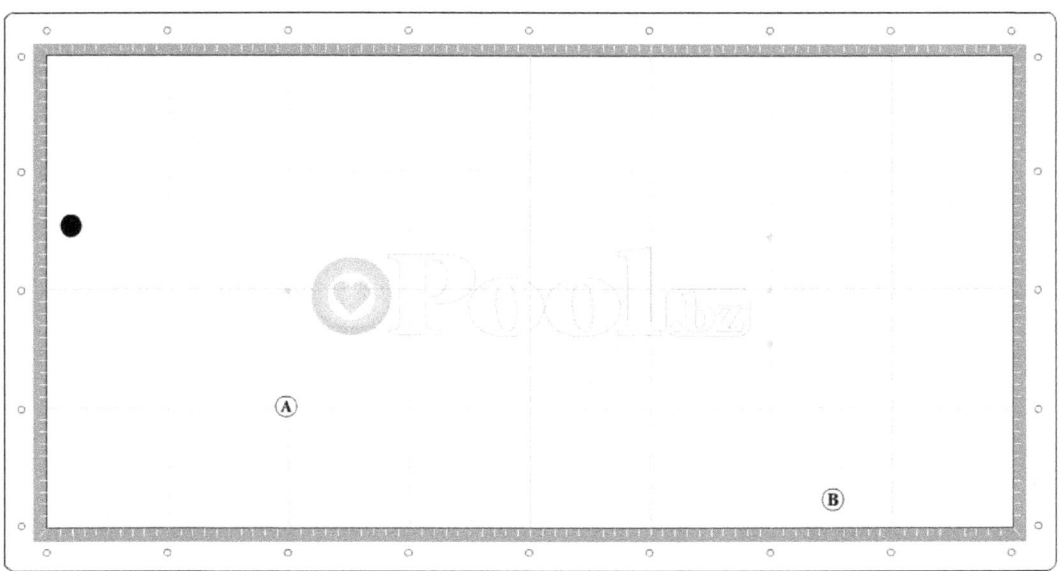

BEMÆRKNINGER:

Carom Billard: Flere gåder og puslespil

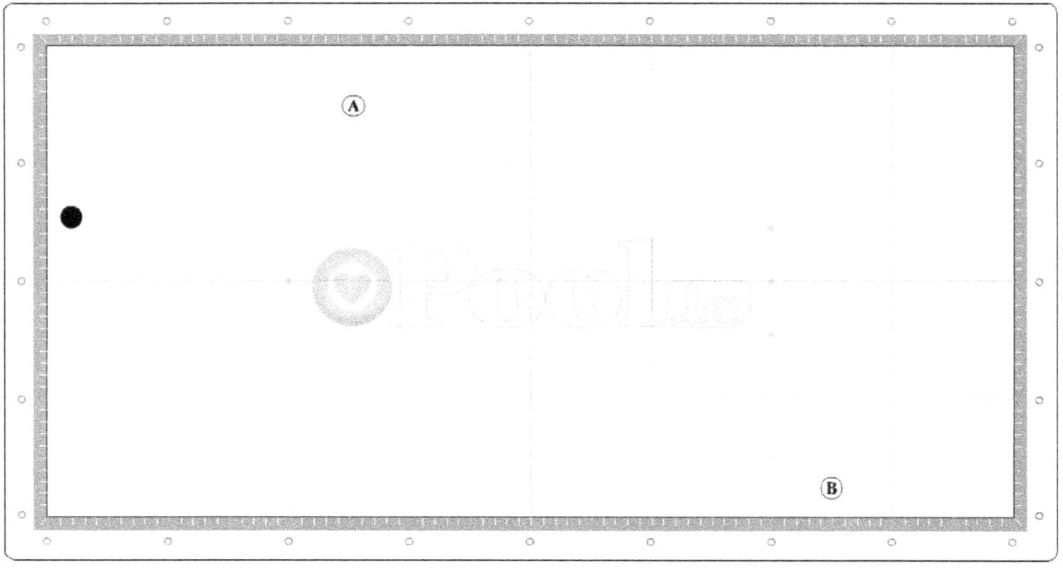

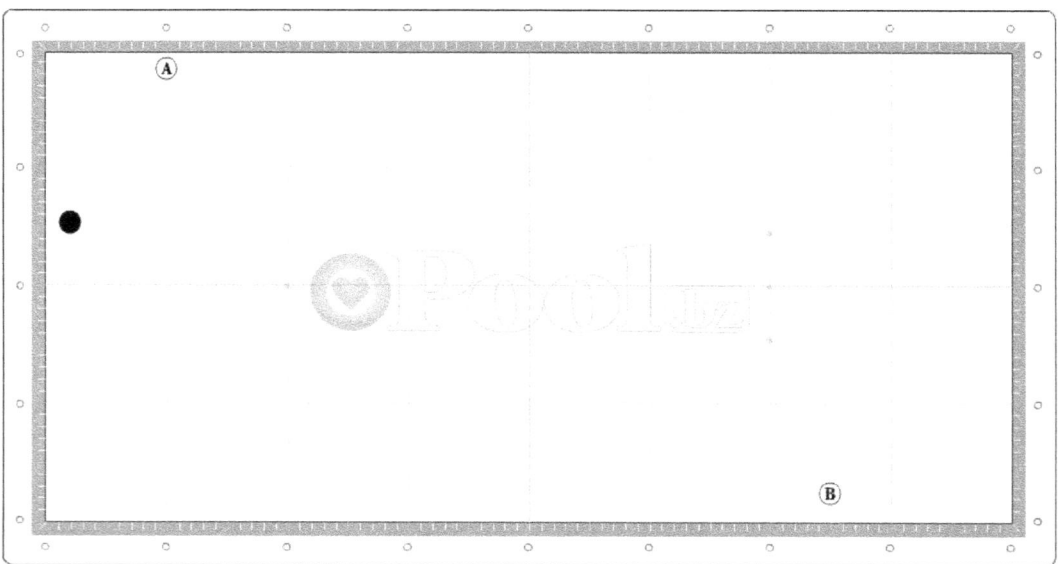

BEMÆRKNINGER:

Gruppe 3, sæt 10

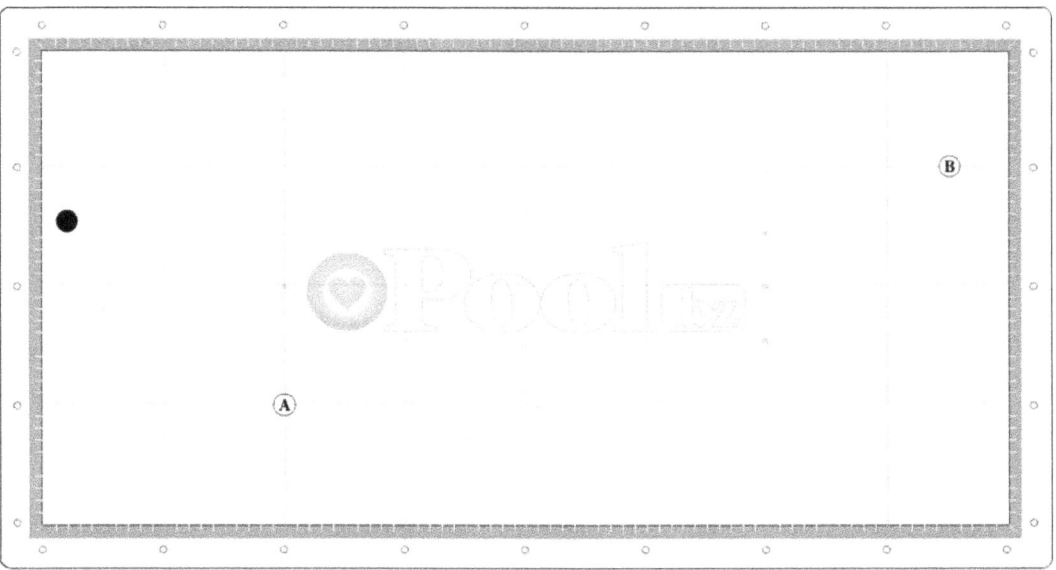

BEMÆRKNINGER:

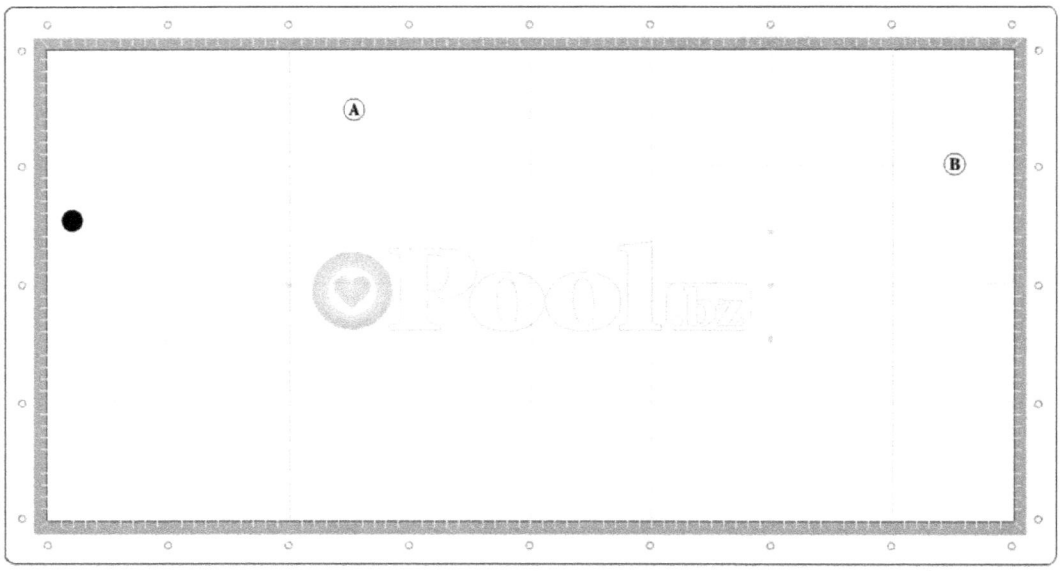

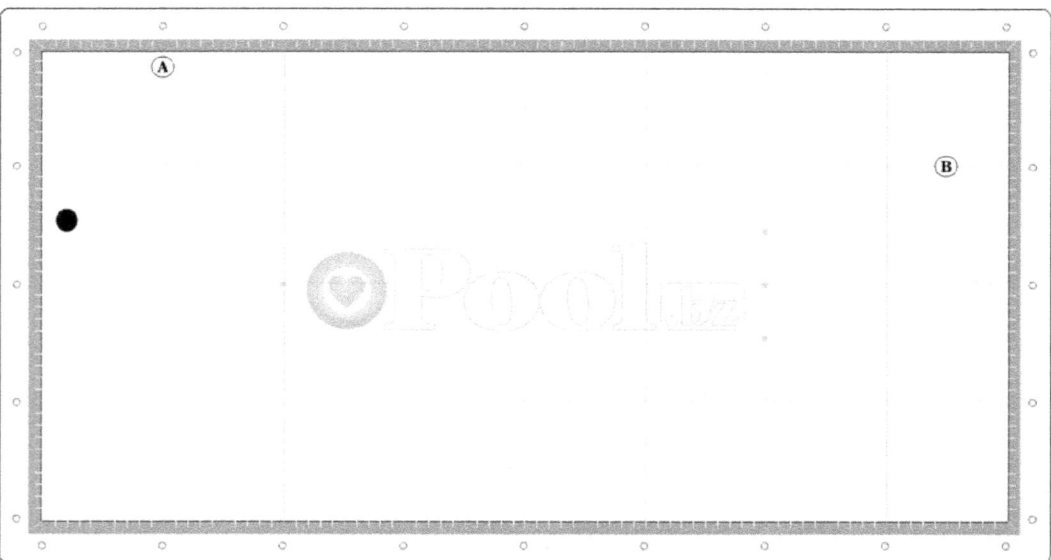

BEMÆRKNINGER:

Gruppe 3, sæt 11

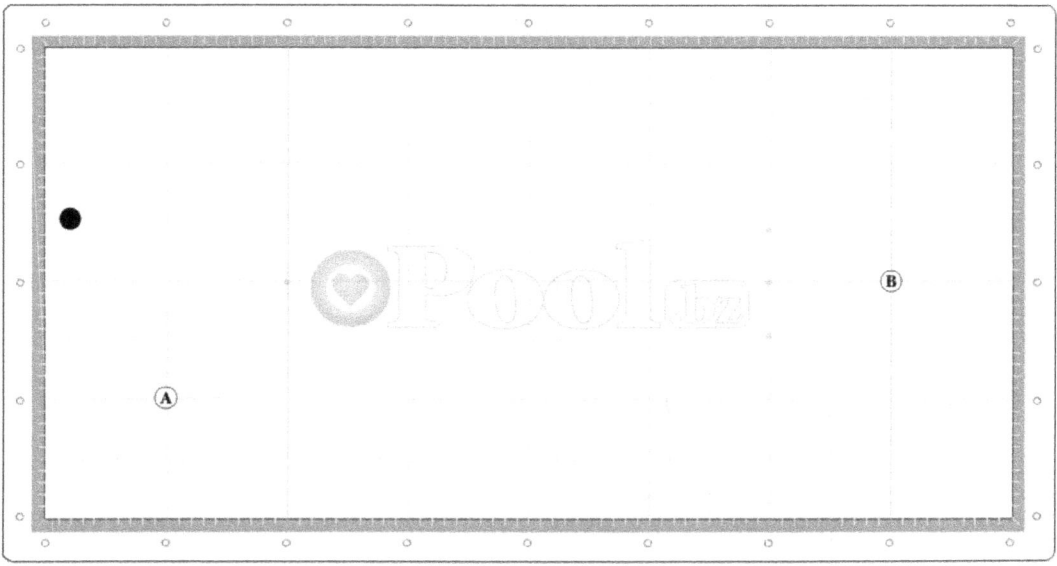

BEMÆRKNINGER:

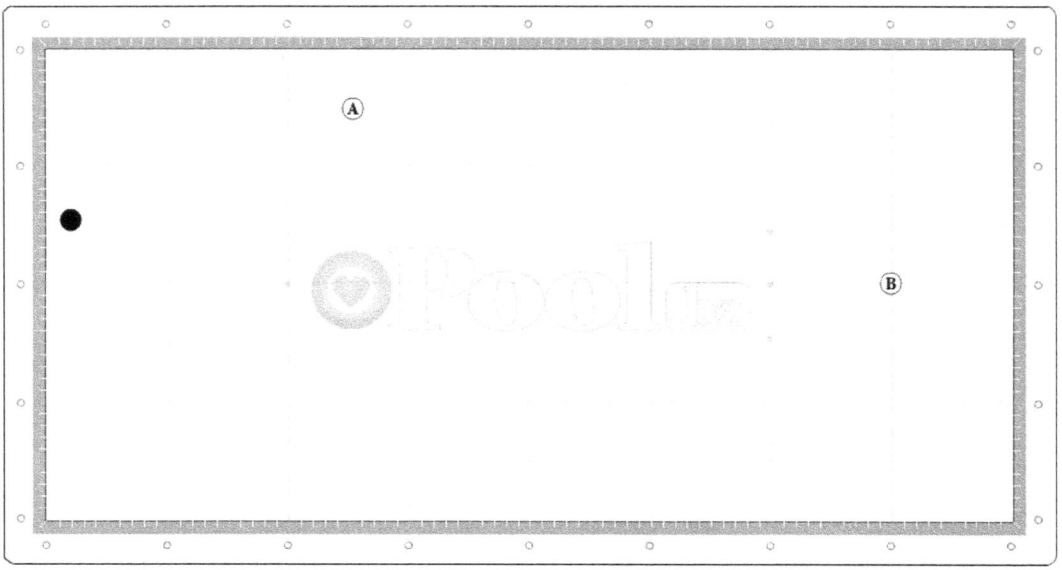

BEMÆRKNINGER:

Gruppe 3, sæt 12

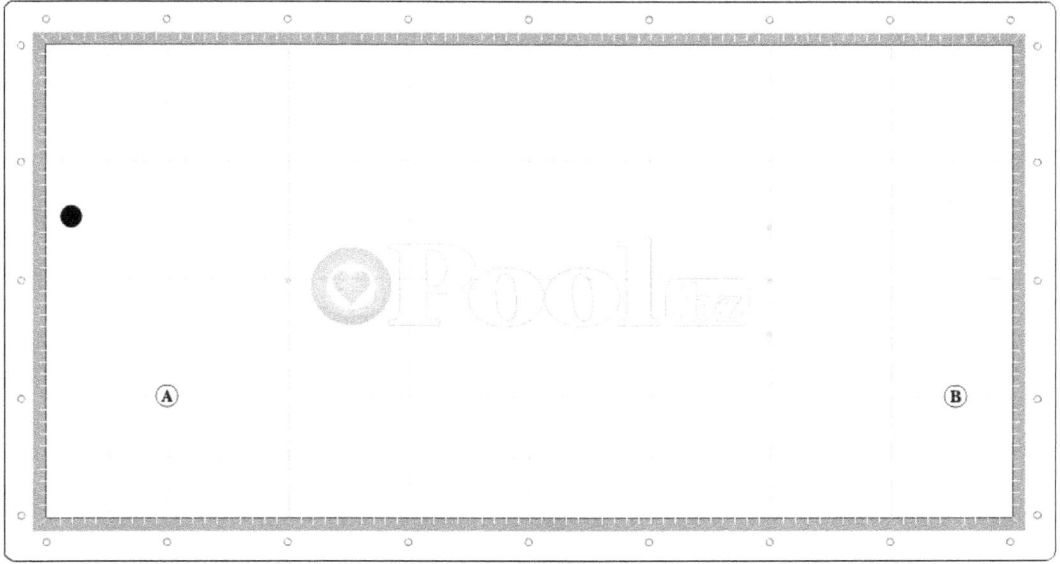

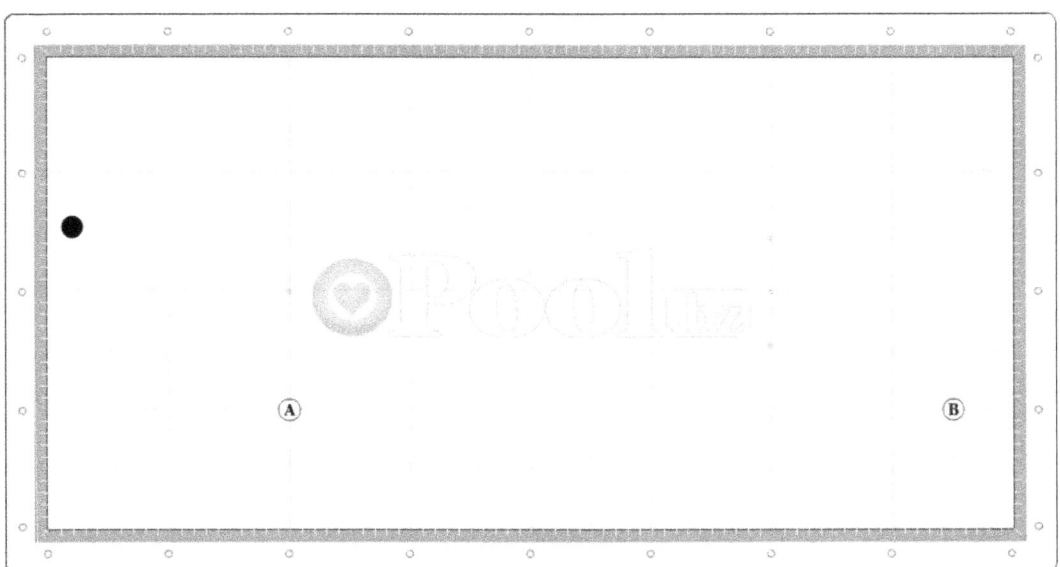

BEMÆRKNINGER:

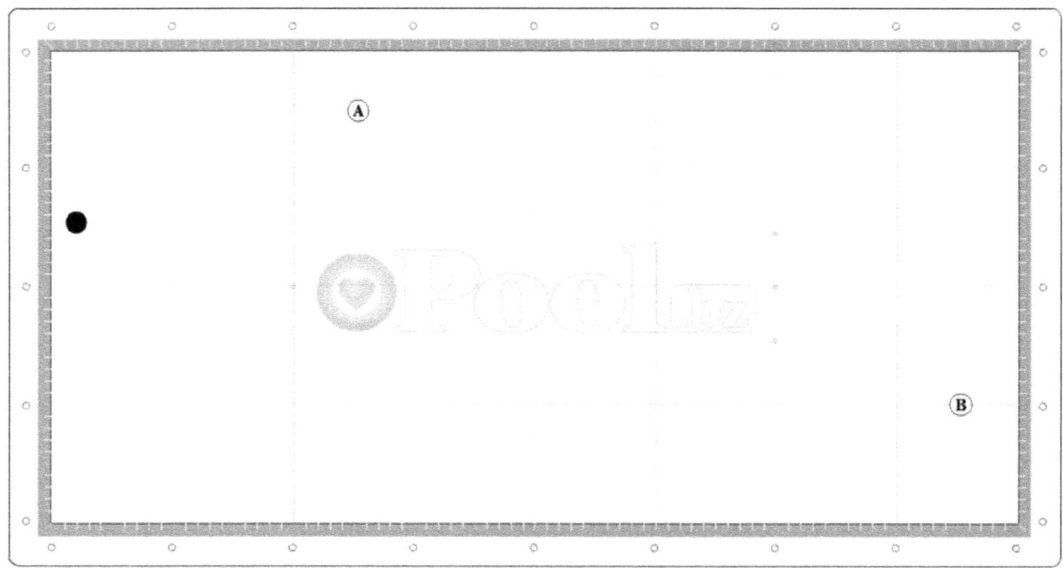

BEMÆRKNINGER:

GRUPPE 4
Gruppe 4, sæt 1

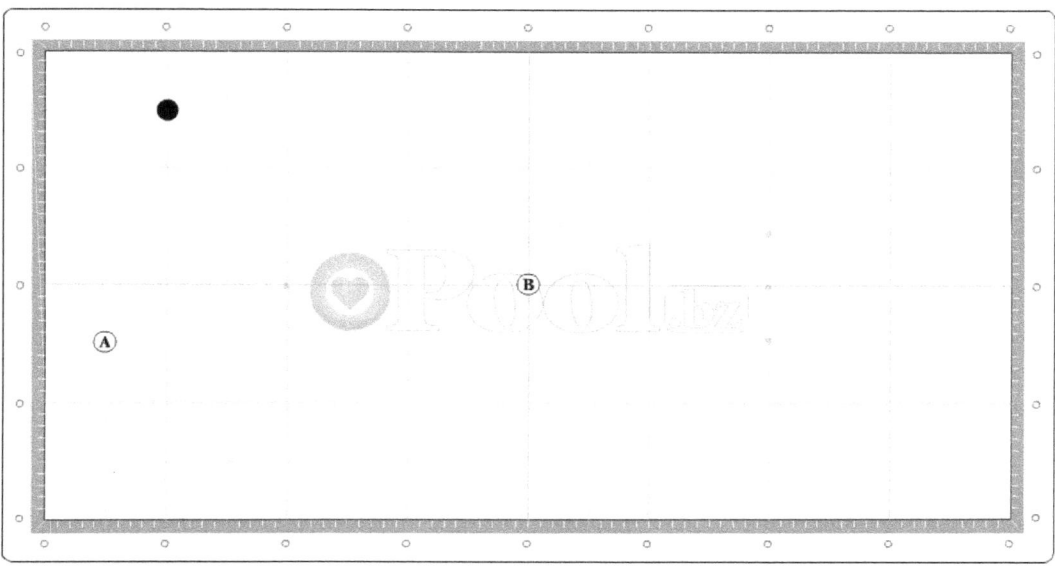

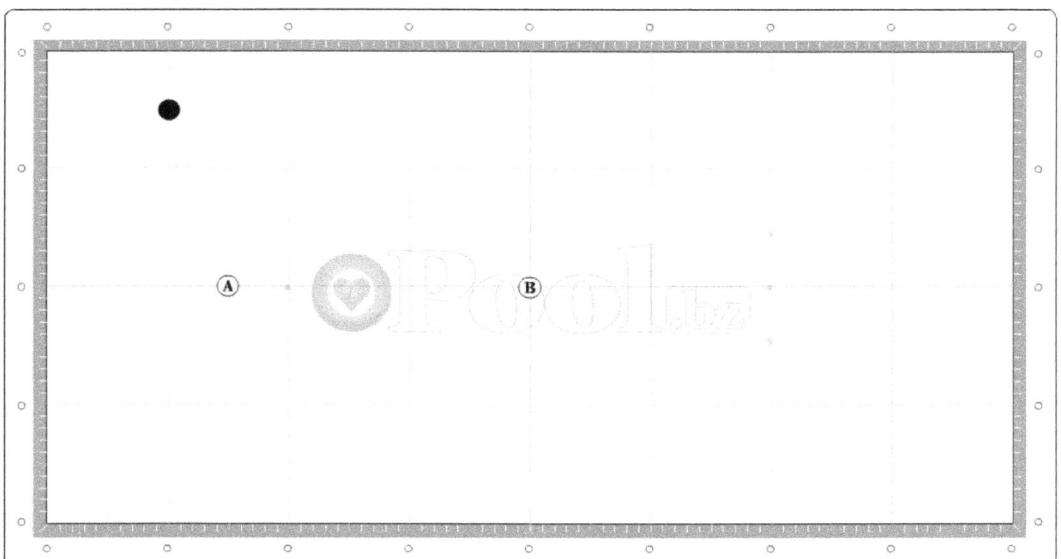

BEMÆRKNINGER:

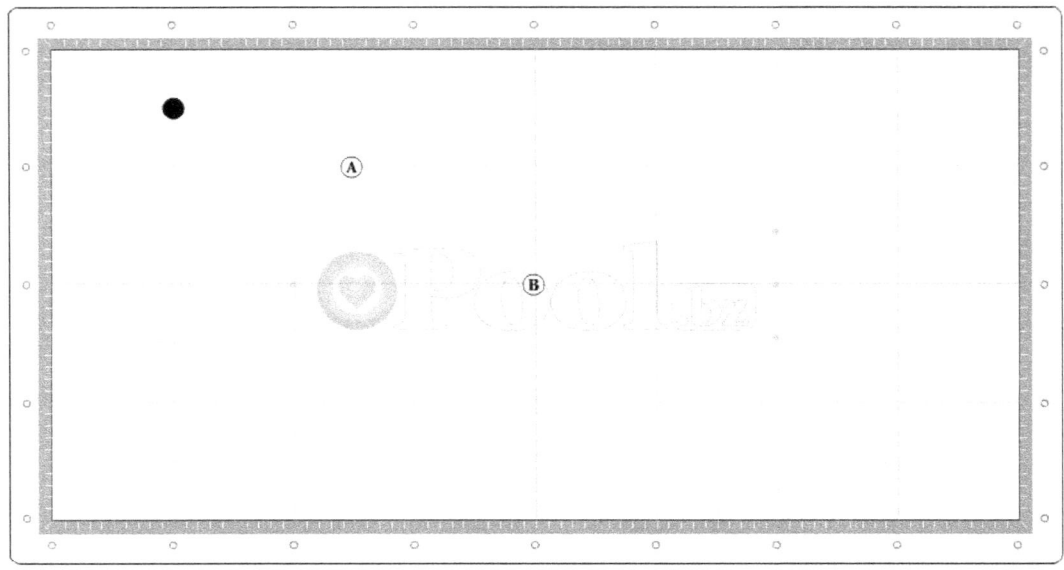

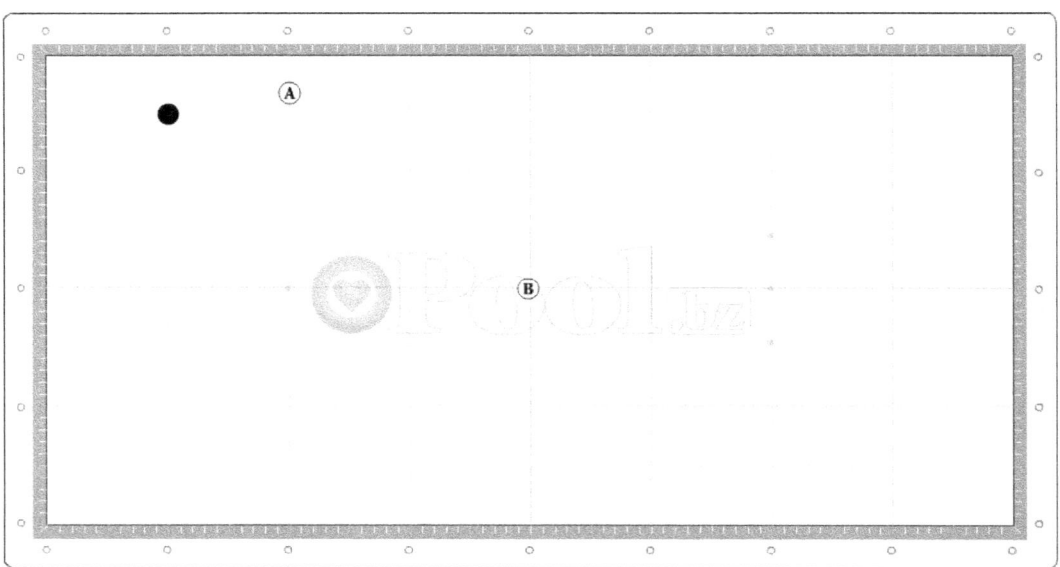

BEMÆRKNINGER:

Gruppe 4, sæt 2

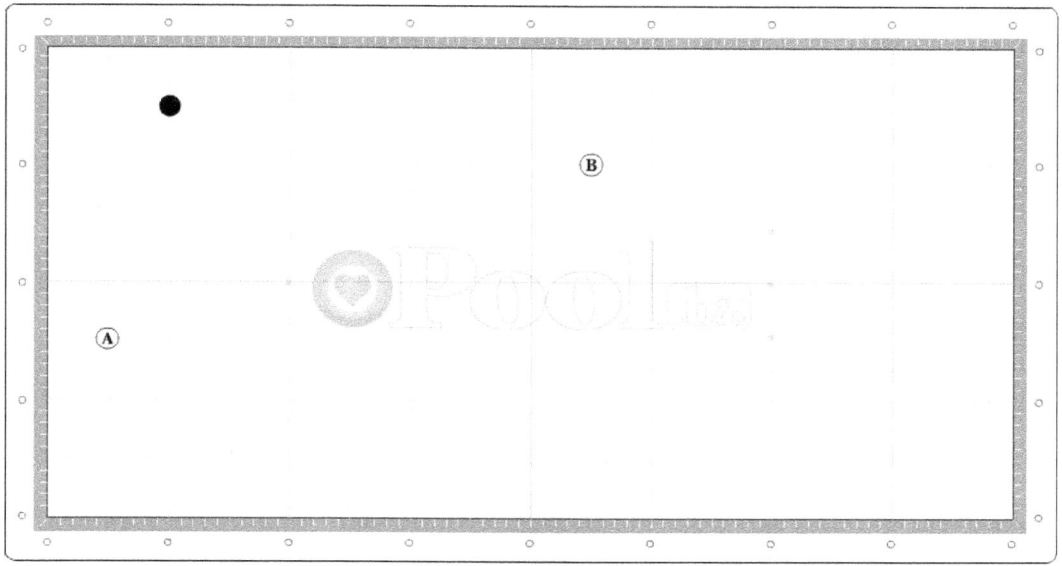

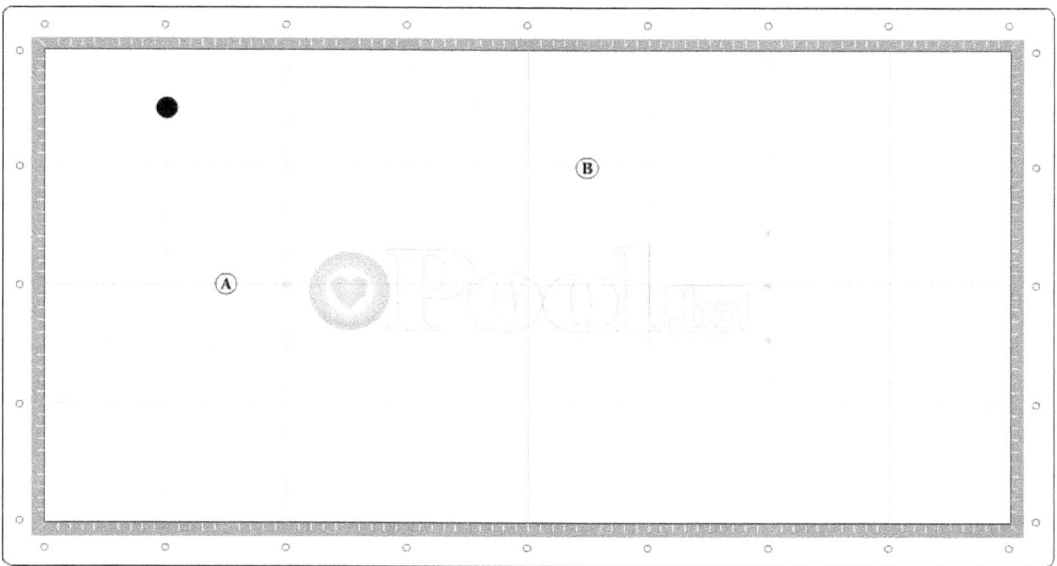

BEMÆRKNINGER:

Carom Billard: Flere gåder og puslespil

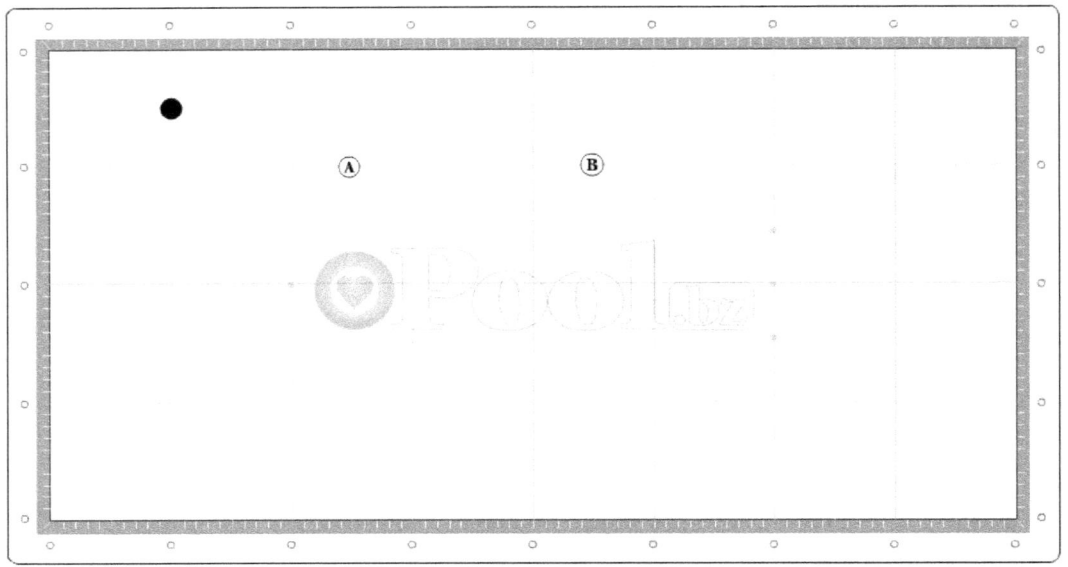

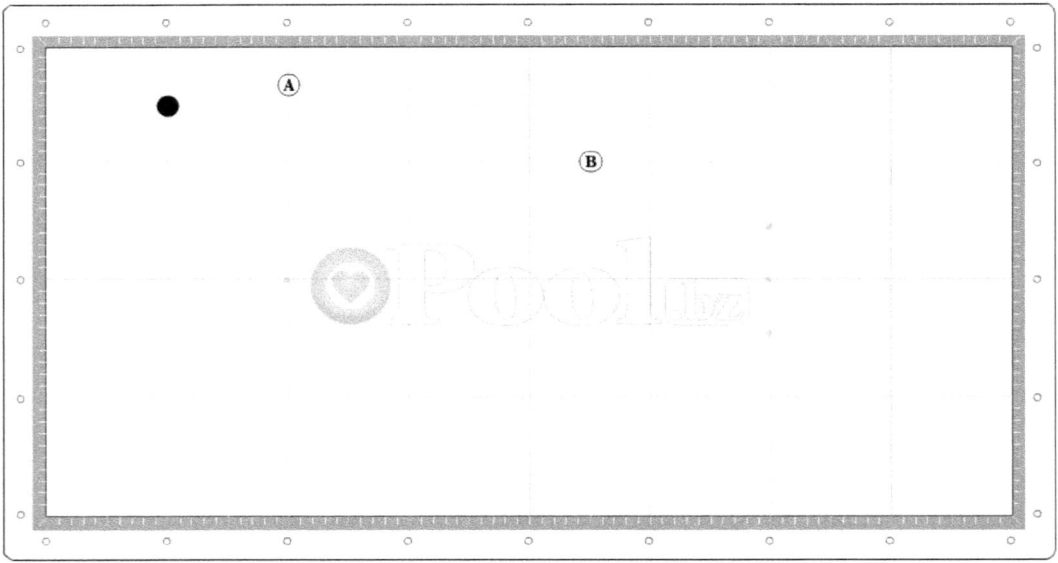

BEMÆRKNINGER:

Gruppe 4, sæt 3

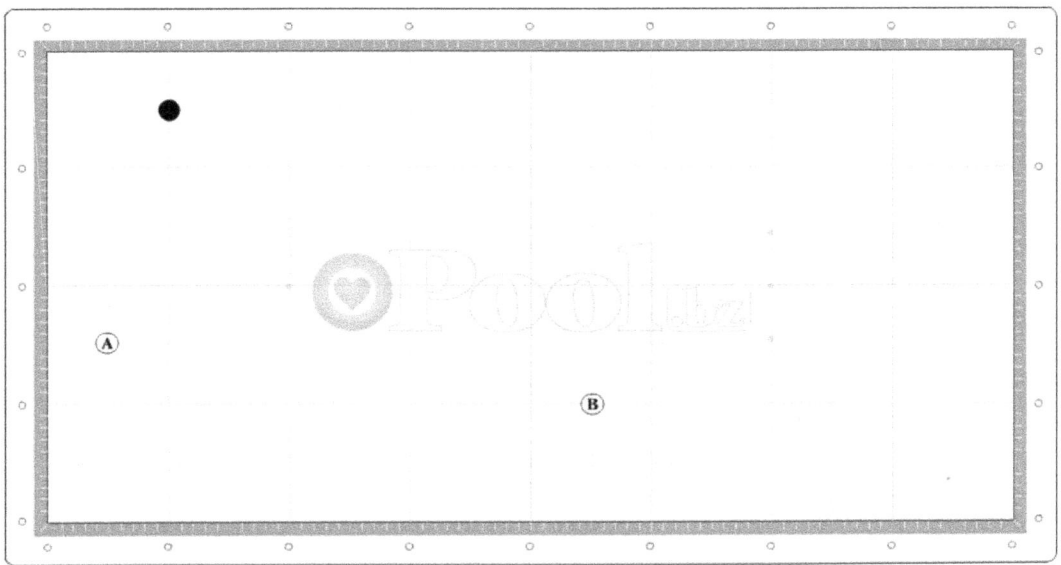

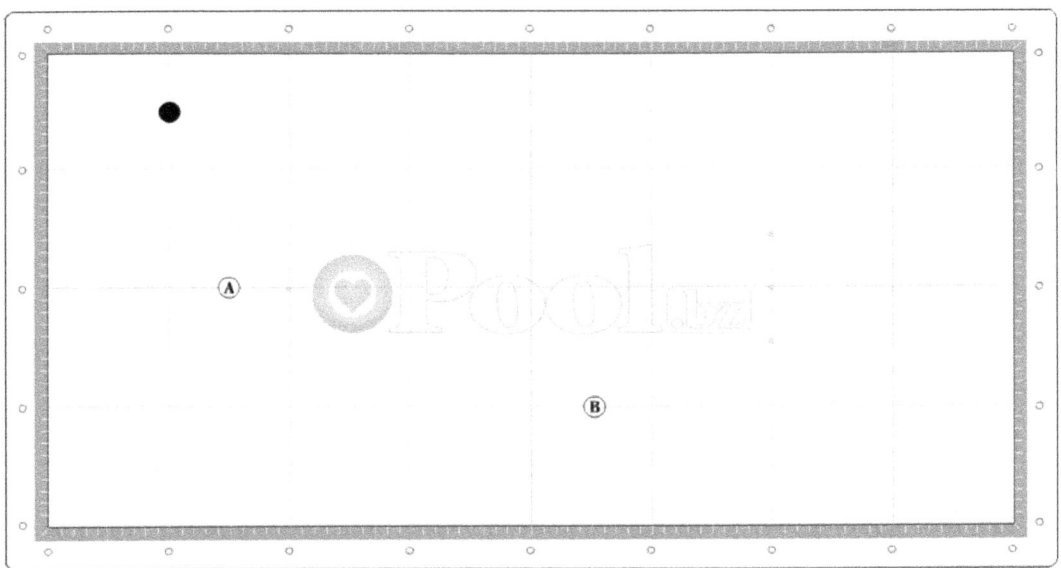

BEMÆRKNINGER:

Carom Billard: Flere gåder og puslespil

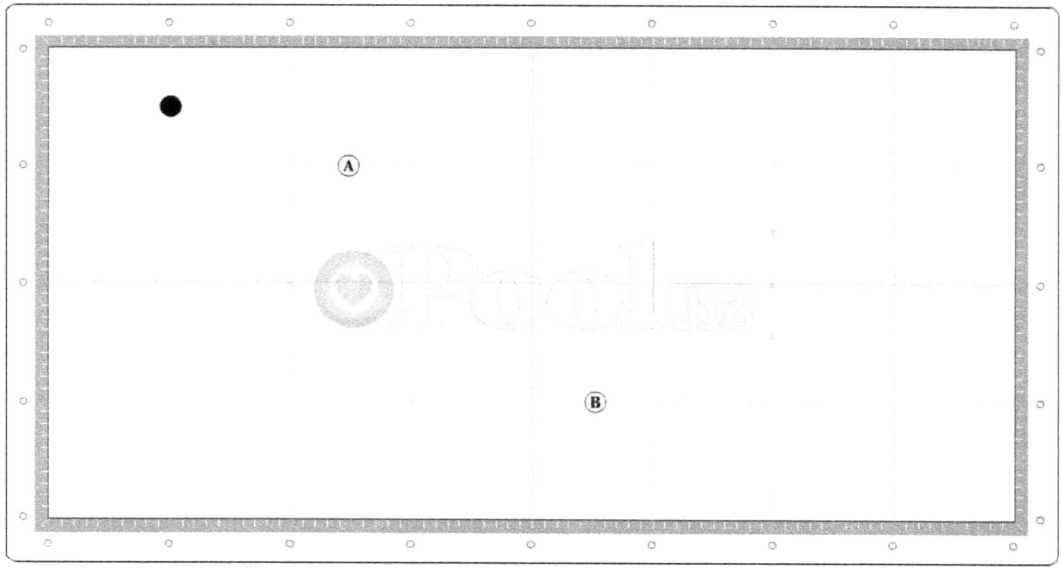

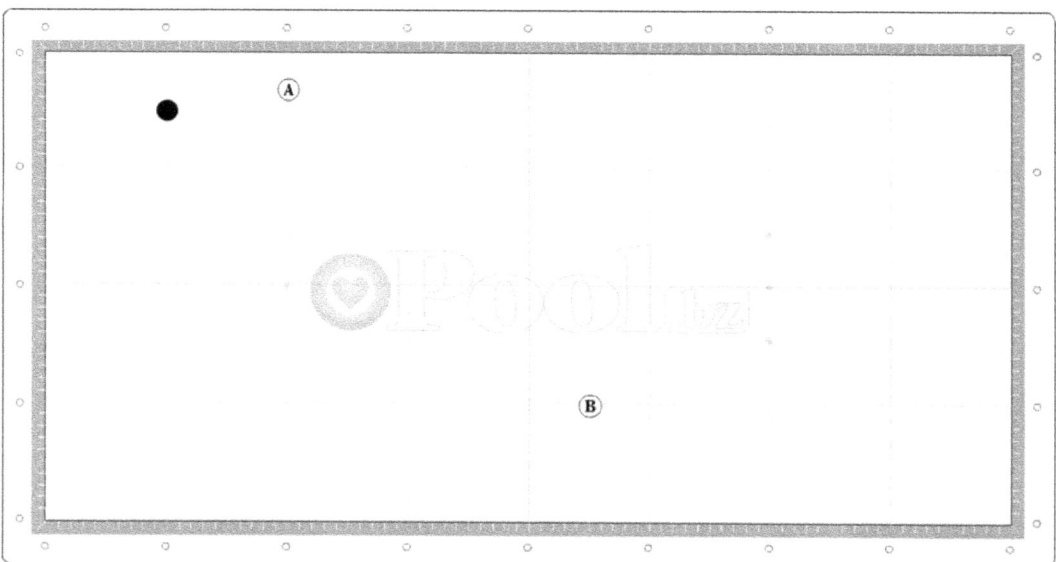

BEMÆRKNINGER:

Gruppe 4, sæt 4

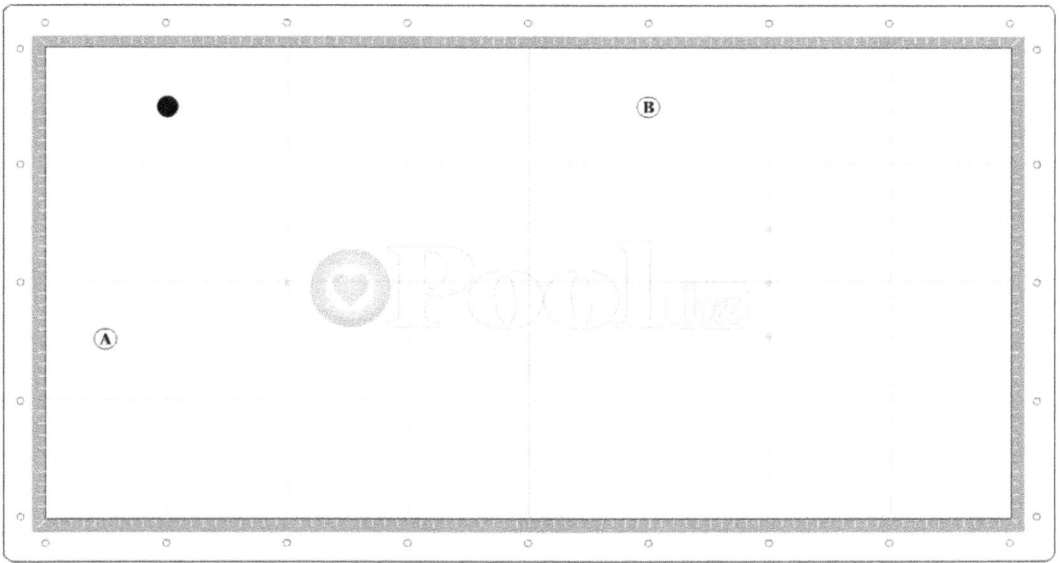

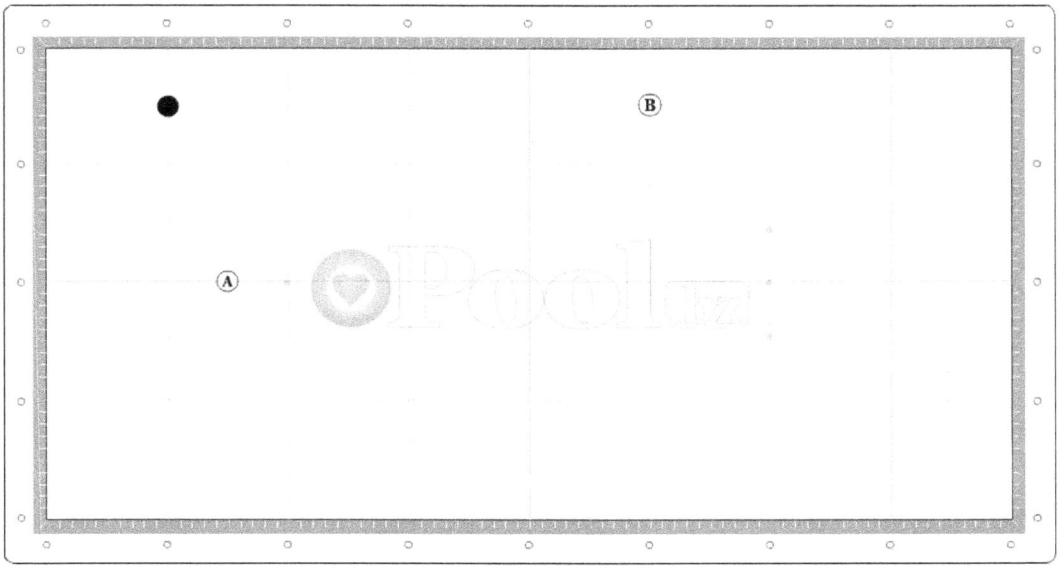

BEMÆRKNINGER:

Carom Billard: Flere gåder og puslespil

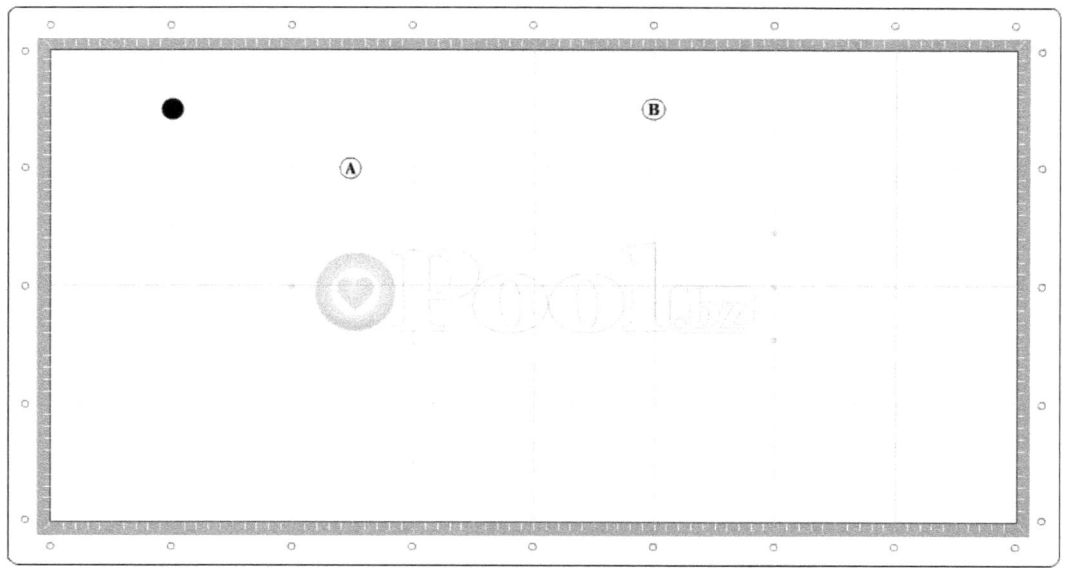

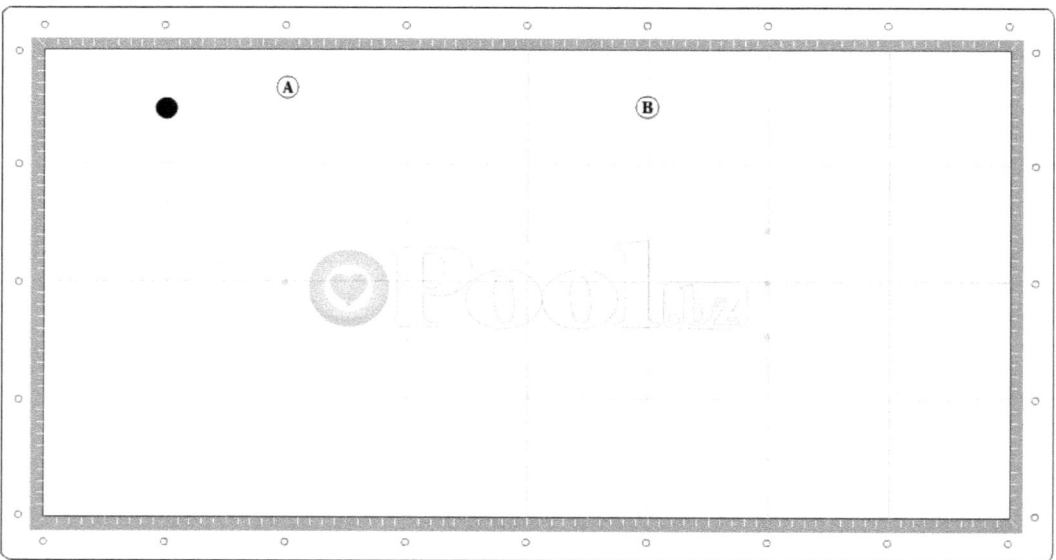

BEMÆRKNINGER:

Gruppe 4, sæt 5

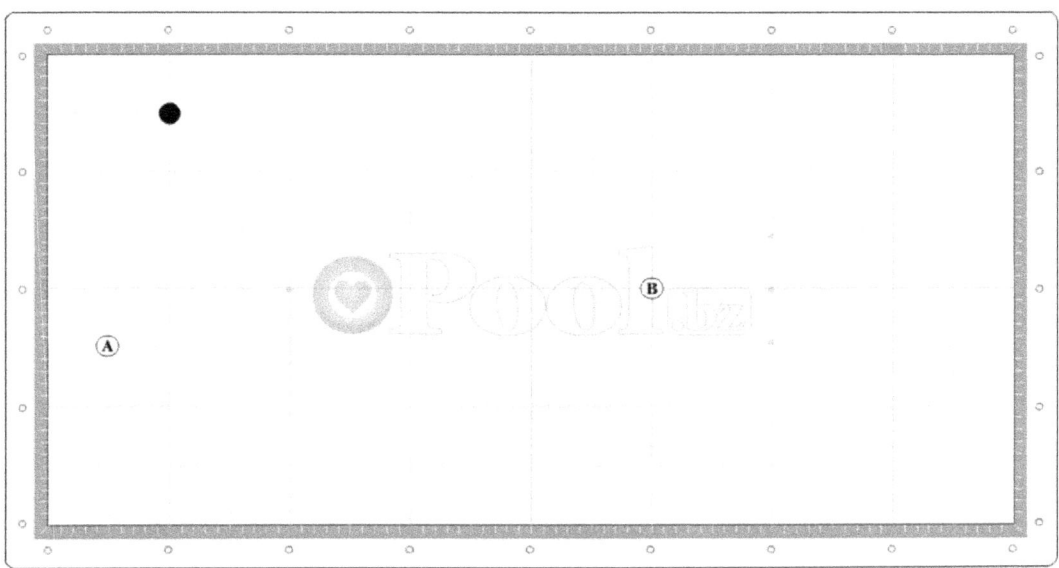

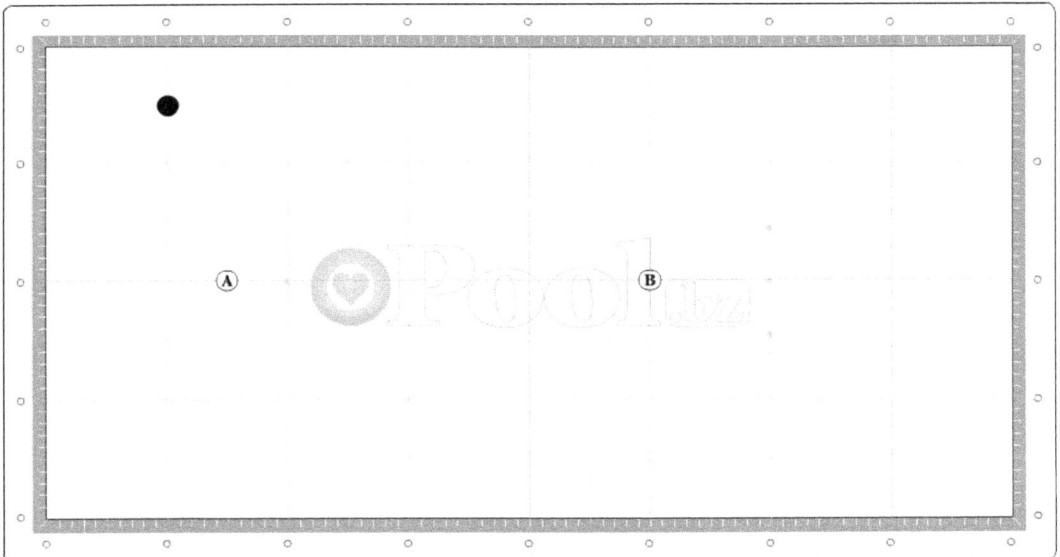

BEMÆRKNINGER:

Carom Billard: Flere gåder og puslespil

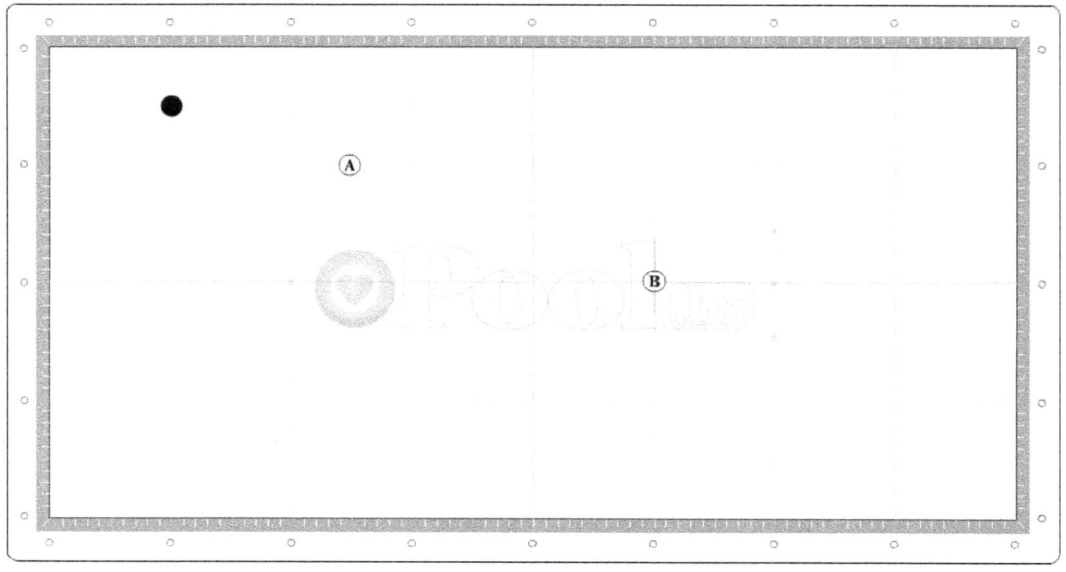

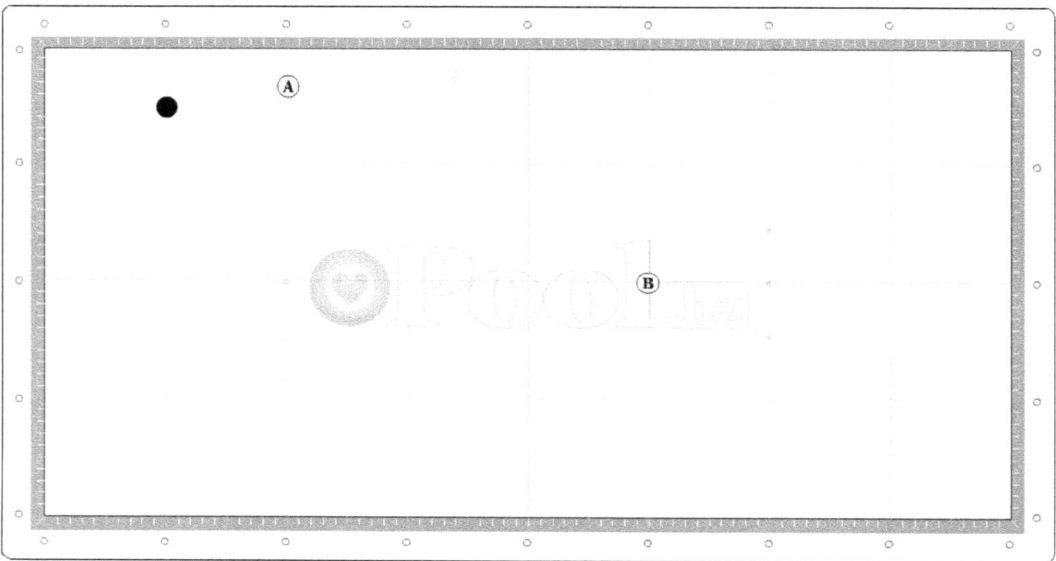

BEMÆRKNINGER:

Gruppe 4, sæt 6

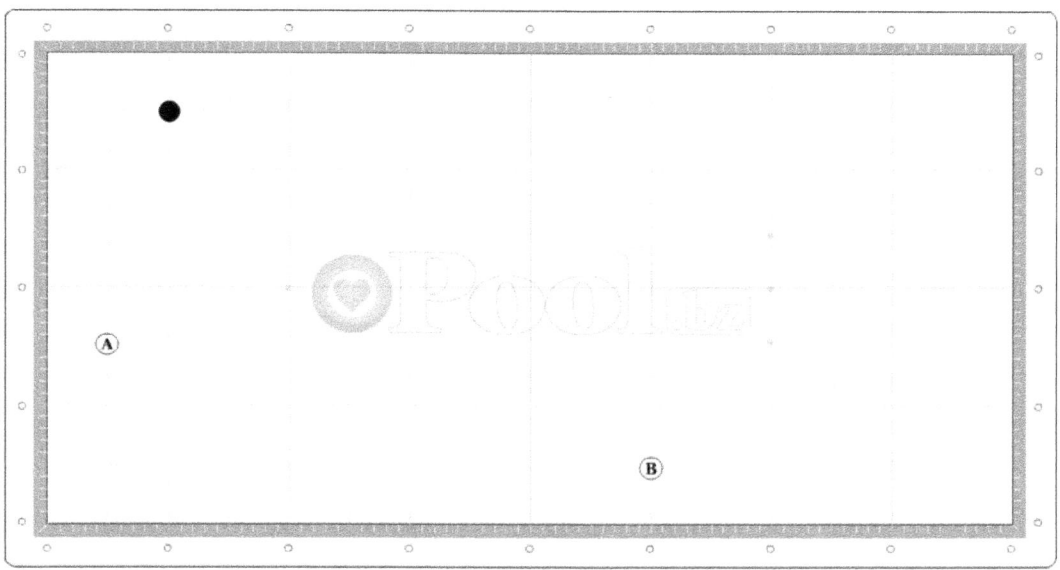

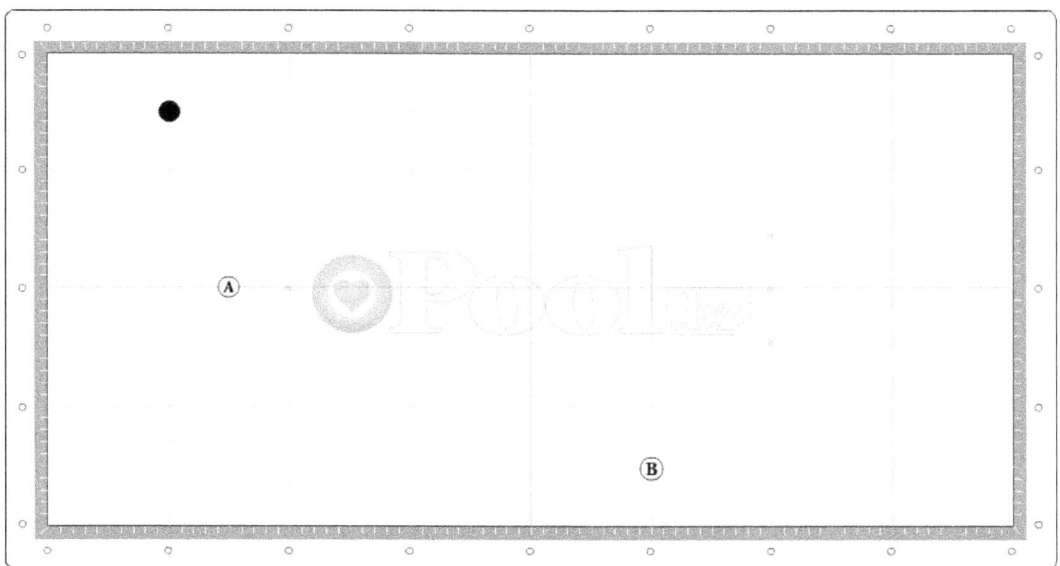

BEMÆRKNINGER:

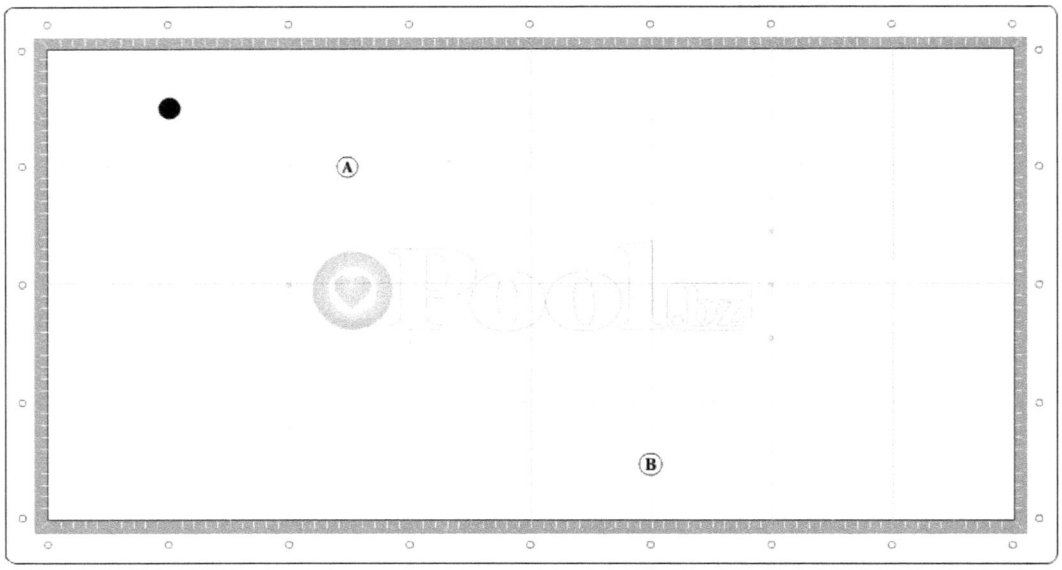

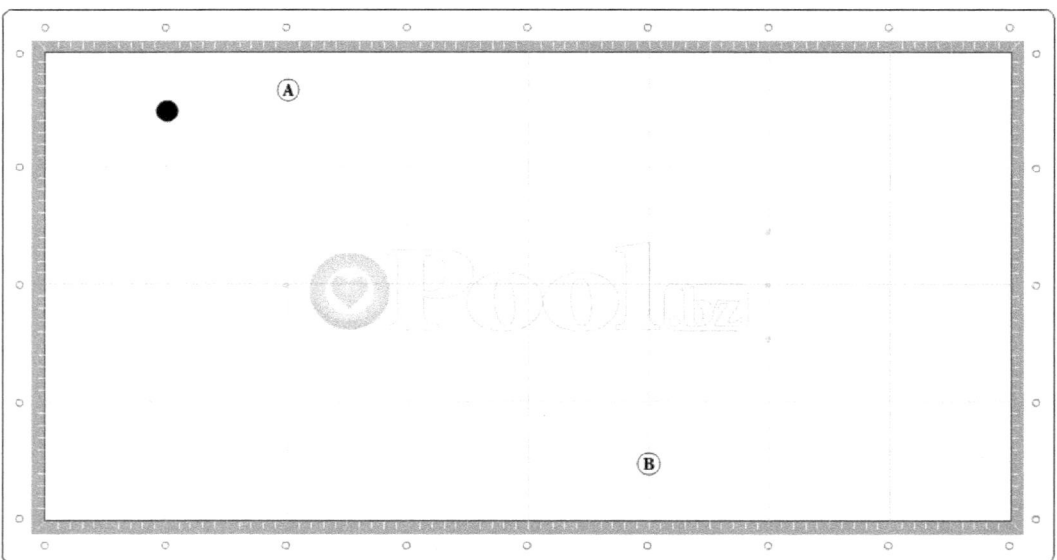

BEMÆRKNINGER:

Gruppe 4, sæt 7

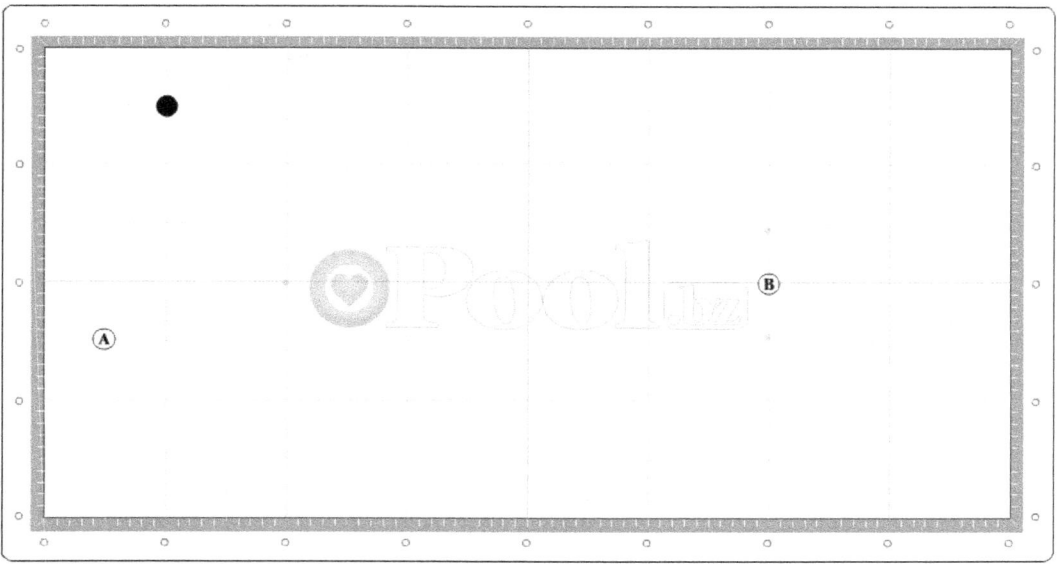

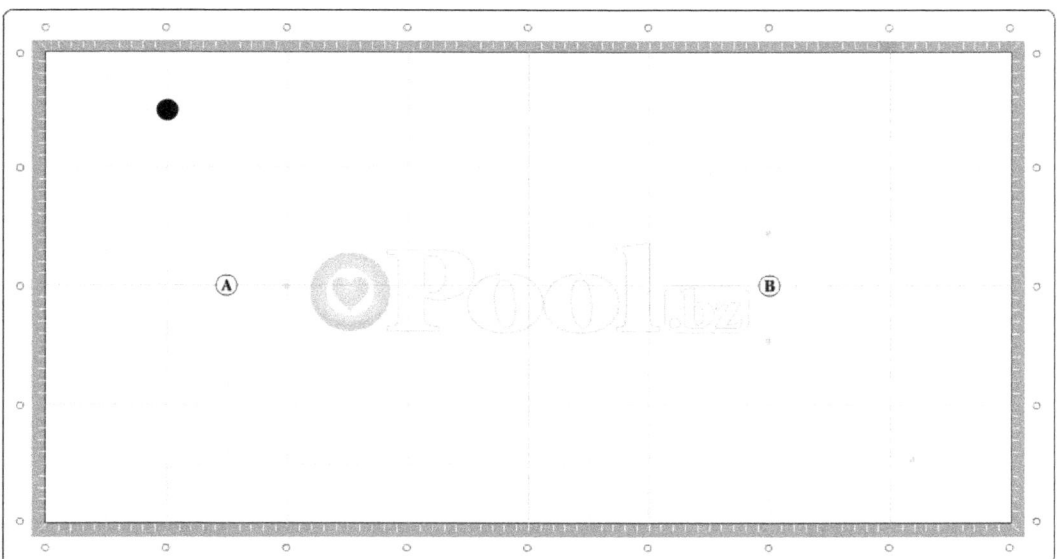

BEMÆRKNINGER:

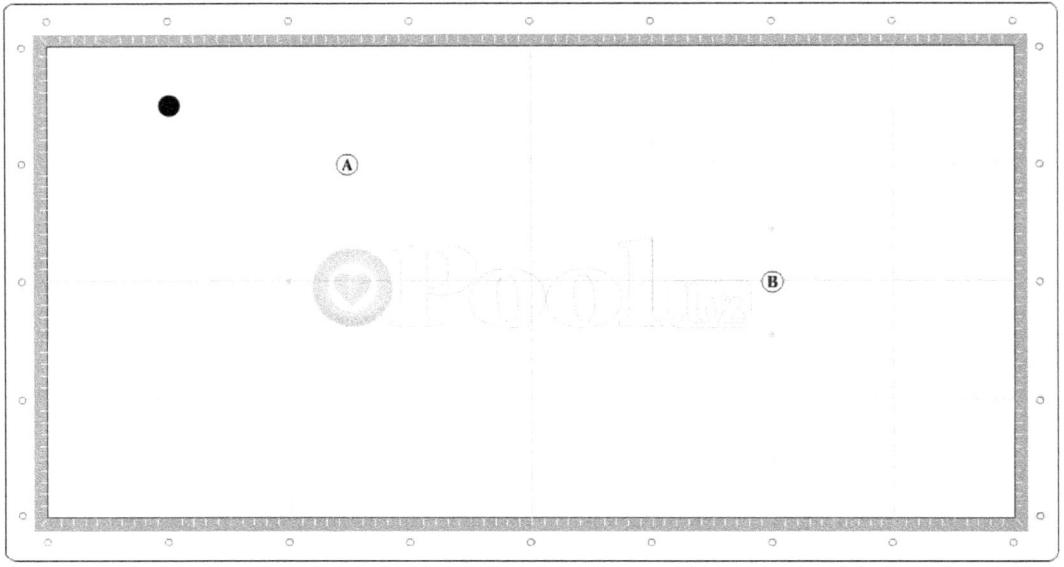

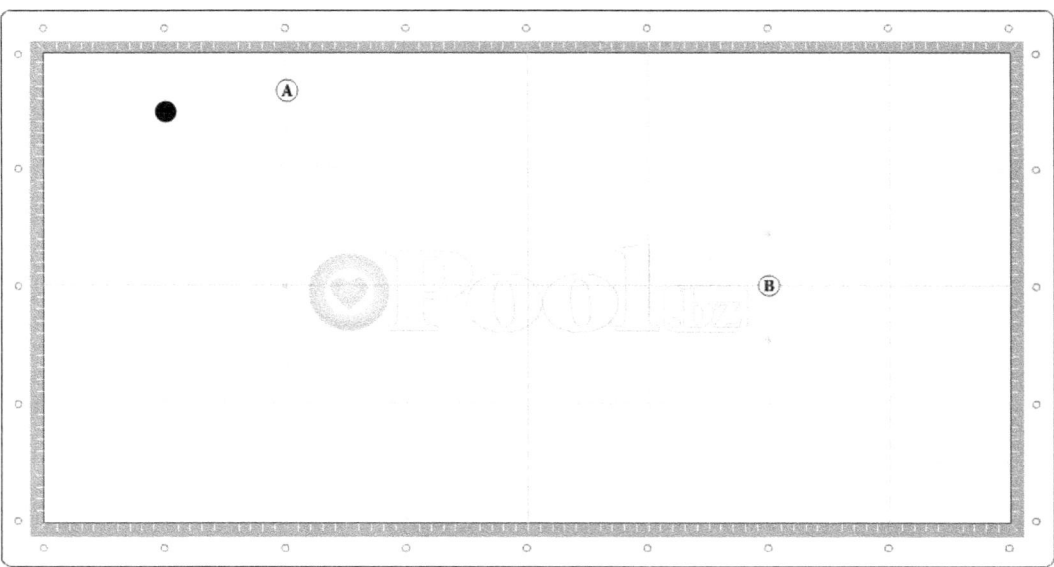

BEMÆRKNINGER:

Gruppe 4, sæt 8

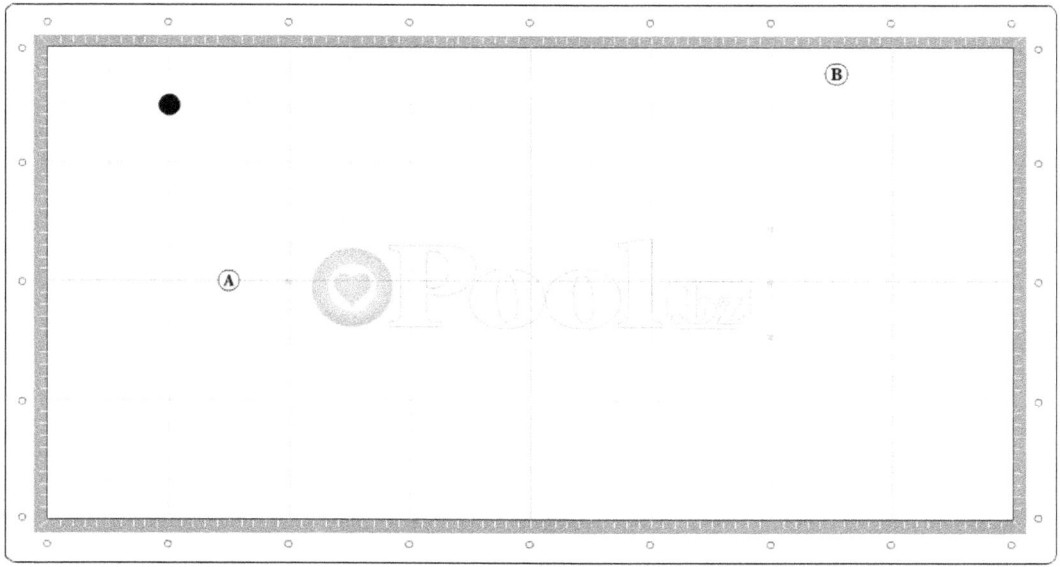

BEMÆRKNINGER:

Carom Billard: Flere gåder og puslespil

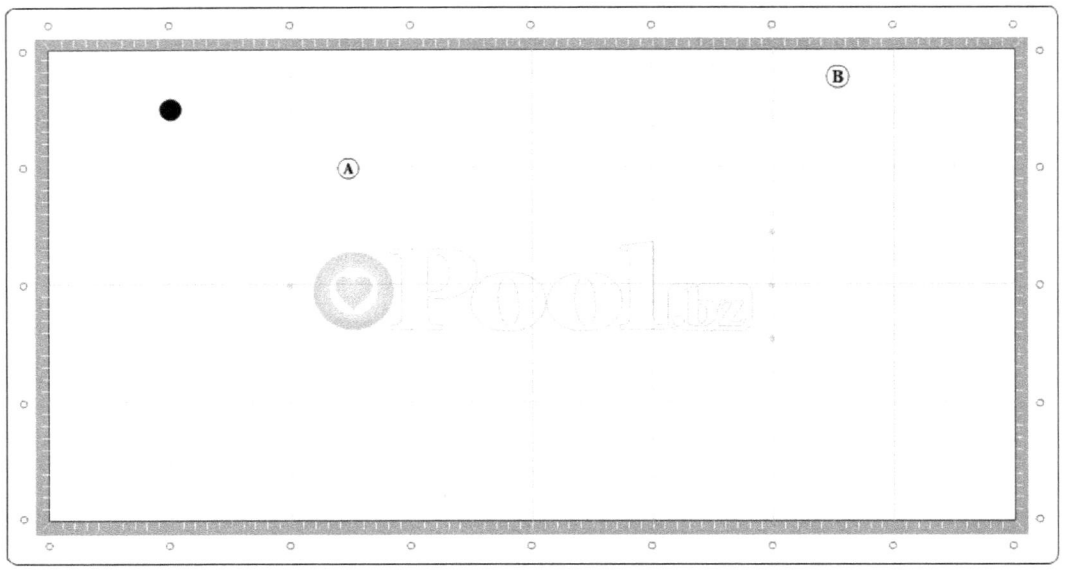

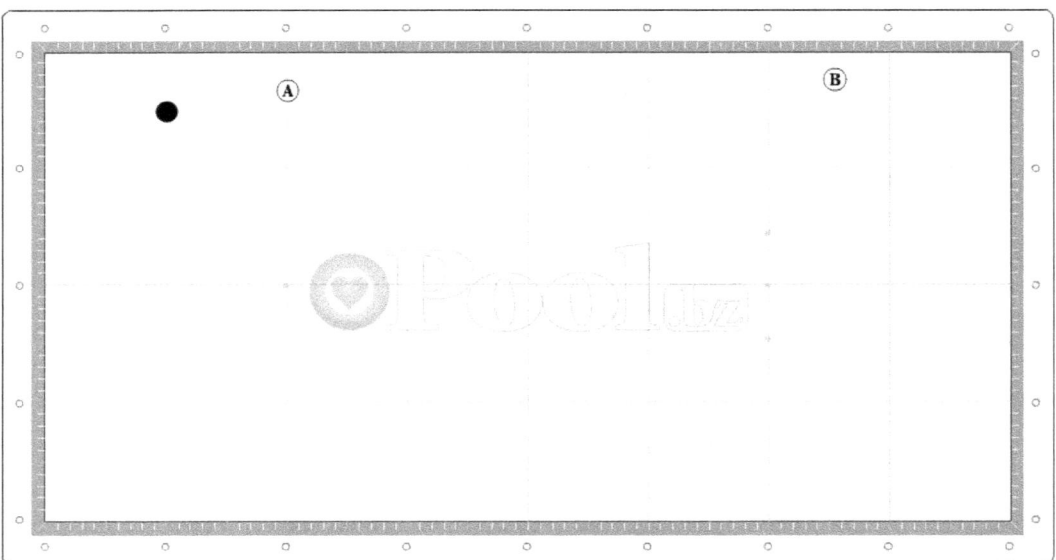

BEMÆRKNINGER:

Gruppe 4, sæt 9

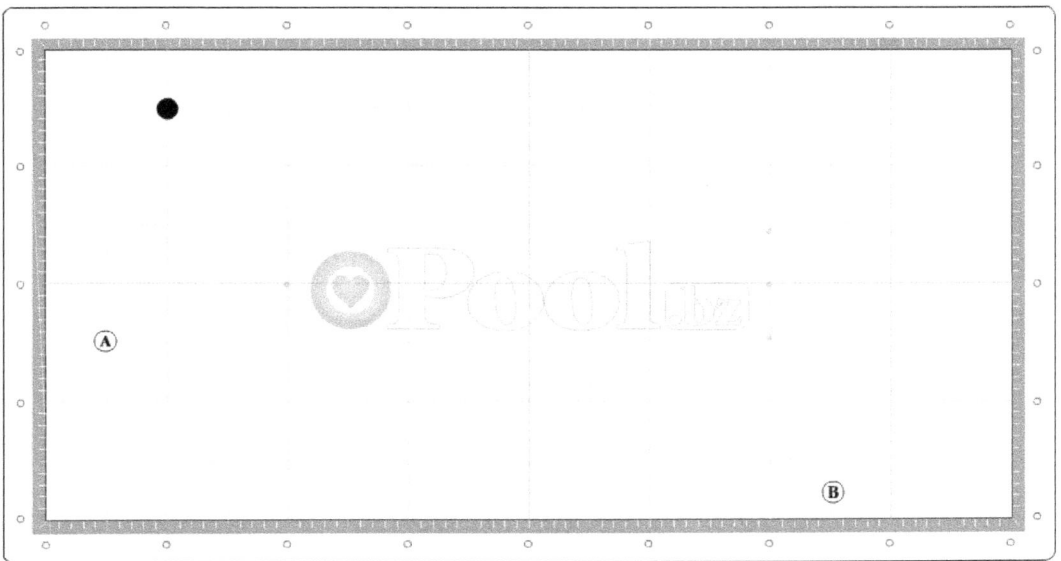

BEMÆRKNINGER:

Carom Billard: Flere gåder og puslespil

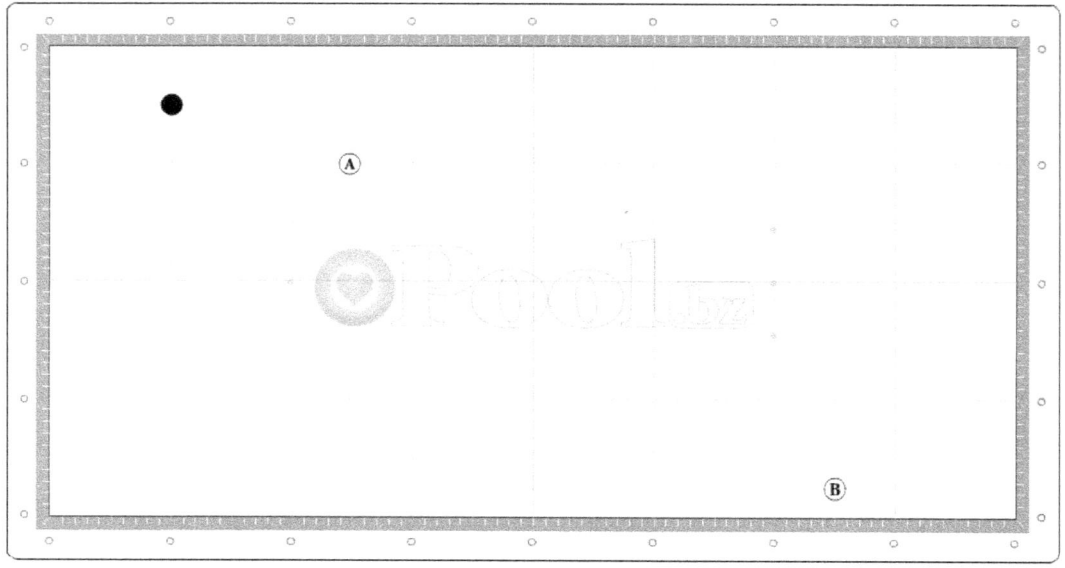

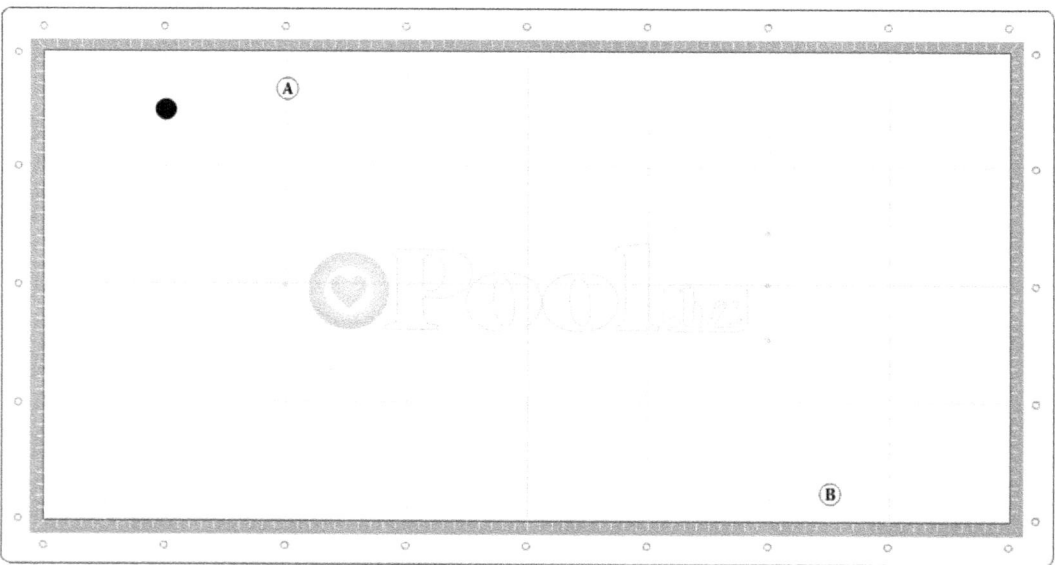

BEMÆRKNINGER:

Gruppe 4, sæt 10

BEMÆRKNINGER:

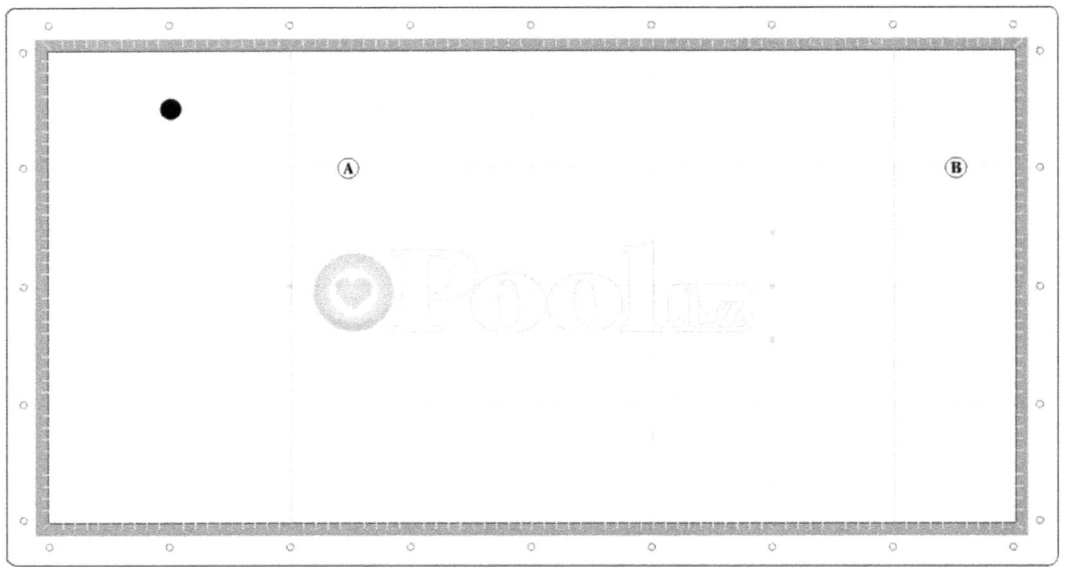

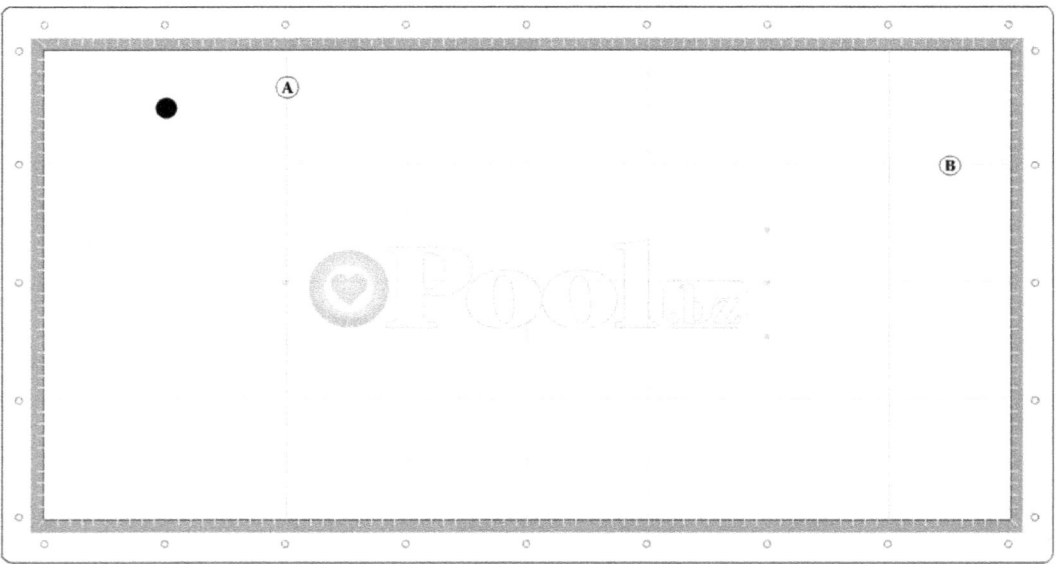

BEMÆRKNINGER:

Gruppe 4, sæt 11

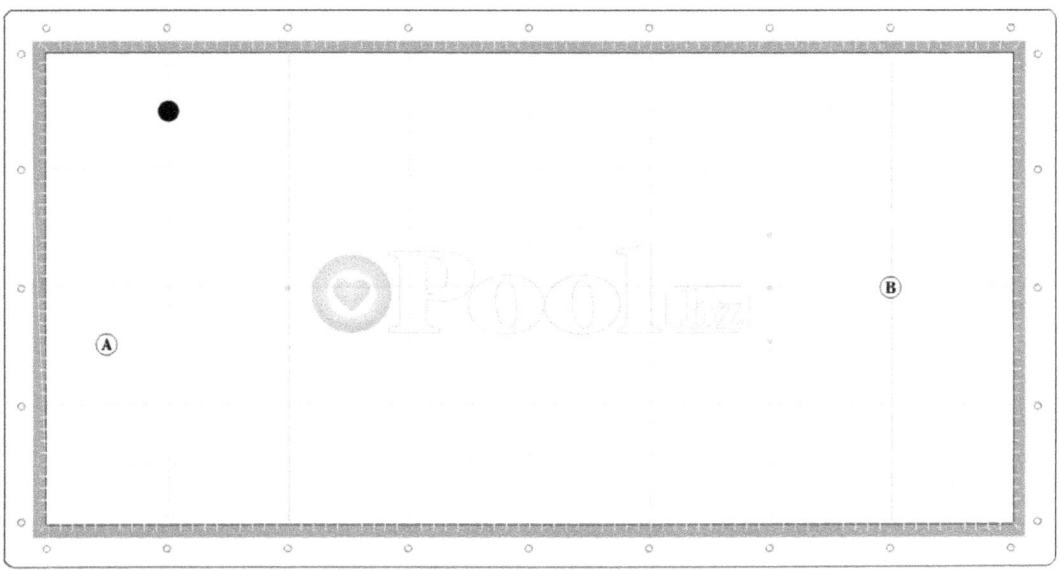

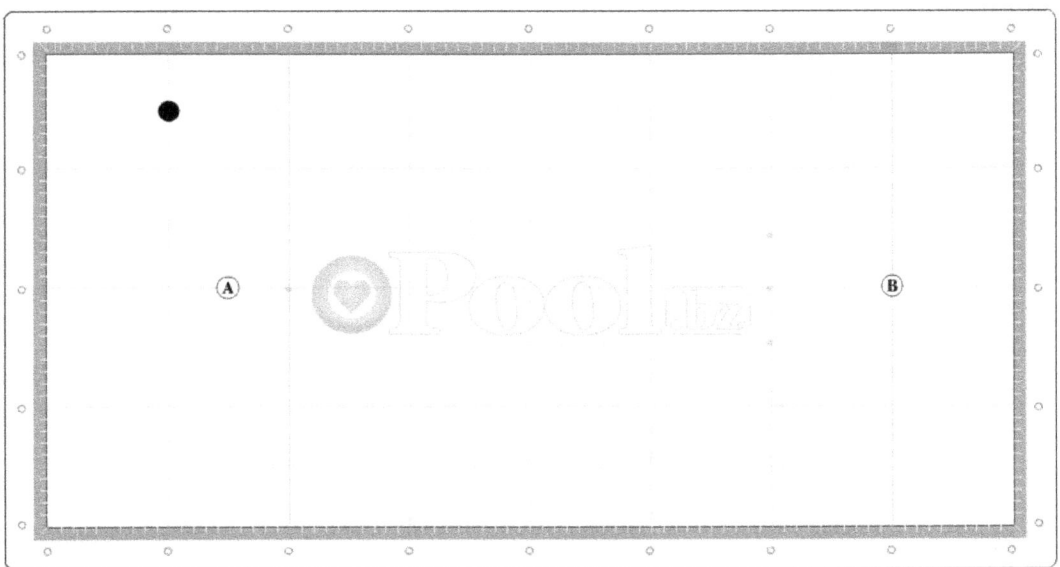

BEMÆRKNINGER:

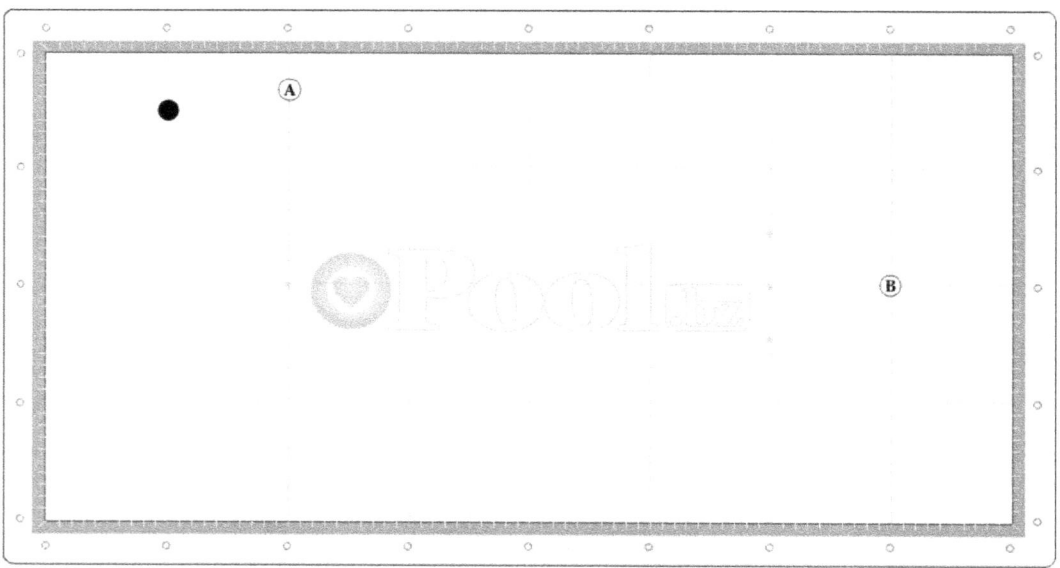

BEMÆRKNINGER:

Gruppe 4, sæt 12

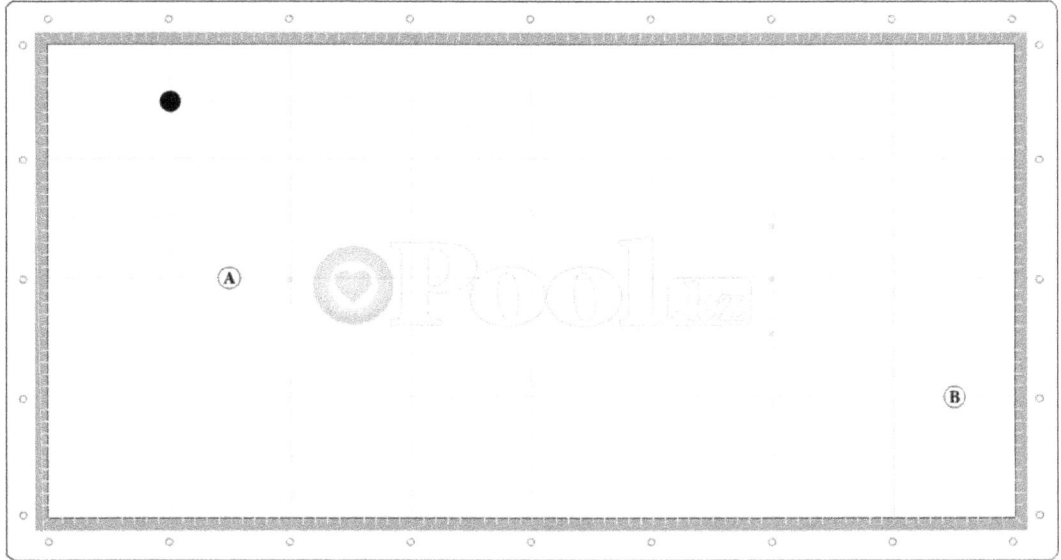

BEMÆRKNINGER:

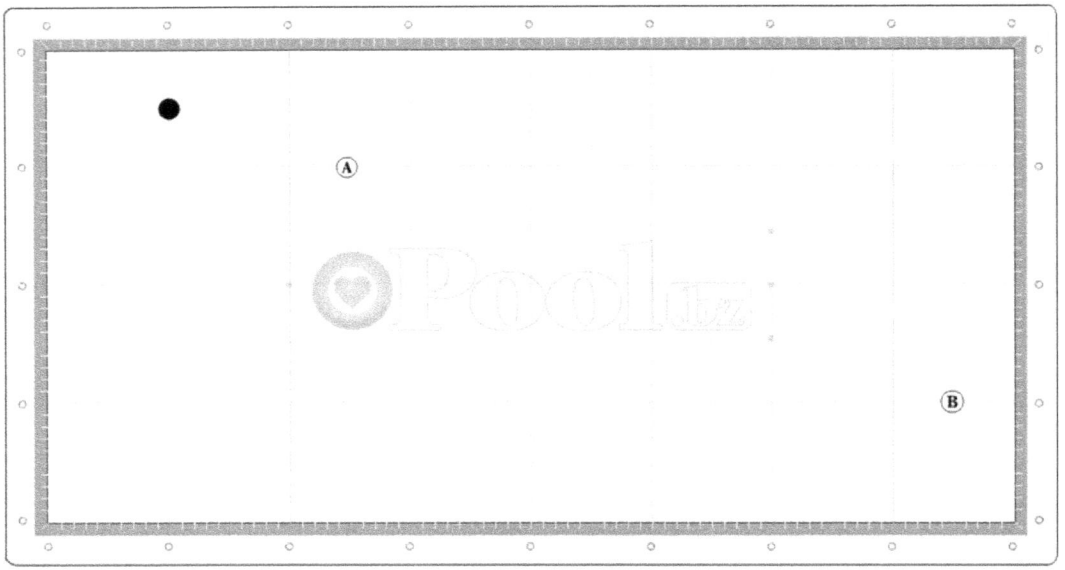

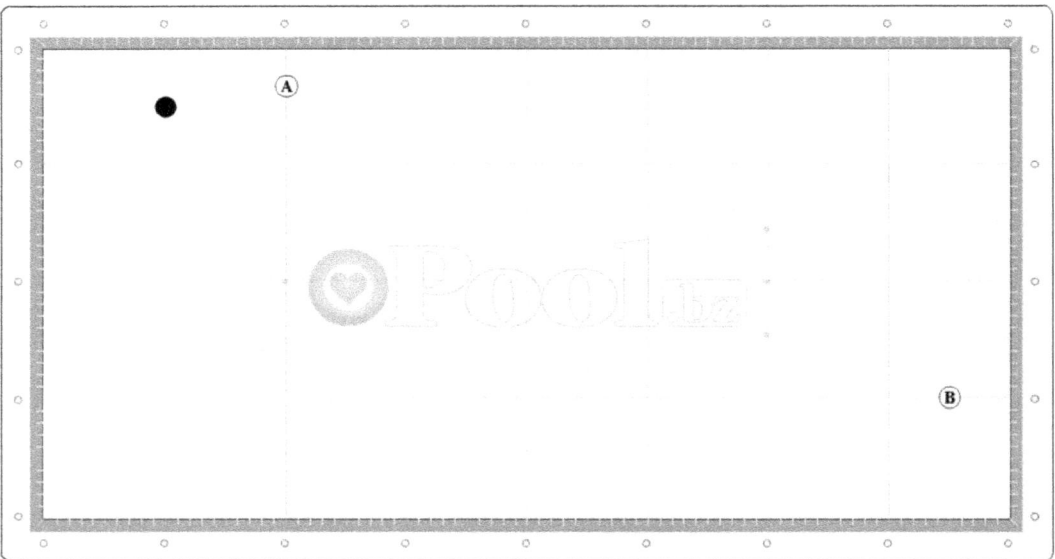

BEMÆRKNINGER:

GRUPPE 5

Gruppe 5, sæt 1

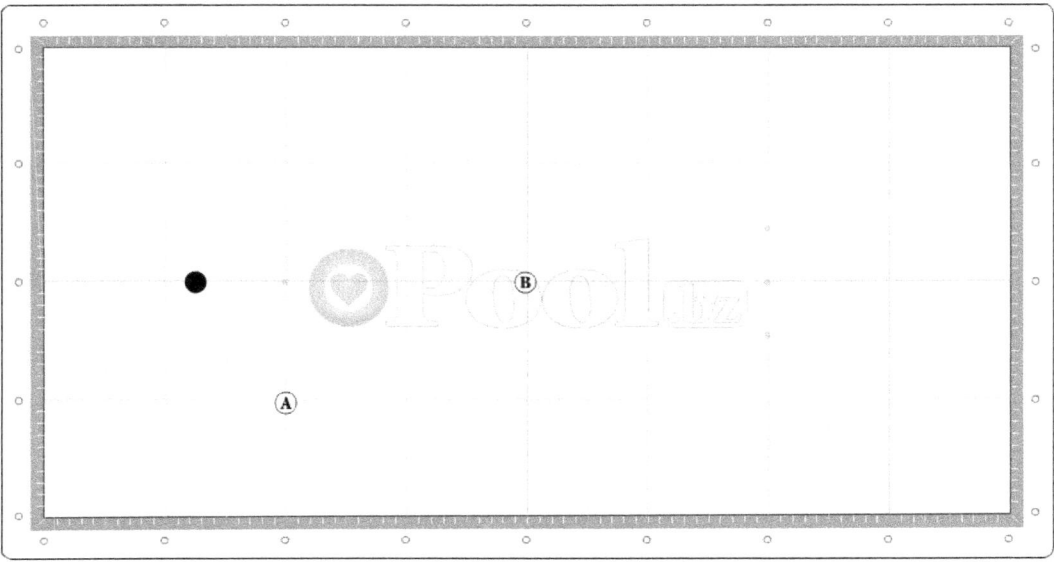

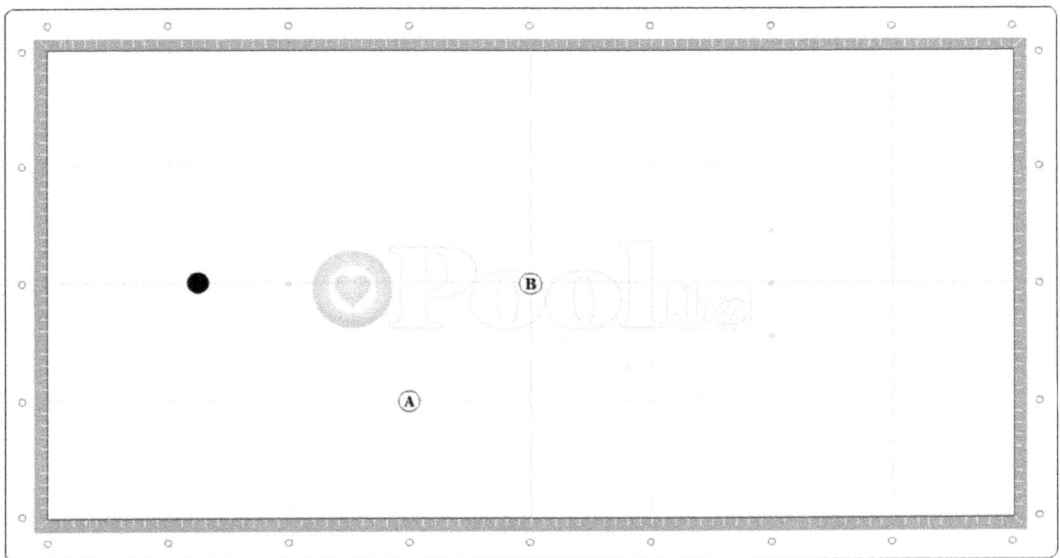

BEMÆRKNINGER:

Carom Billard: Flere gåder og puslespil

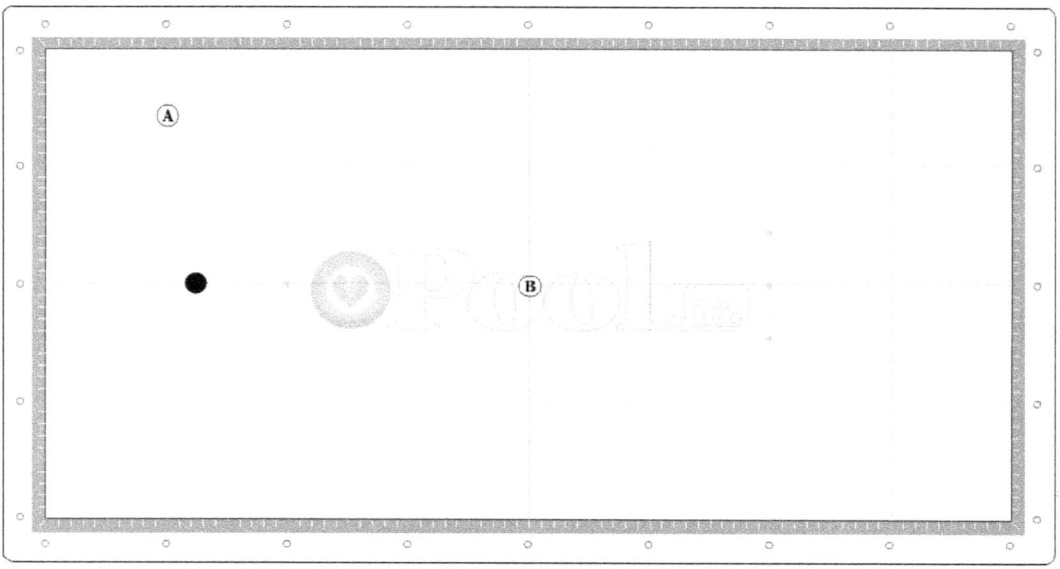

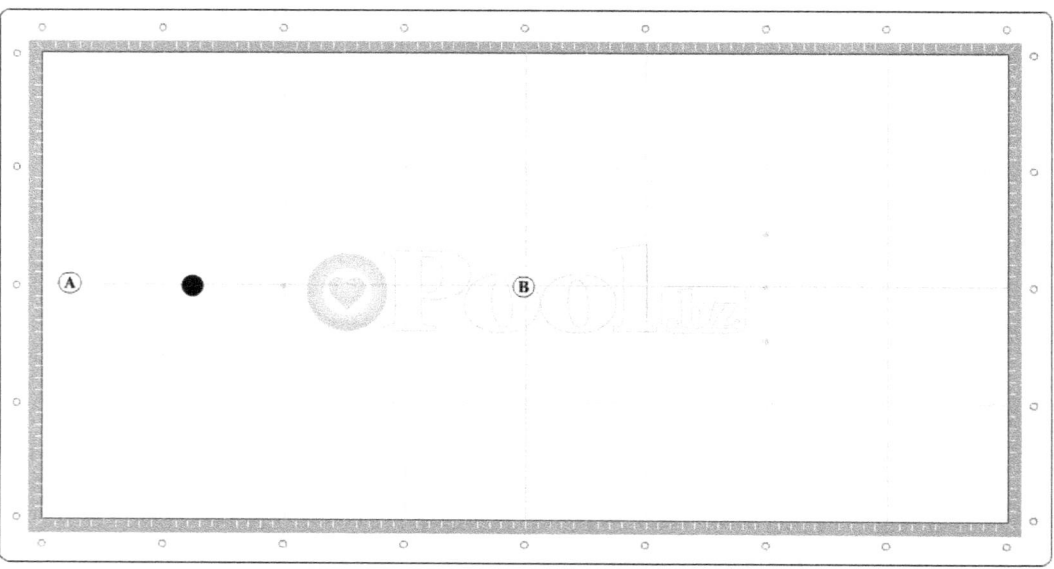

BEMÆRKNINGER:

Gruppe 5, sæt 2

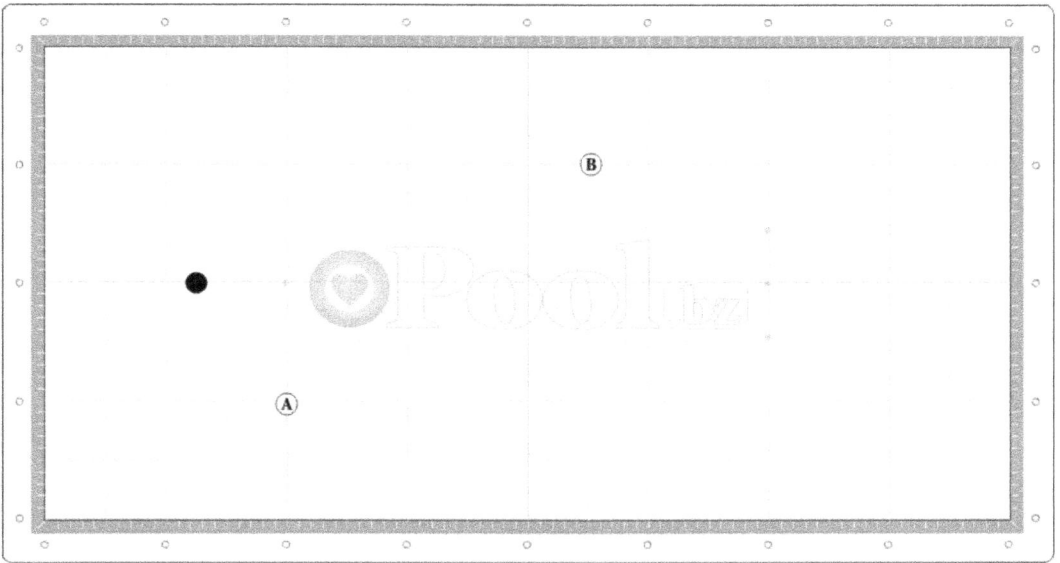

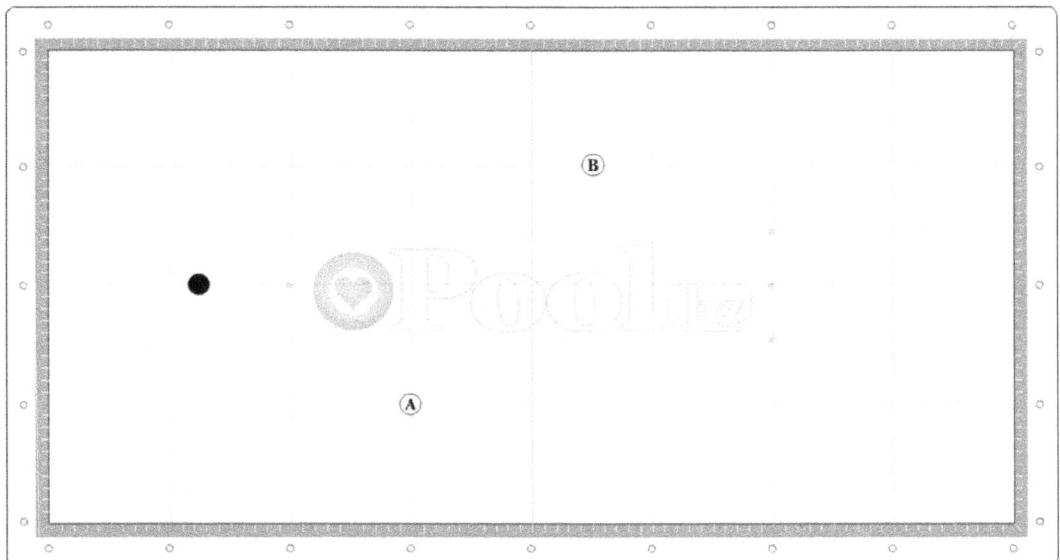

BEMÆRKNINGER:

Carom Billard: Flere gåder og puslespil

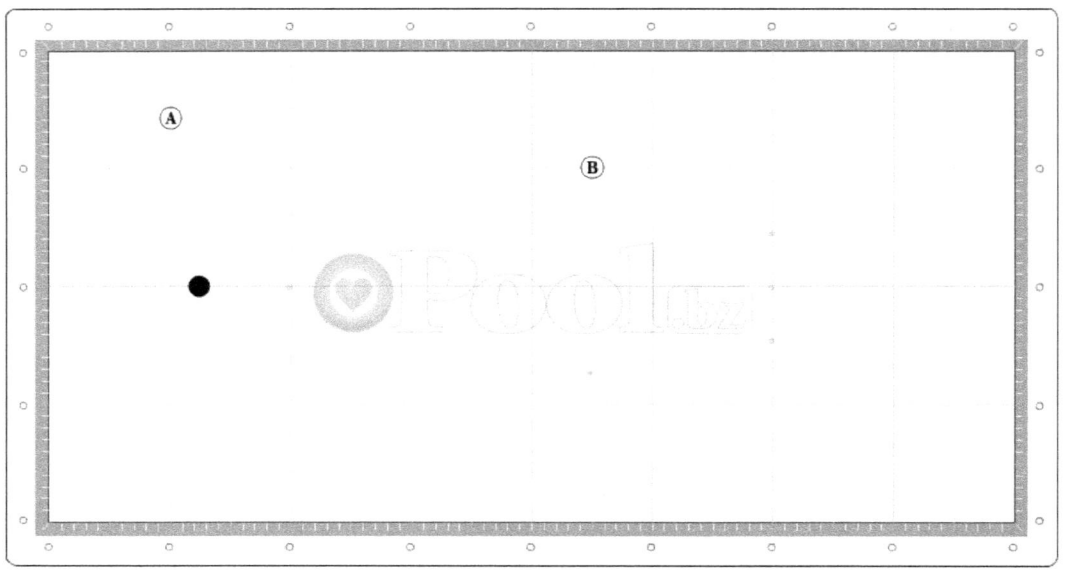

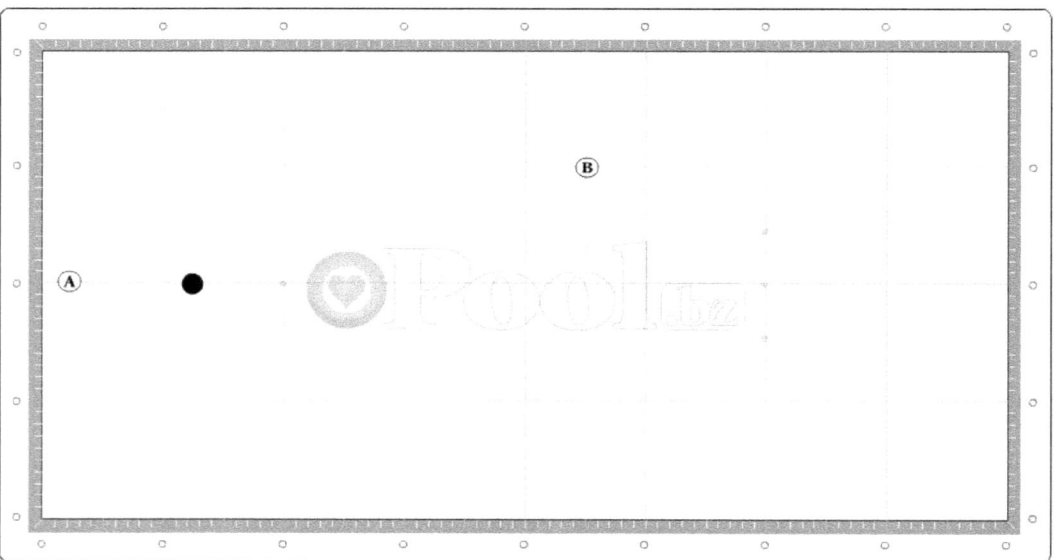

BEMÆRKNINGER:

Gruppe 5, sæt 3

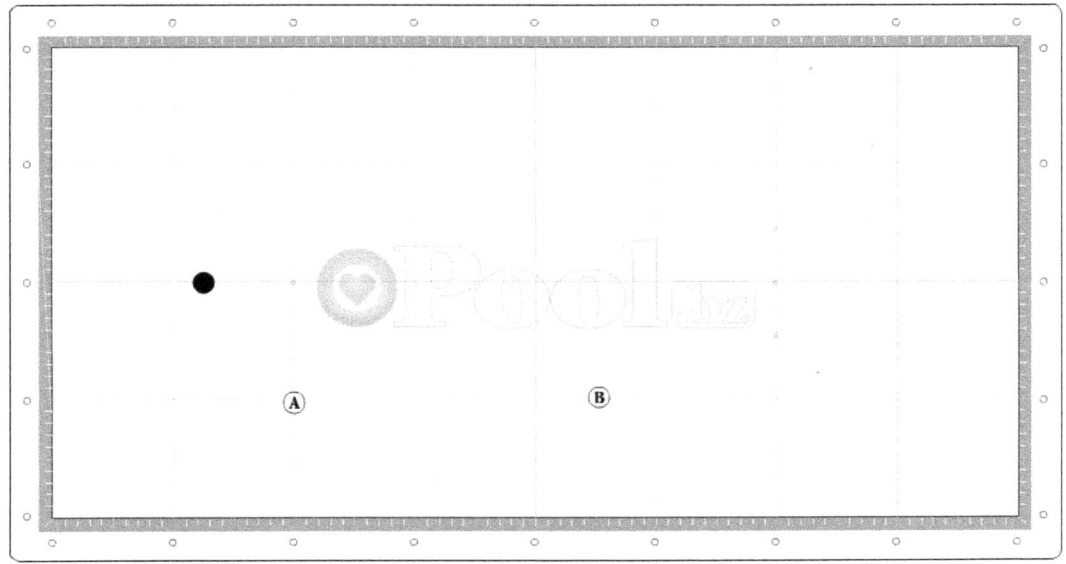

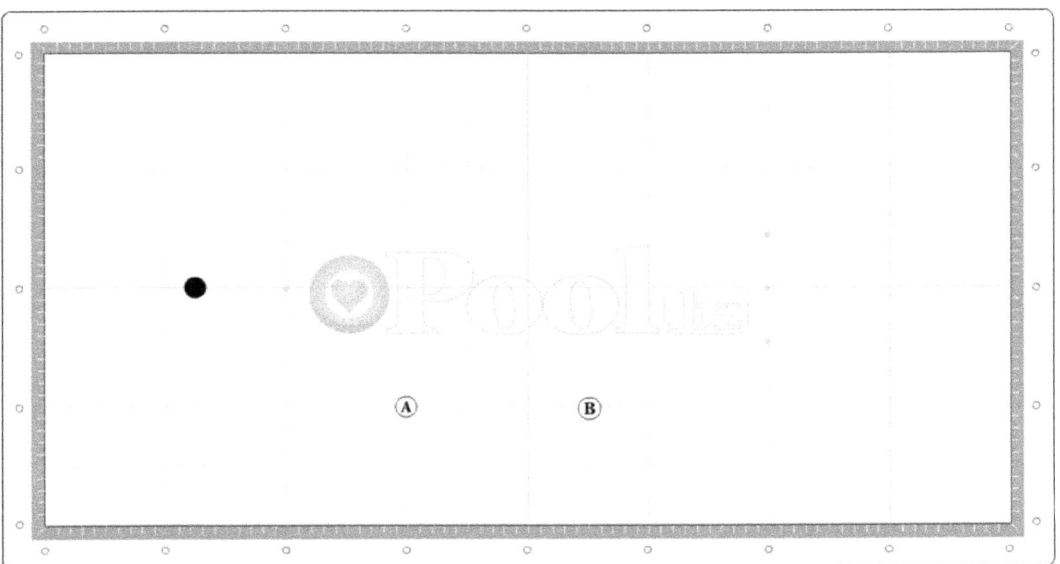

BEMÆRKNINGER:

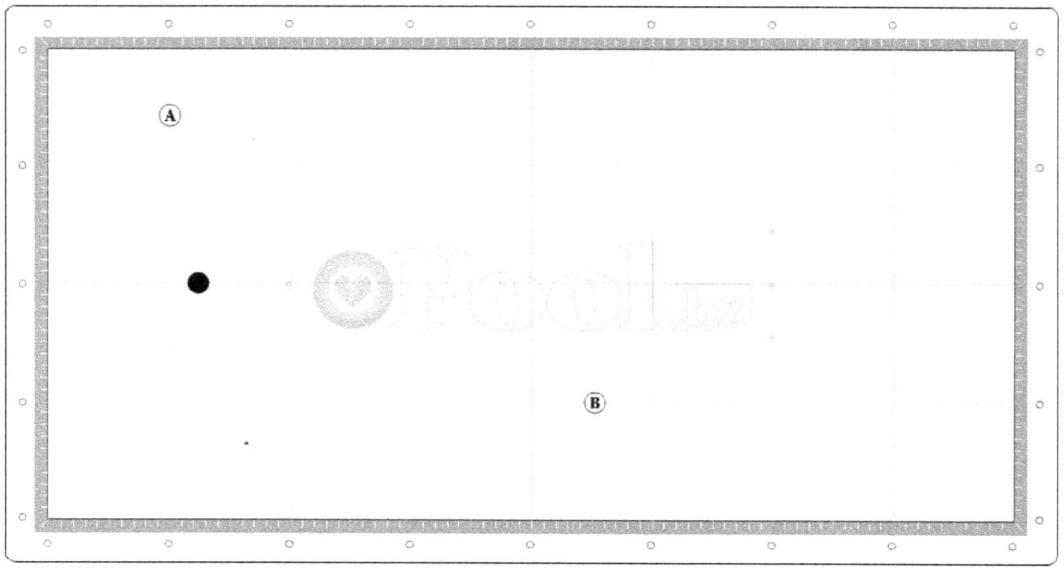

BEMÆRKNINGER:

Gruppe 5, sæt 4

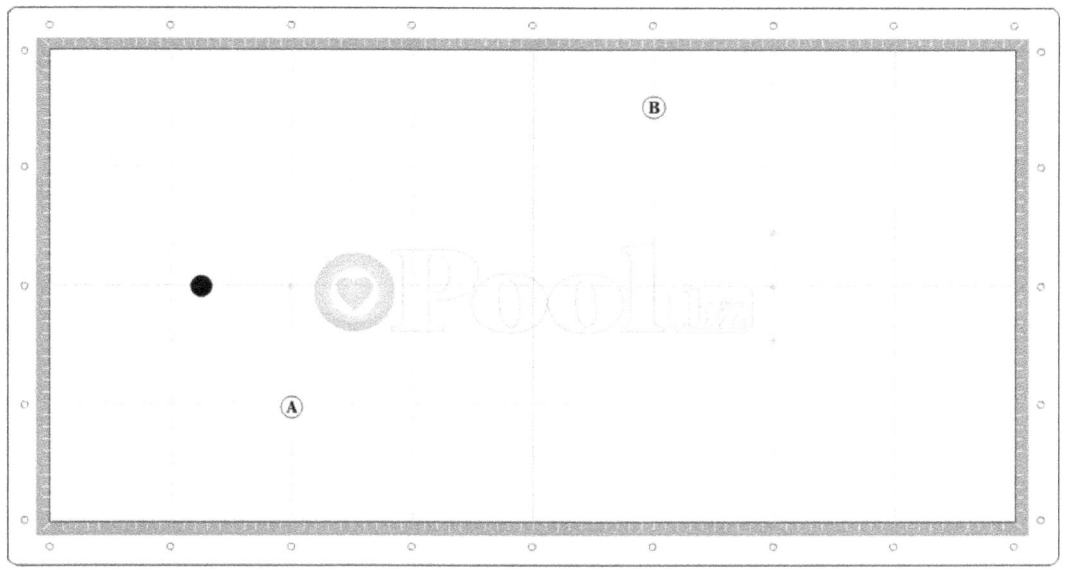

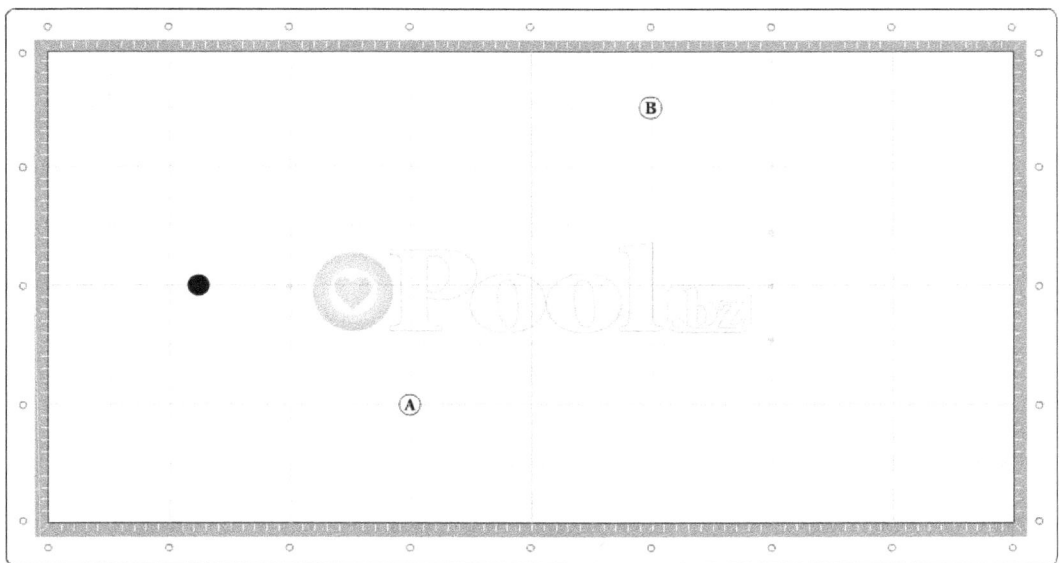

BEMÆRKNINGER:

Carom Billard: Flere gåder og puslespil

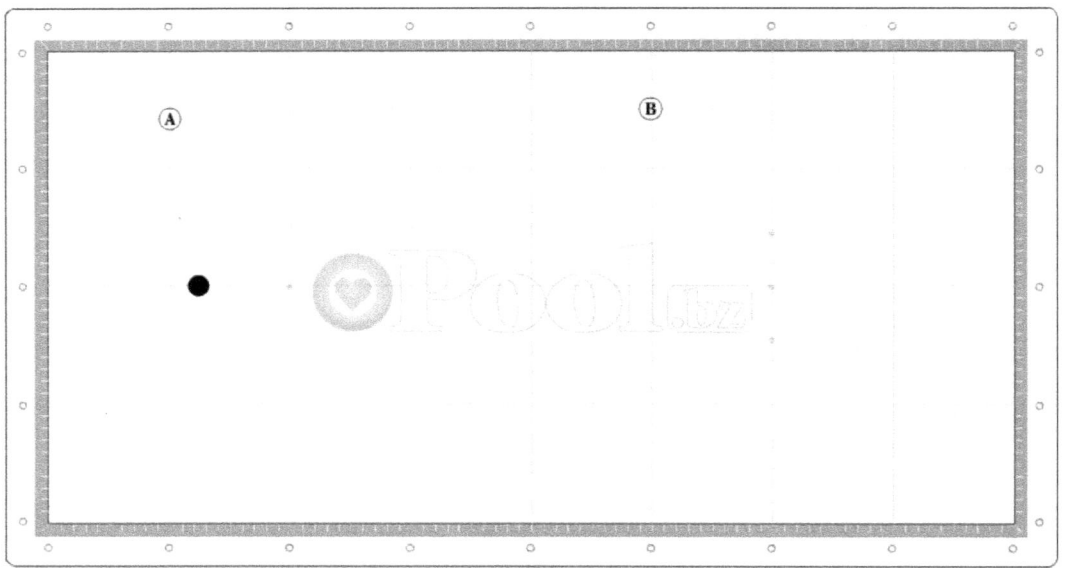

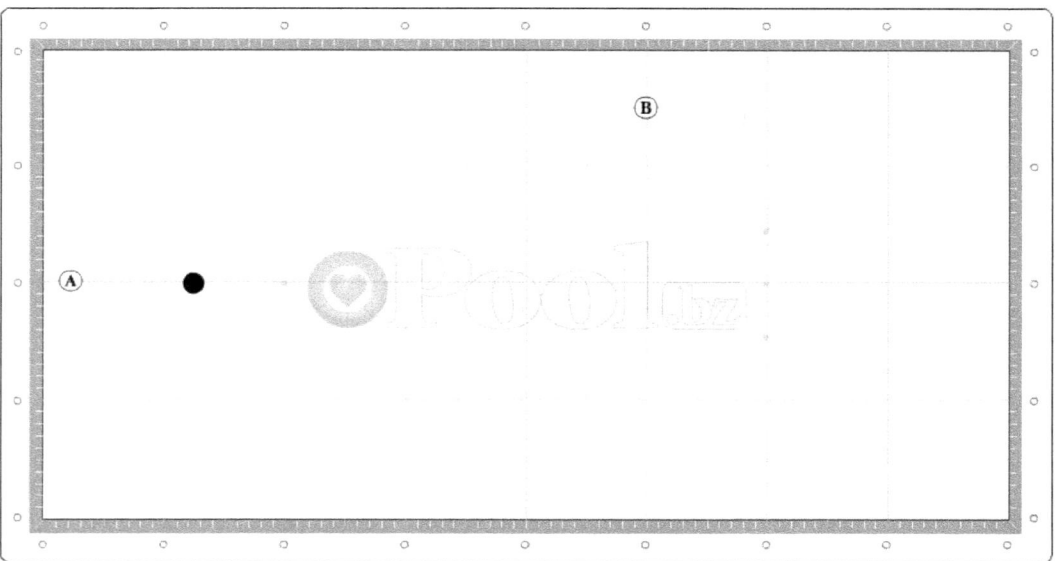

BEMÆRKNINGER:

Gruppe 5, sæt 5

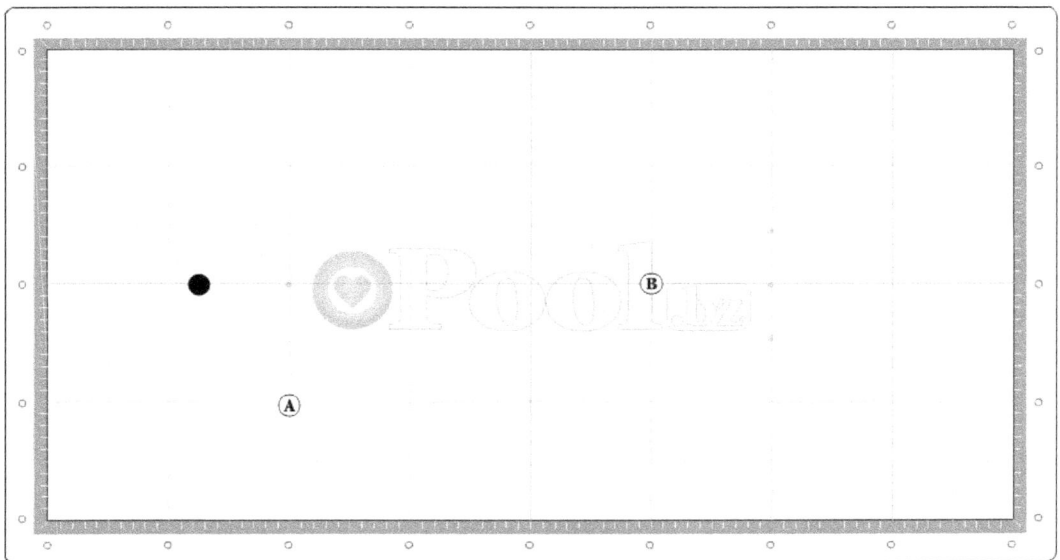

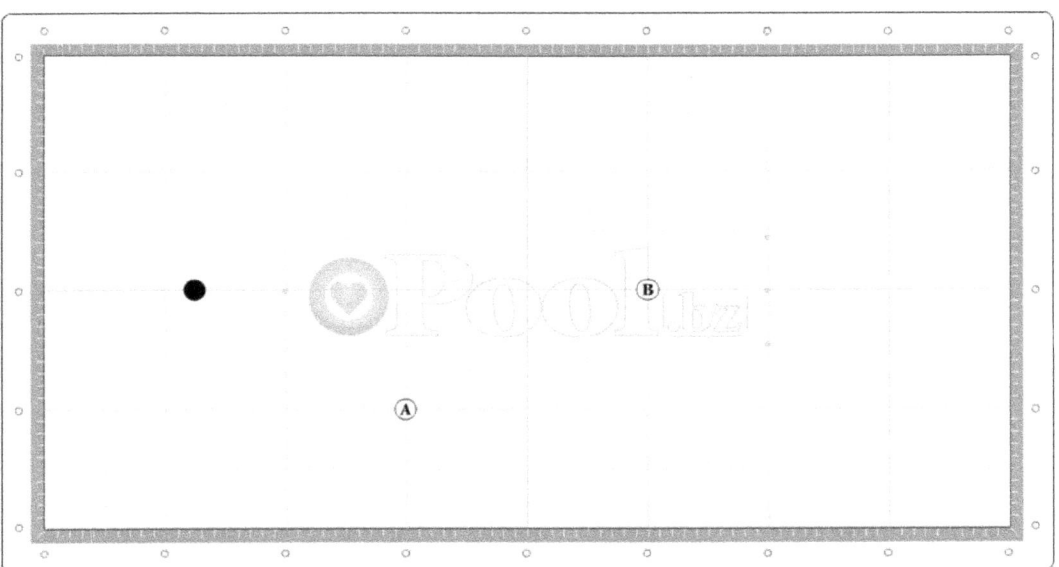

BEMÆRKNINGER:

Carom Billard: Flere gåder og puslespil

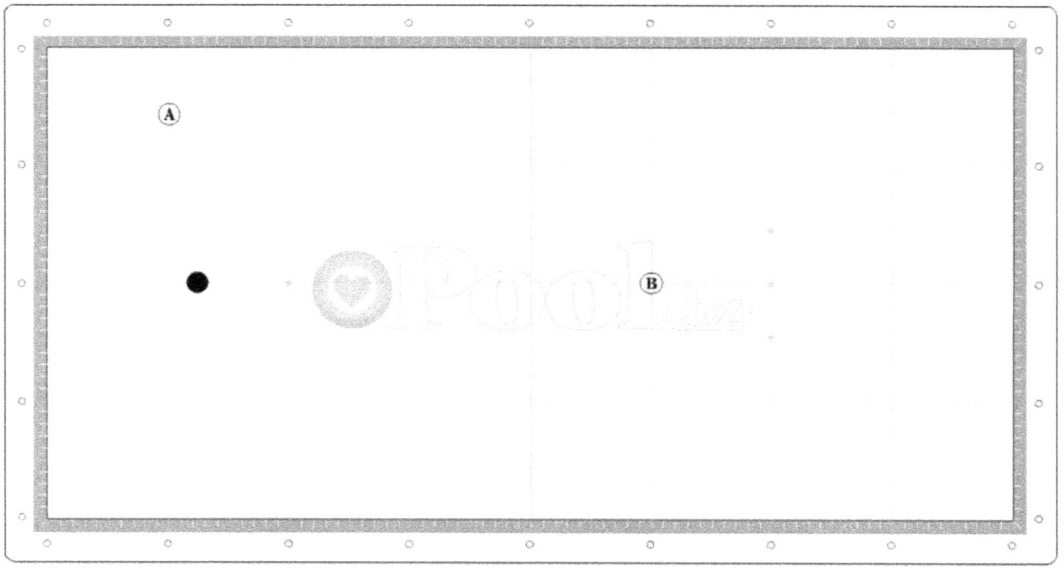

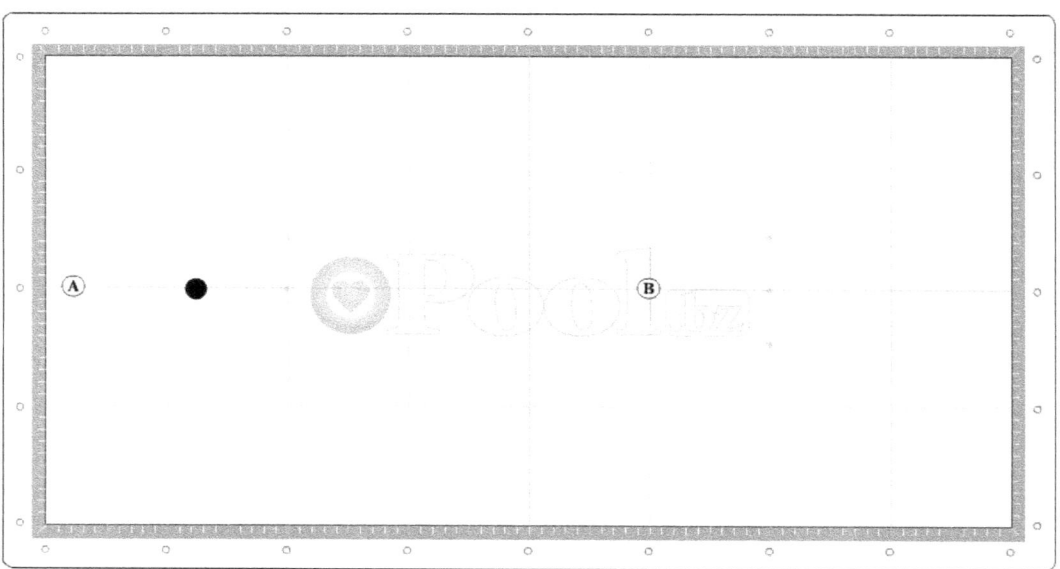

BEMÆRKNINGER:

Gruppe 5, sæt 6

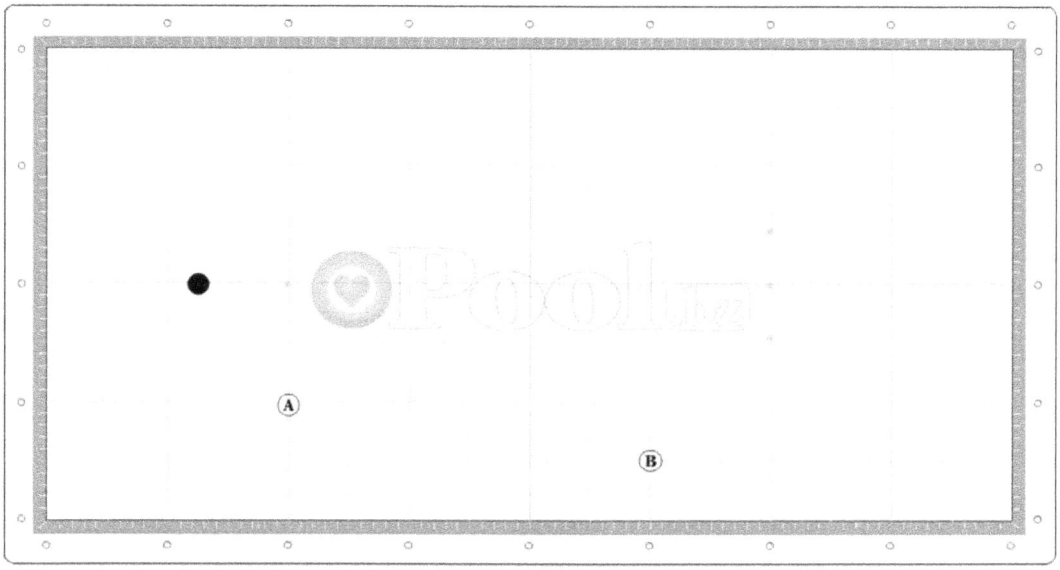

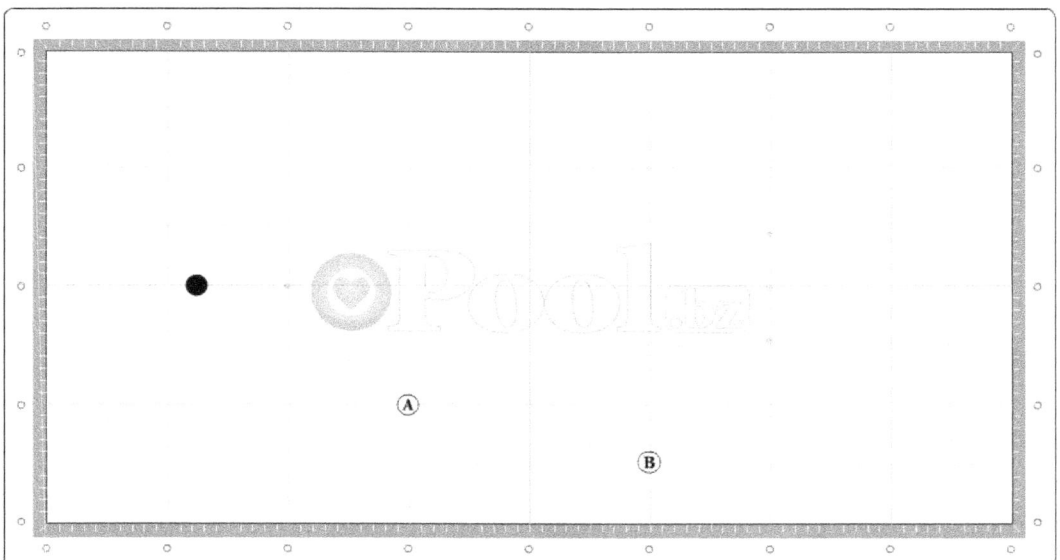

BEMÆRKNINGER:

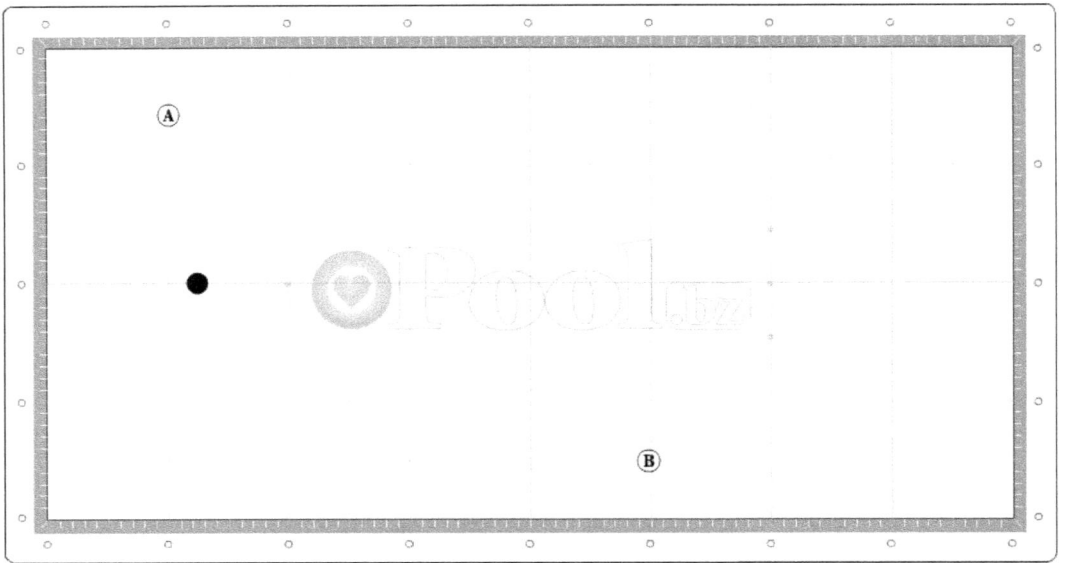

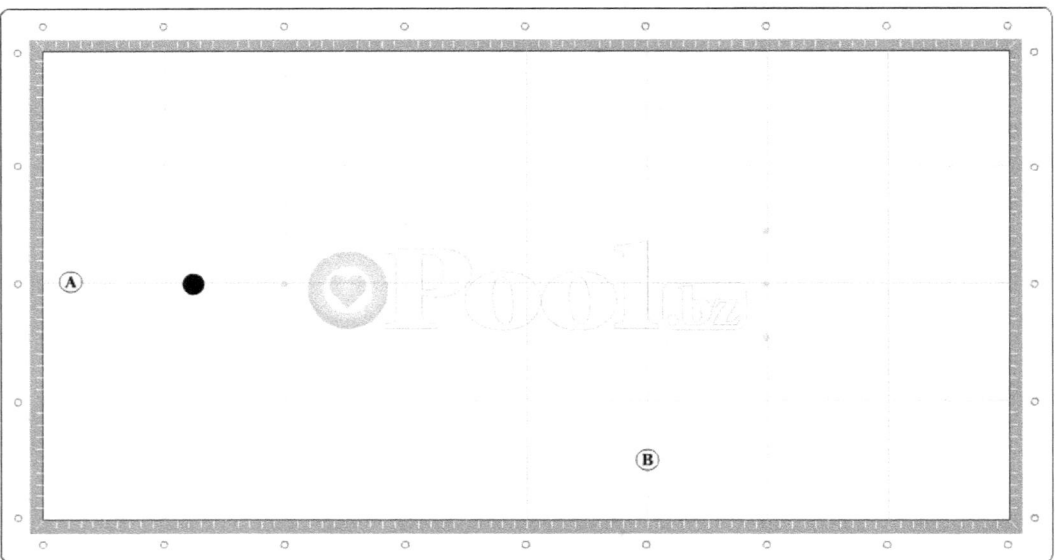

BEMÆRKNINGER:

Gruppe 5, sæt 7

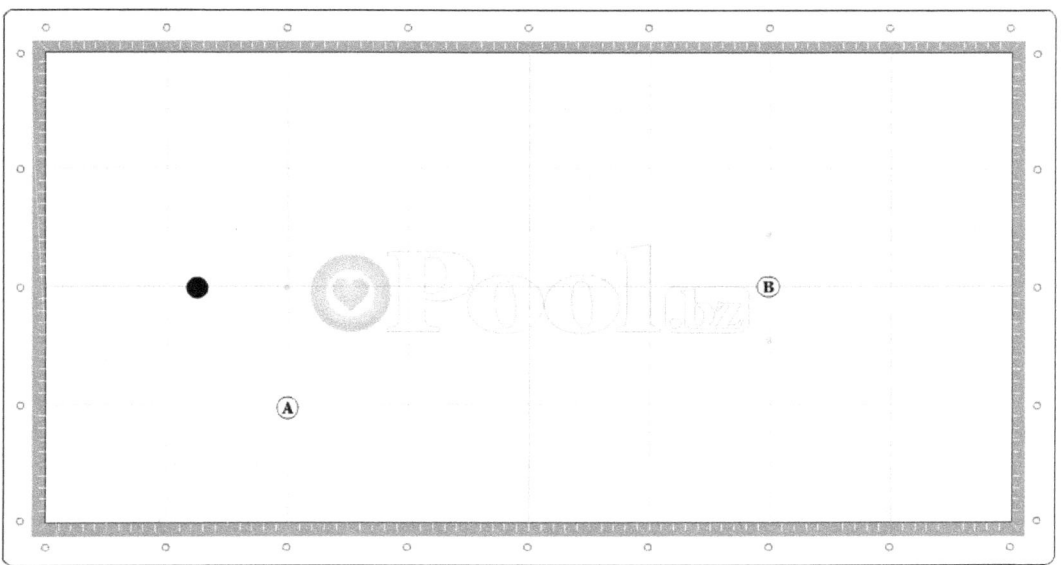

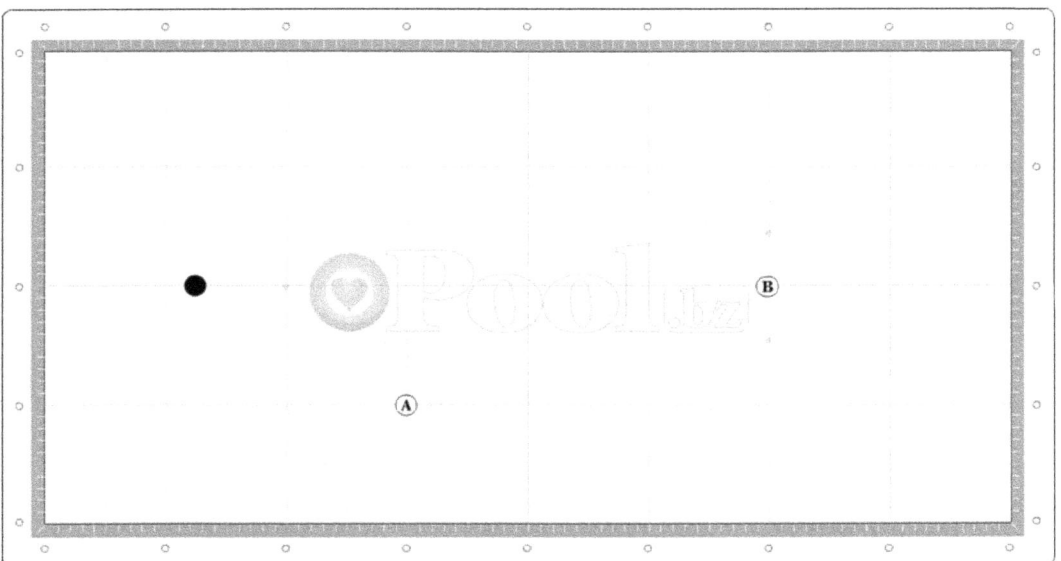

BEMÆRKNINGER:

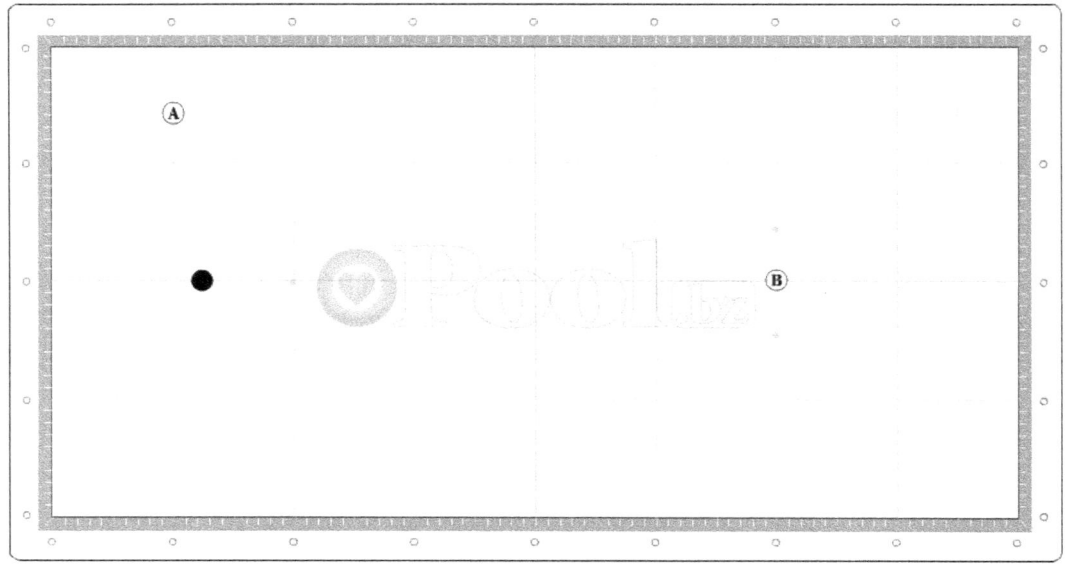

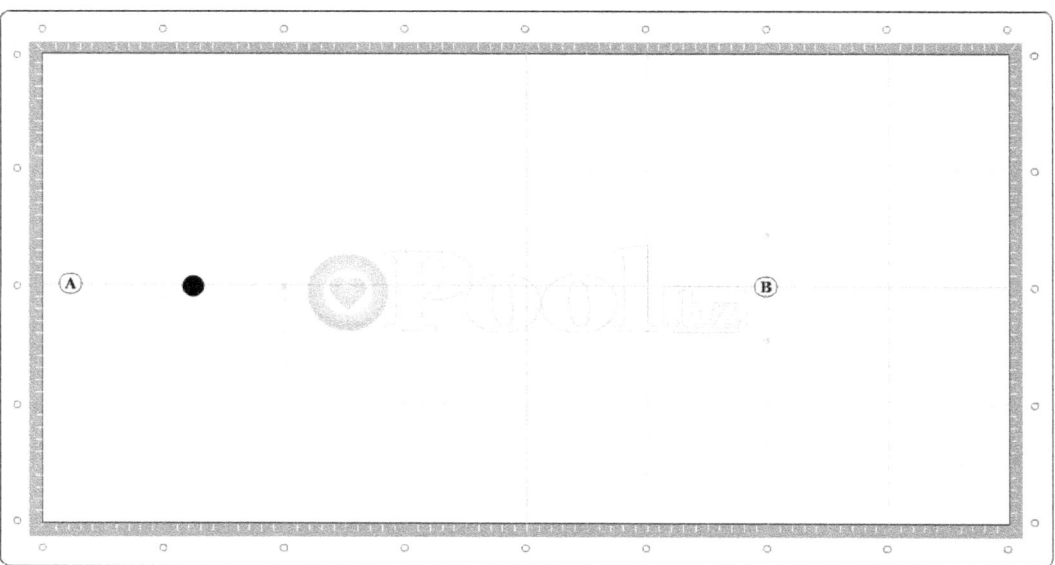

BEMÆRKNINGER:

Gruppe 5, sæt 8

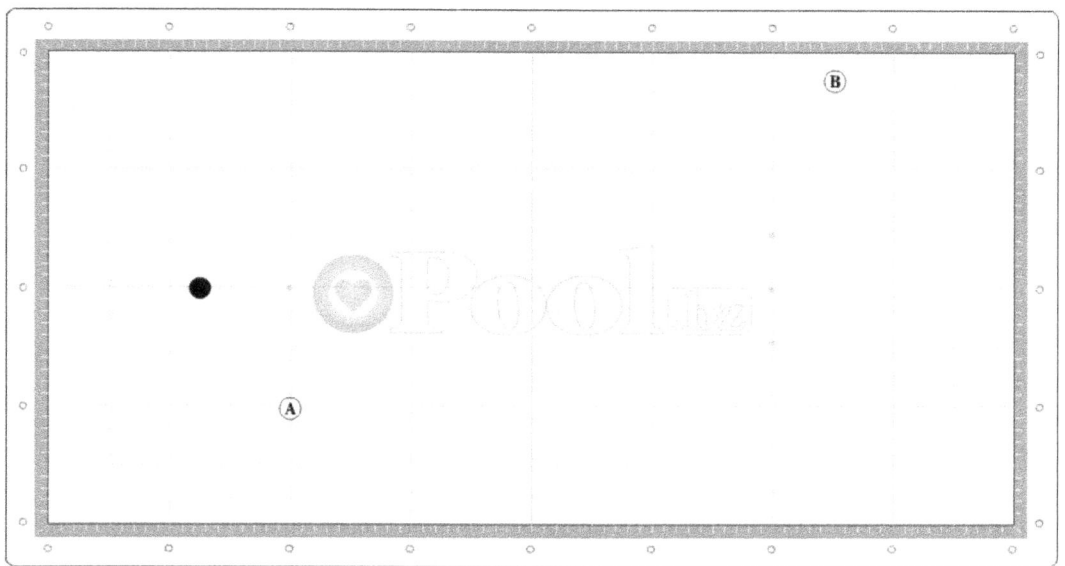

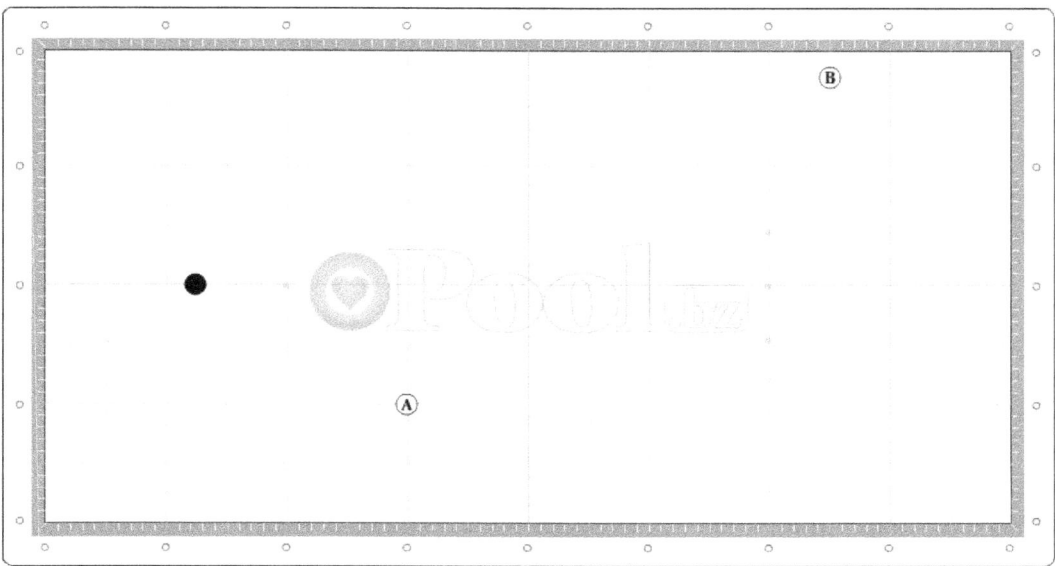

BEMÆRKNINGER:

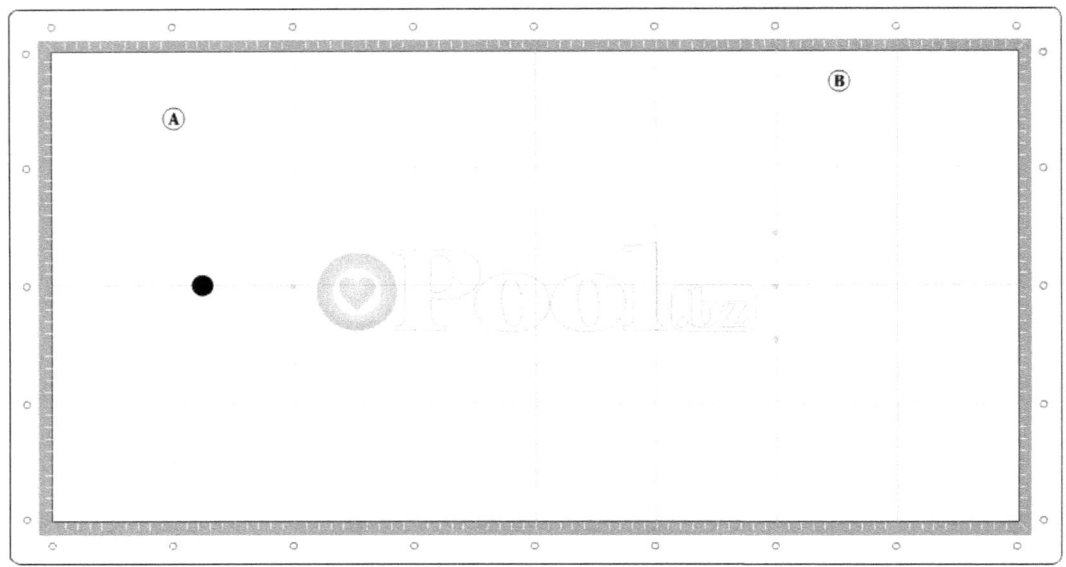

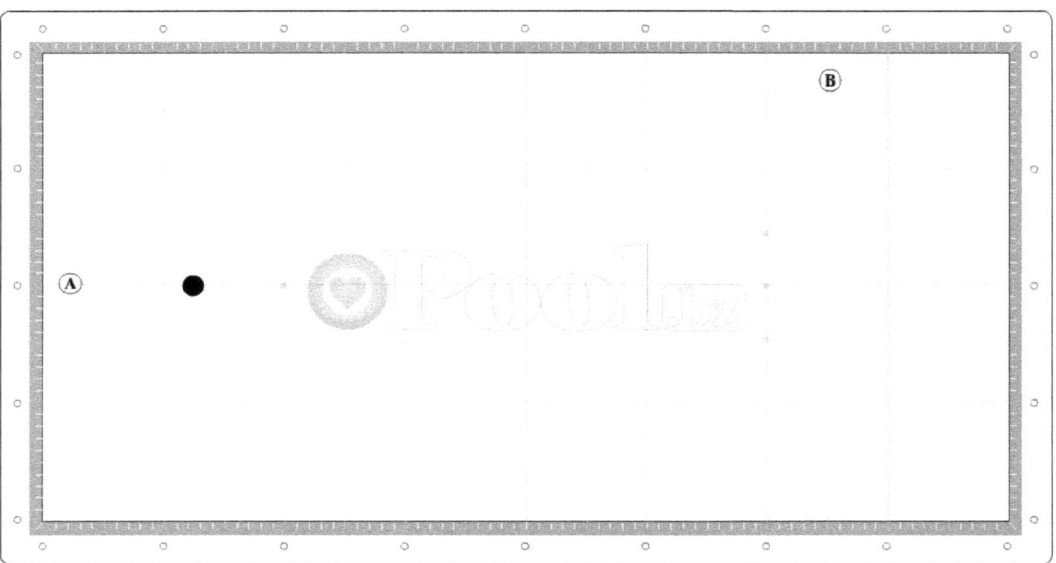

BEMÆRKNINGER:

Gruppe 5, sæt 9

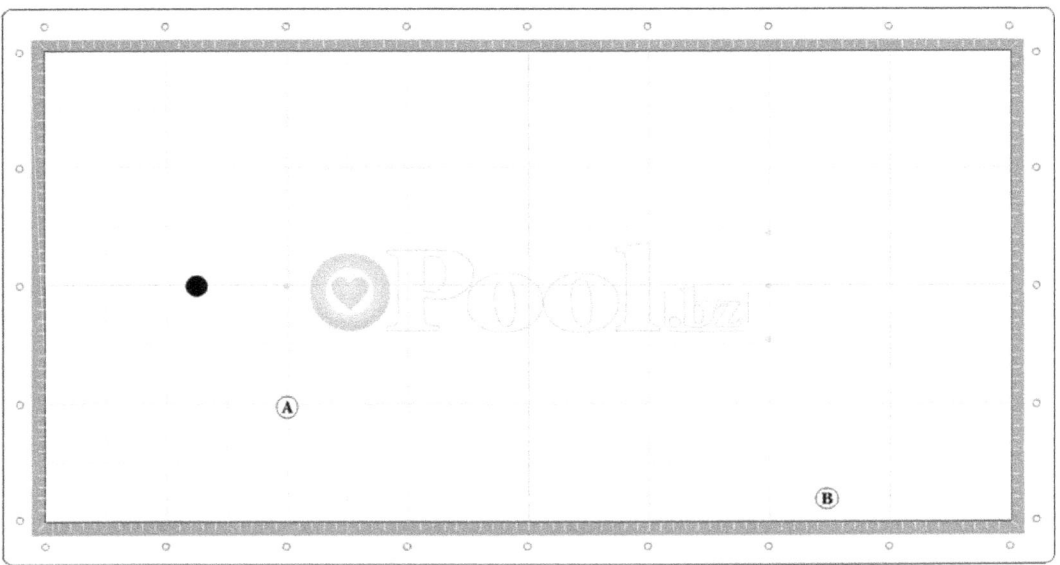

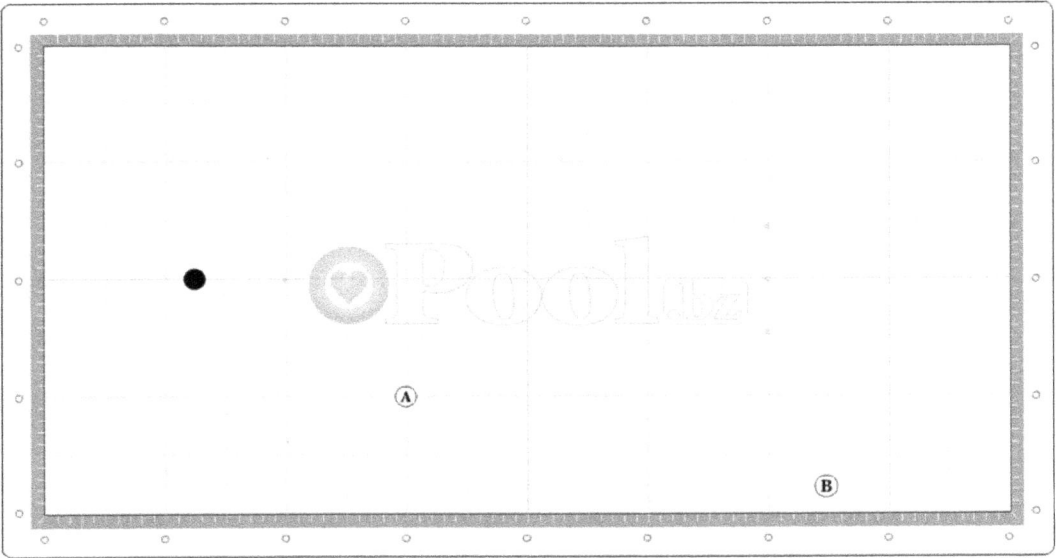

BEMÆRKNINGER:

Carom Billard: Flere gåder og puslespil

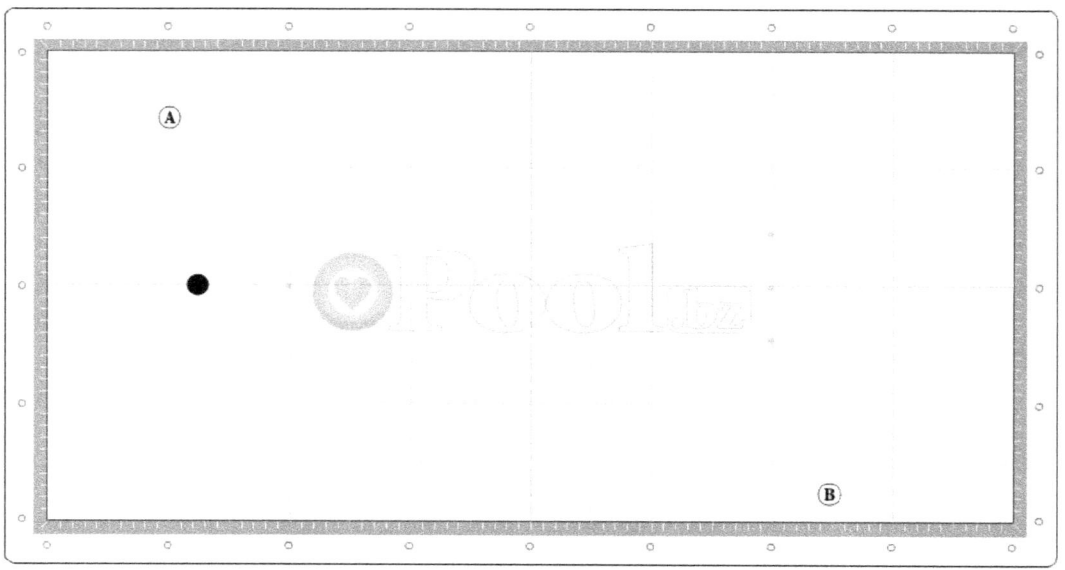

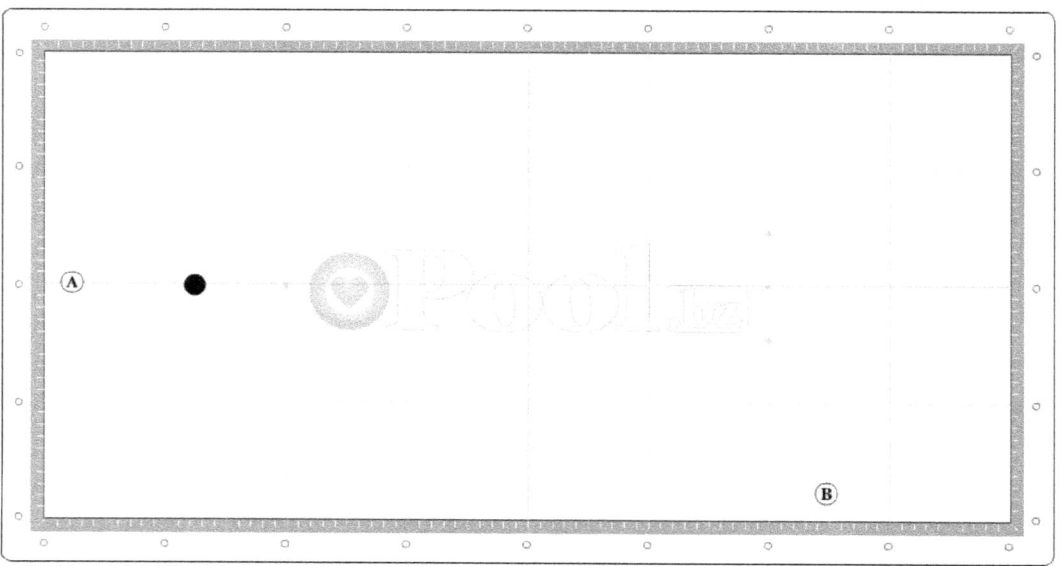

BEMÆRKNINGER:

Gruppe 5, sæt 10

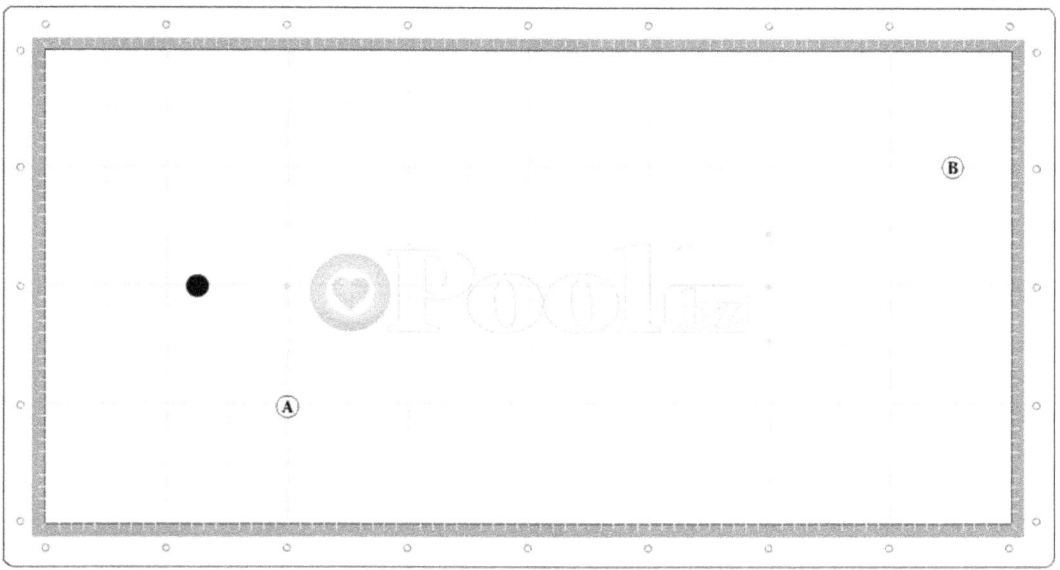

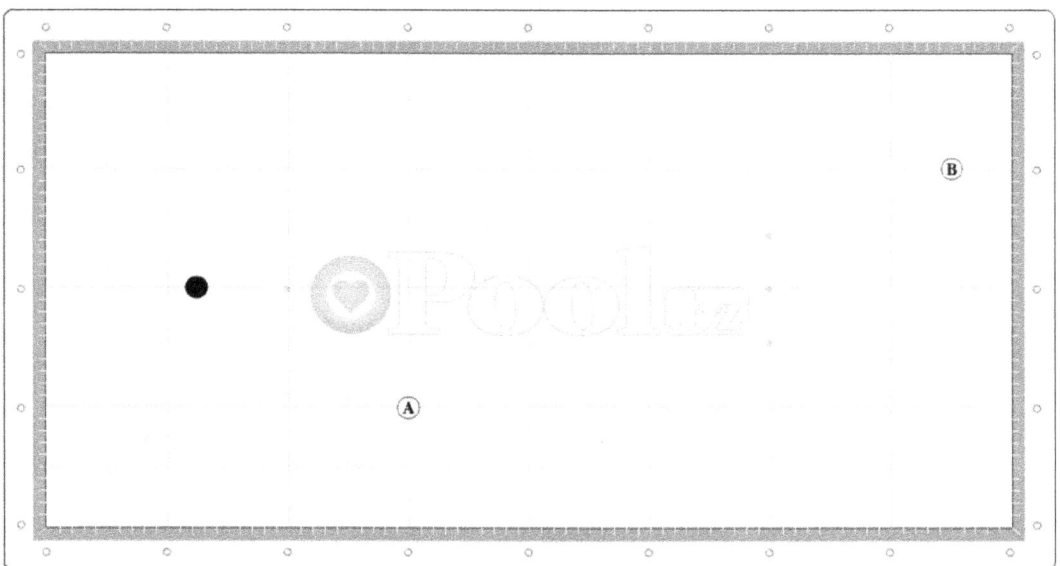

BEMÆRKNINGER:

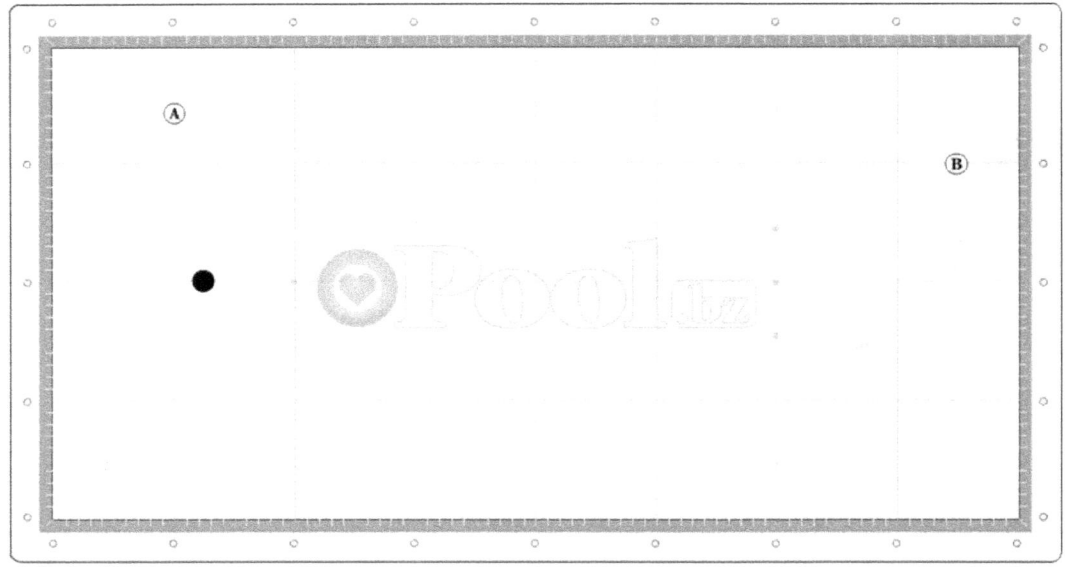

BEMÆRKNINGER:

Gruppe 5, sæt 11

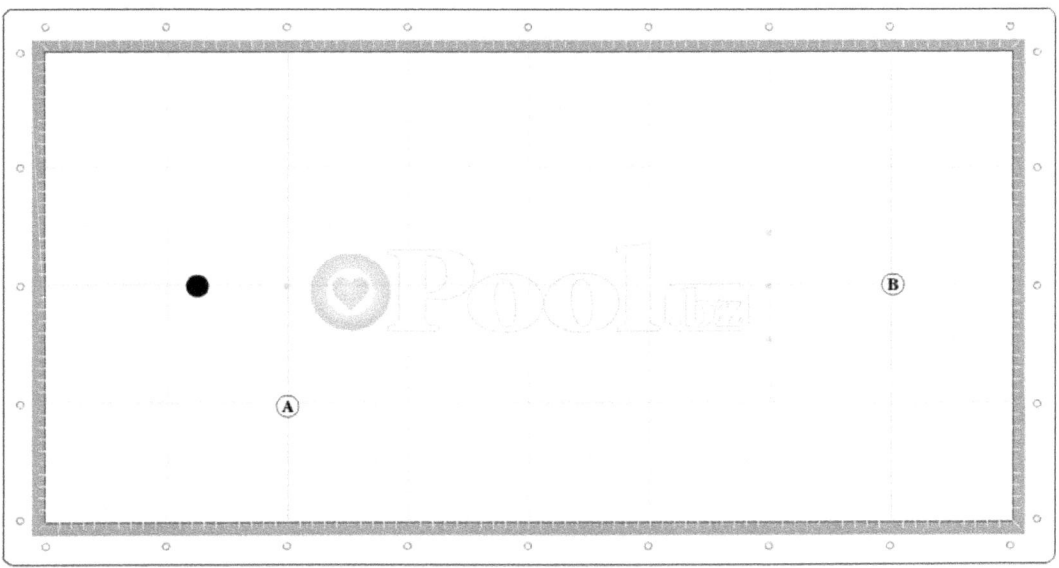

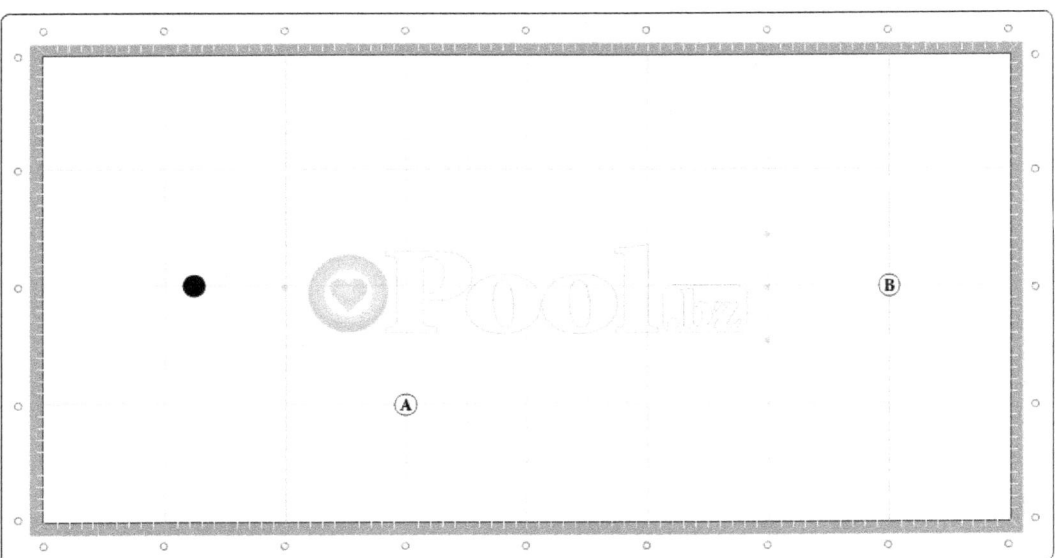

BEMÆRKNINGER:

Carom Billard: Flere gåder og puslespil

BEMÆRKNINGER:

Gruppe 5, sæt 12

BEMÆRKNINGER:

Carom Billard: Flere gåder og puslespil

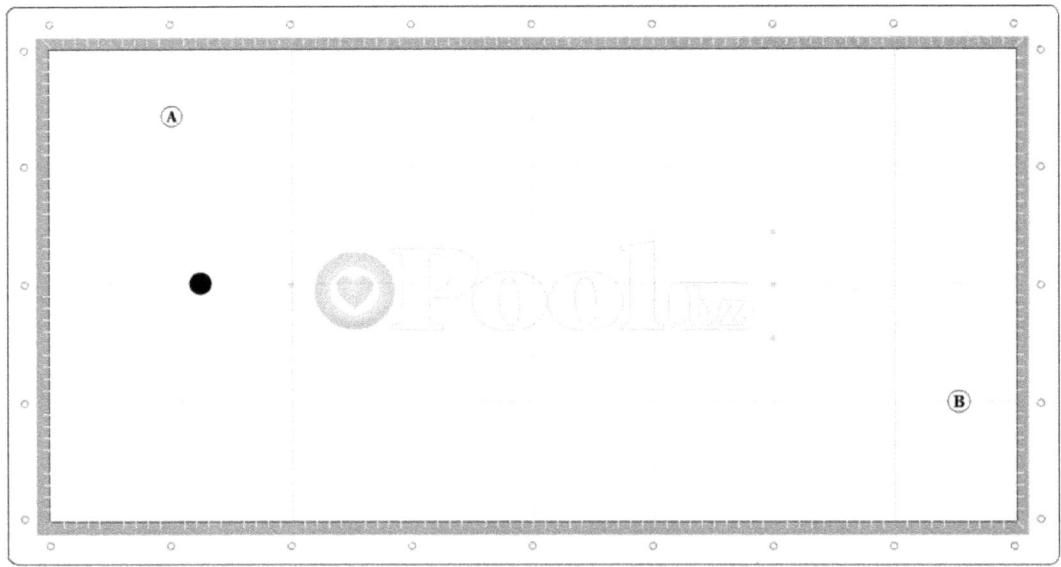

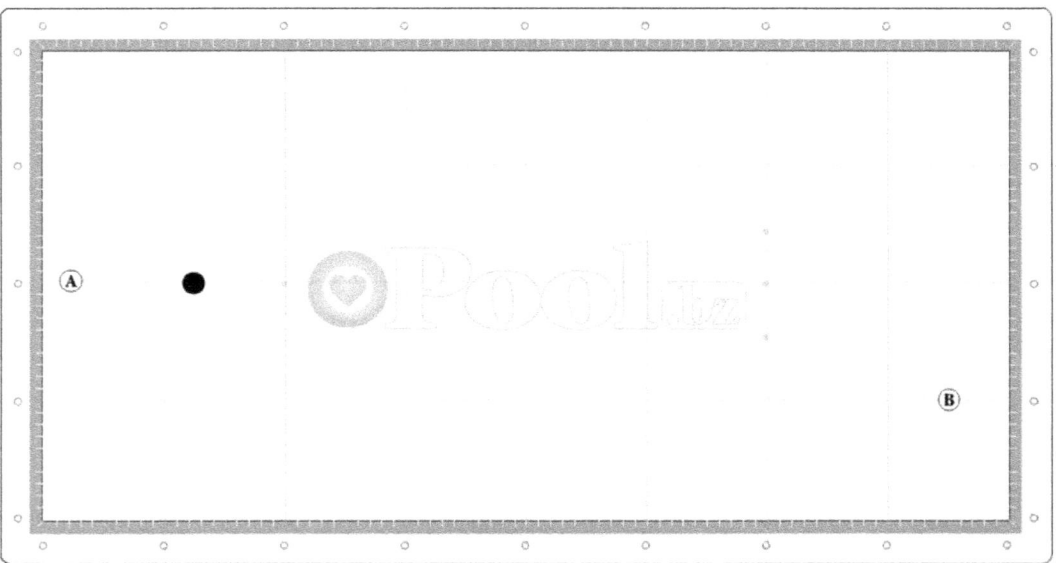

BEMÆRKNINGER:

GRUPPE 6

Gruppe 6, sæt 1

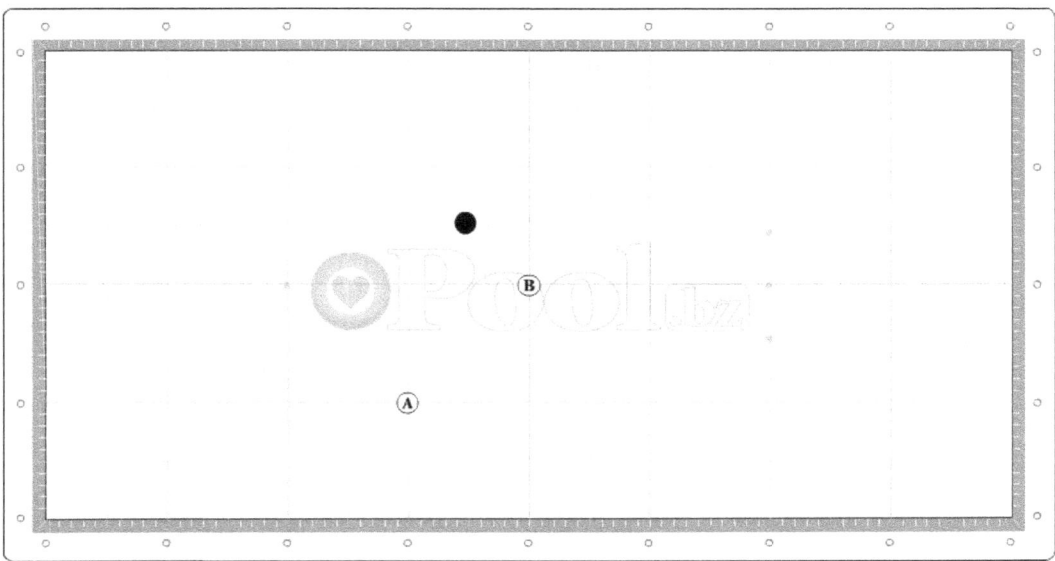

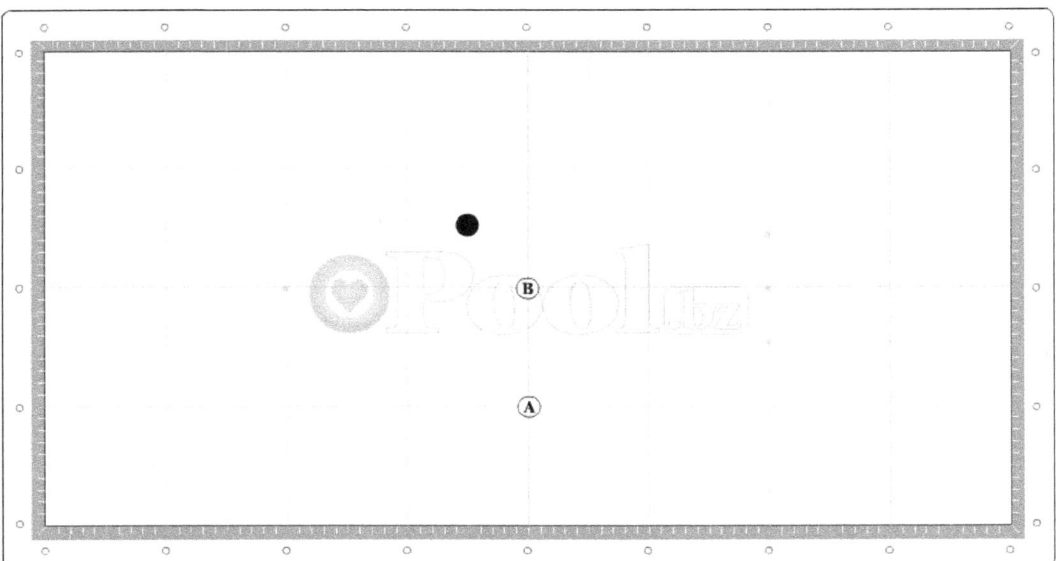

BEMÆRKNINGER:

Carom Billard: Flere gåder og puslespil

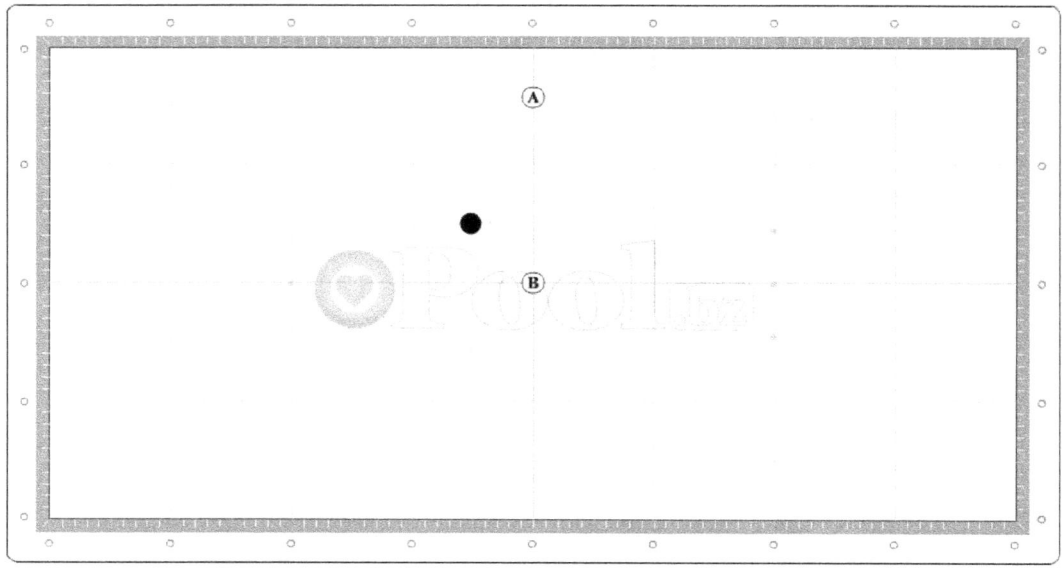

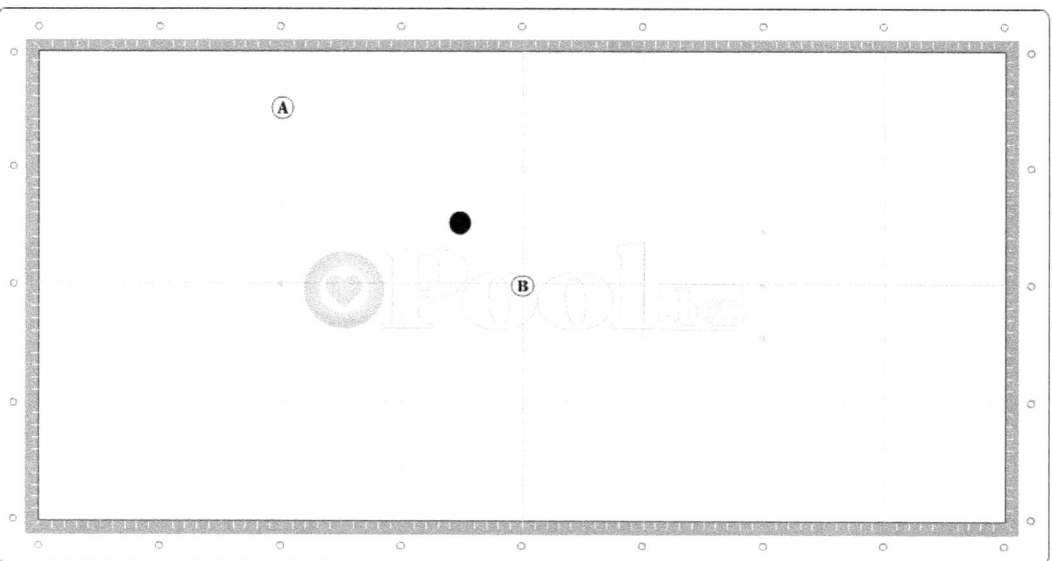

BEMÆRKNINGER:

Gruppe 6, sæt 2

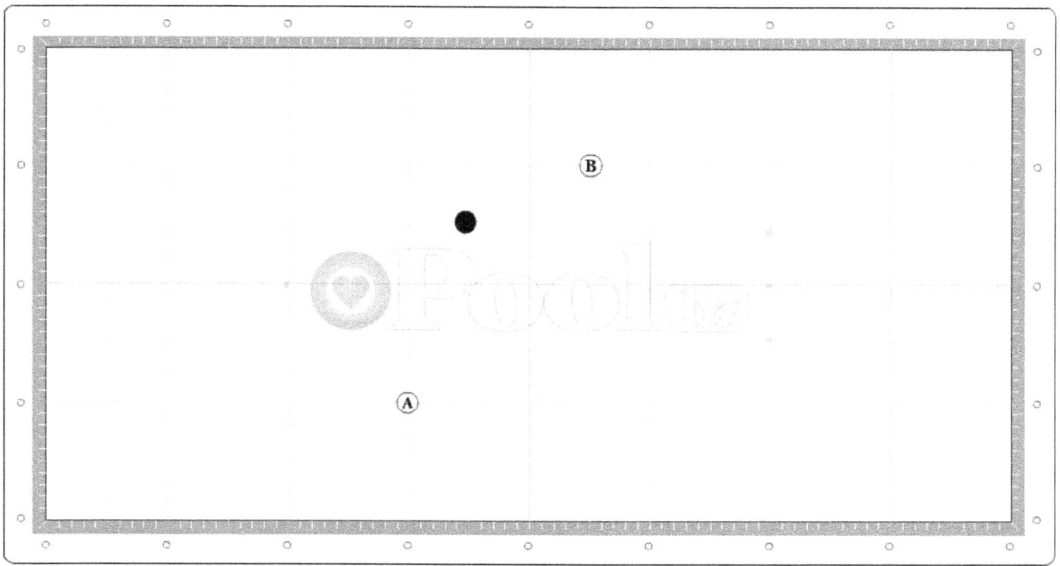

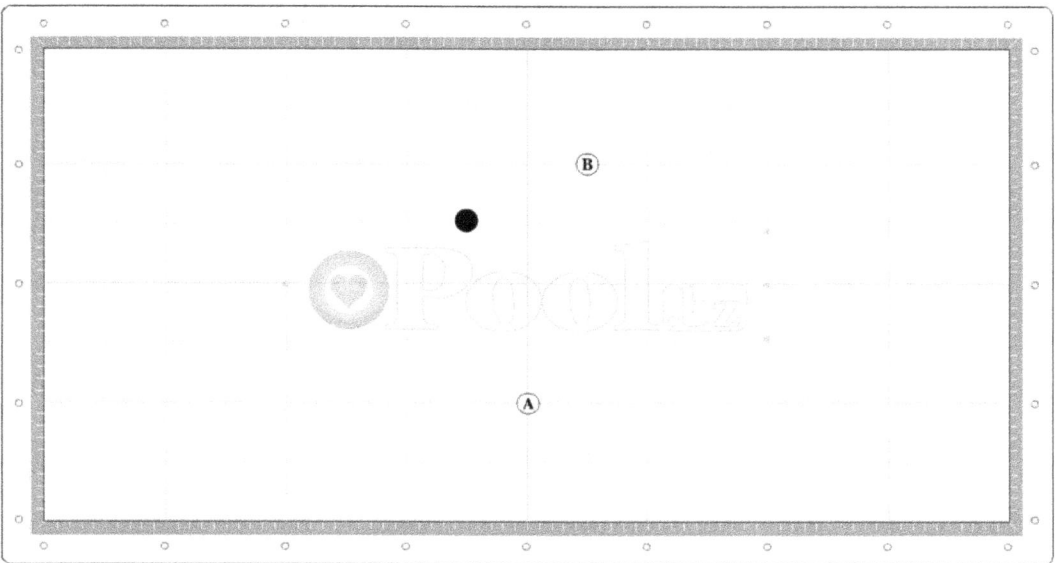

BEMÆRKNINGER:

Carom Billard: Flere gåder og puslespil

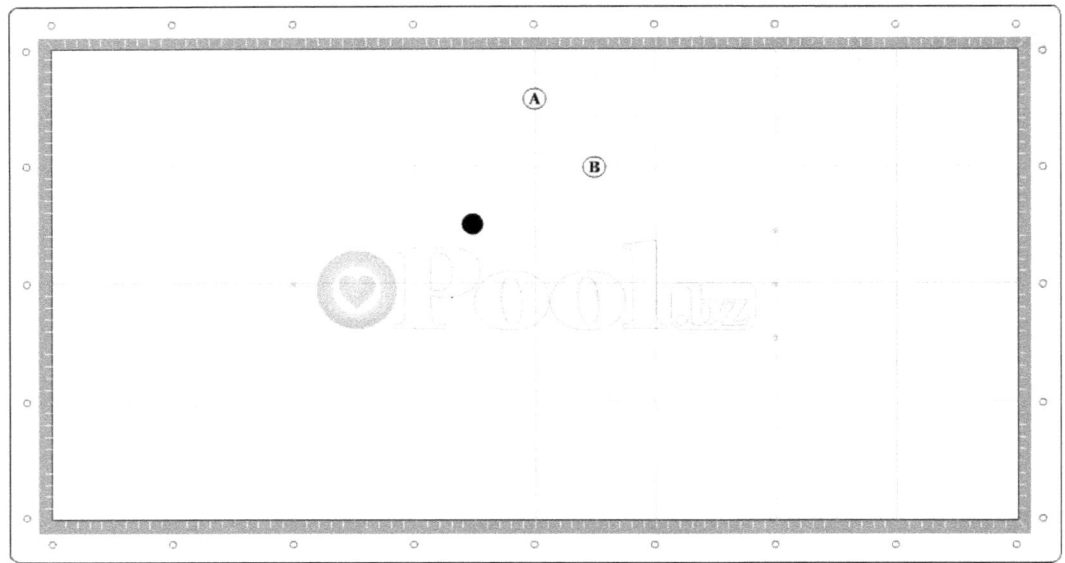

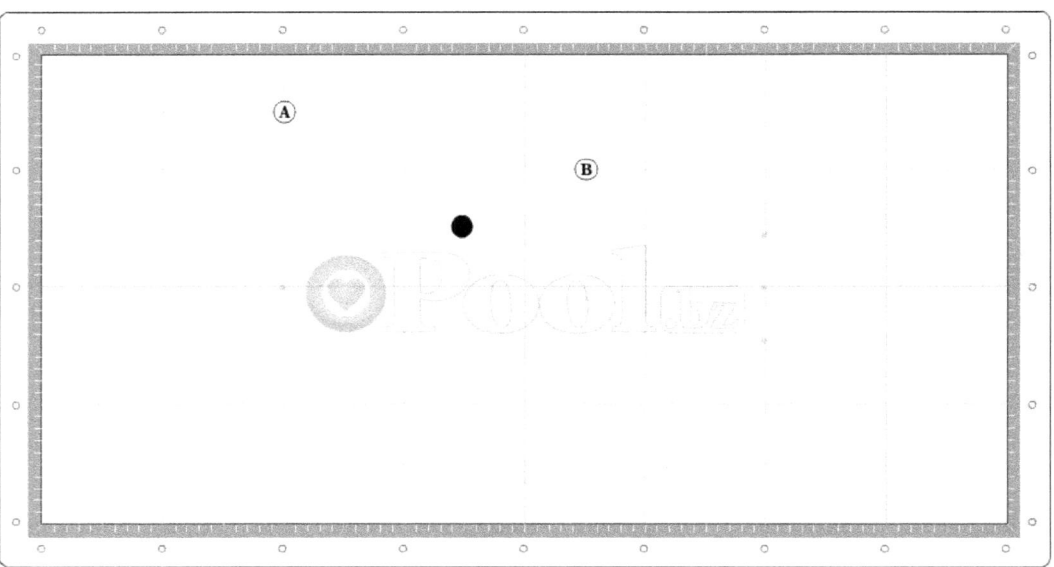

BEMÆRKNINGER:

Gruppe 6, sæt 3

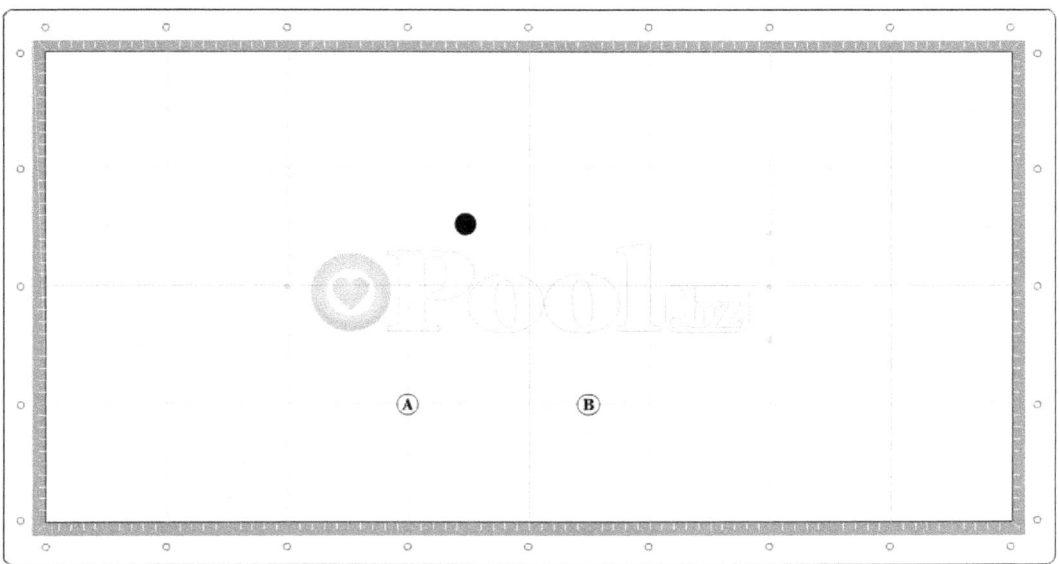

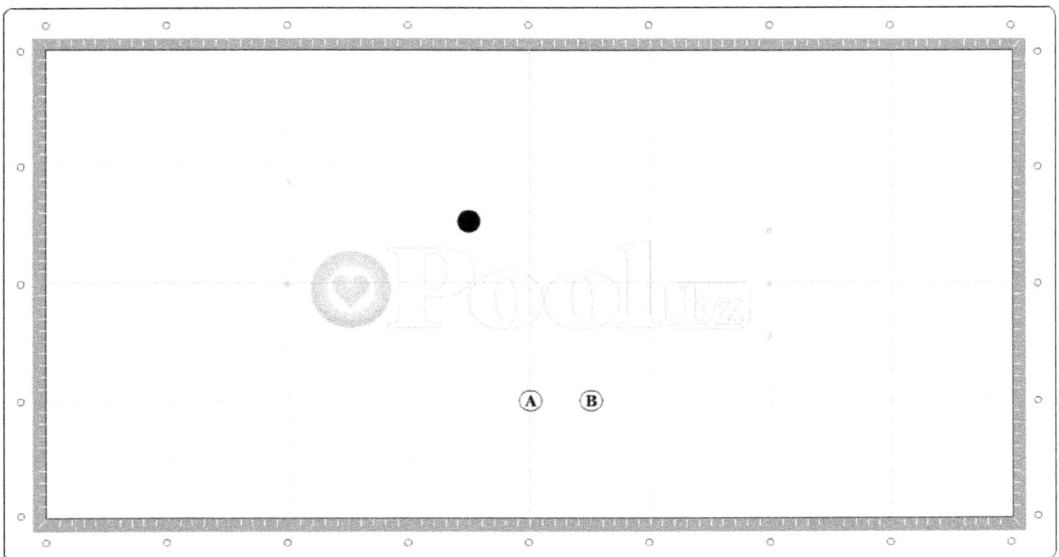

BEMÆRKNINGER:

Carom Billard: Flere gåder og puslespil

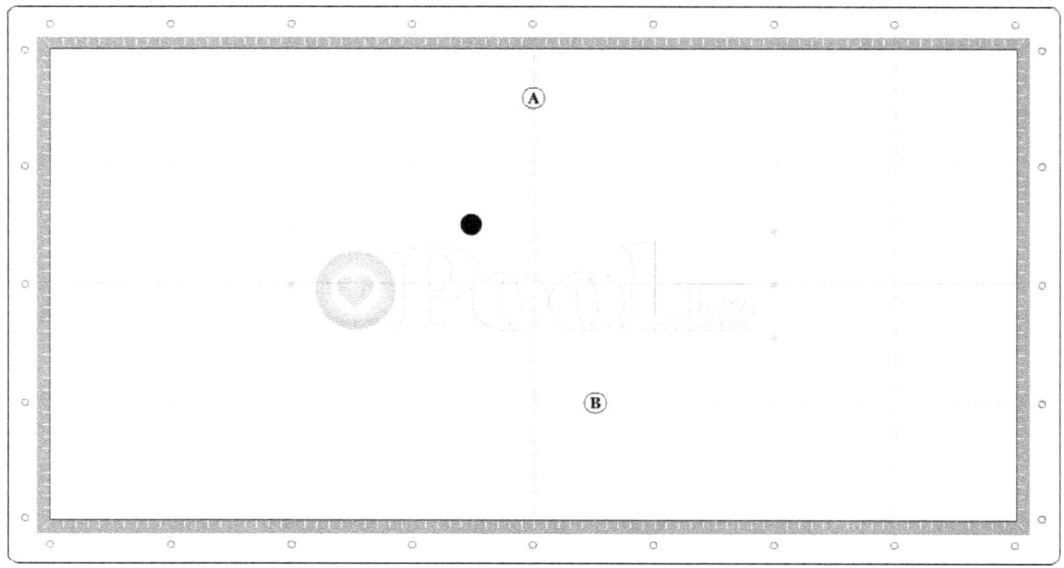

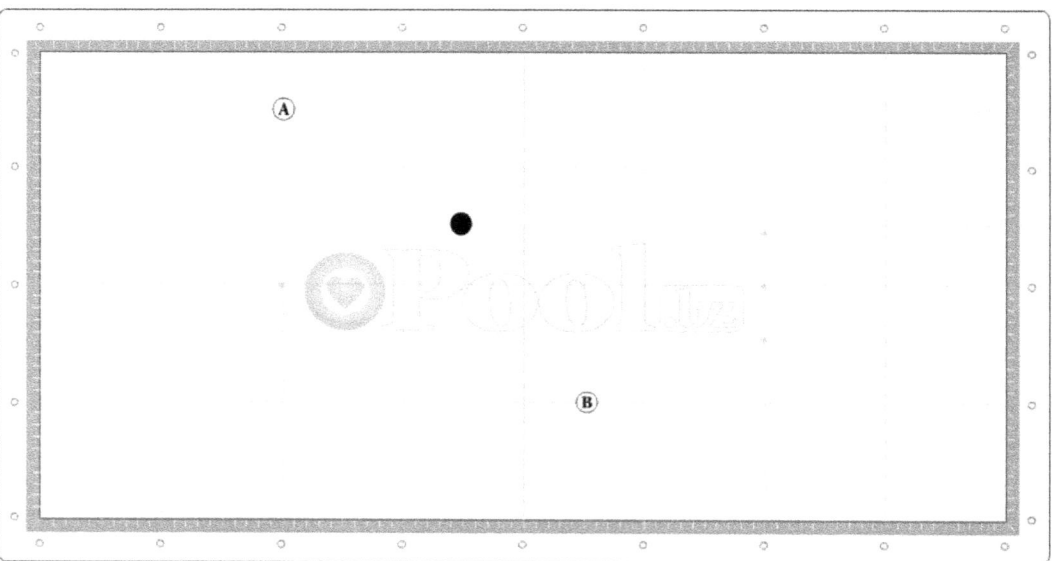

BEMÆRKNINGER:

Gruppe 6, sæt 4

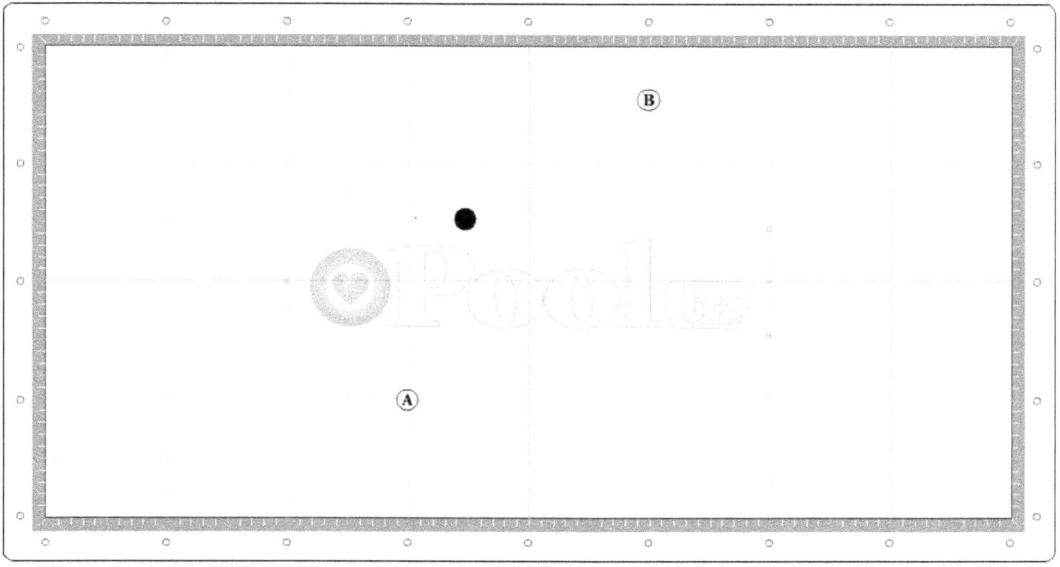

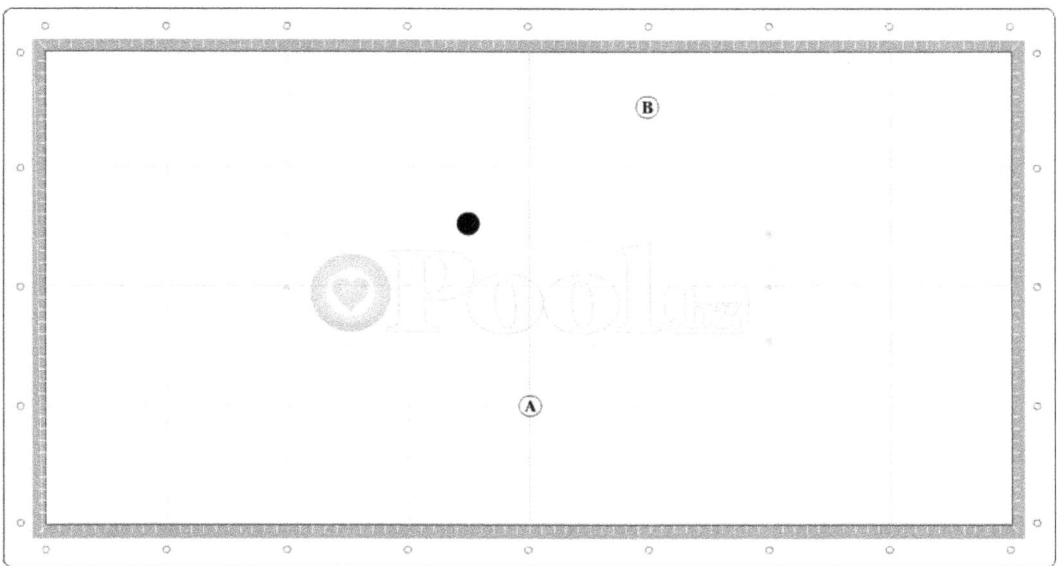

BEMÆRKNINGER:

Carom Billard: Flere gåder og puslespil

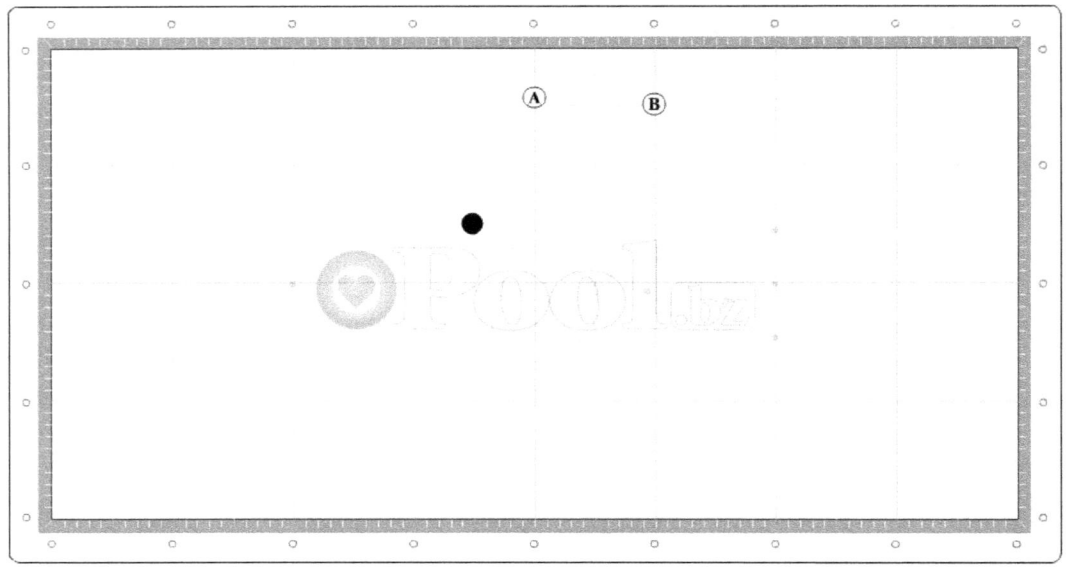

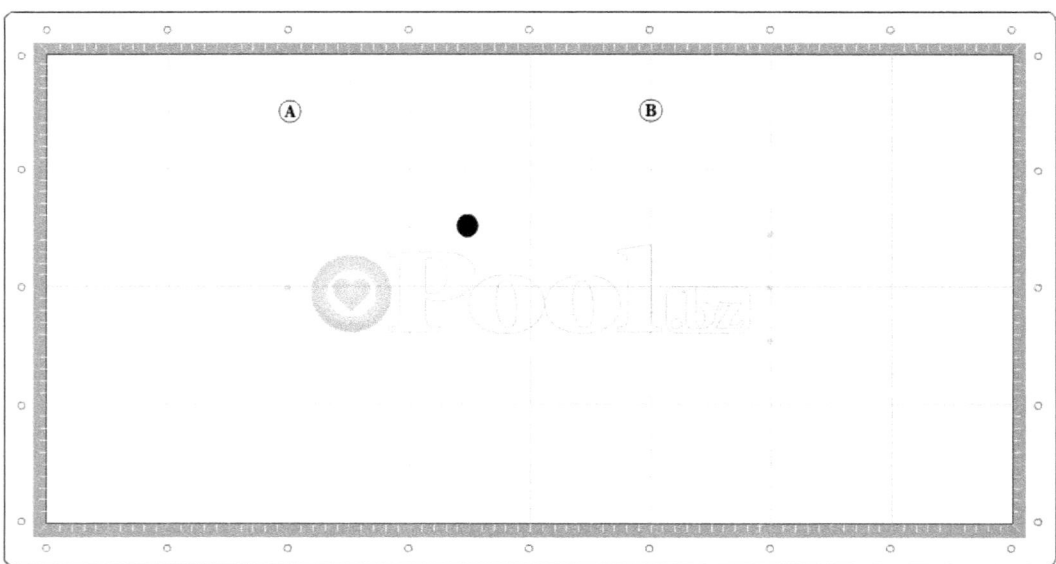

BEMÆRKNINGER:

Gruppe 6, sæt 5

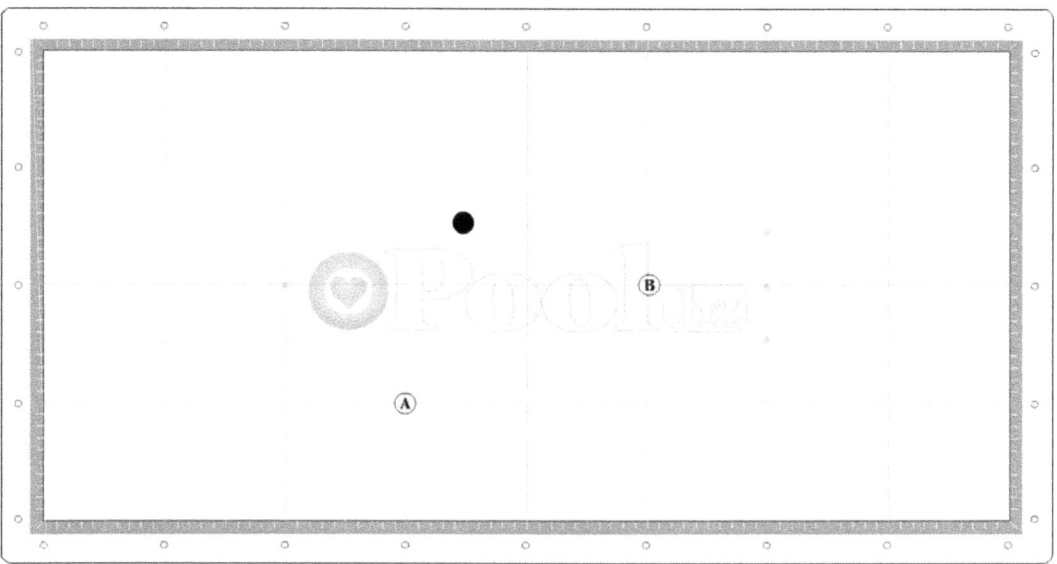

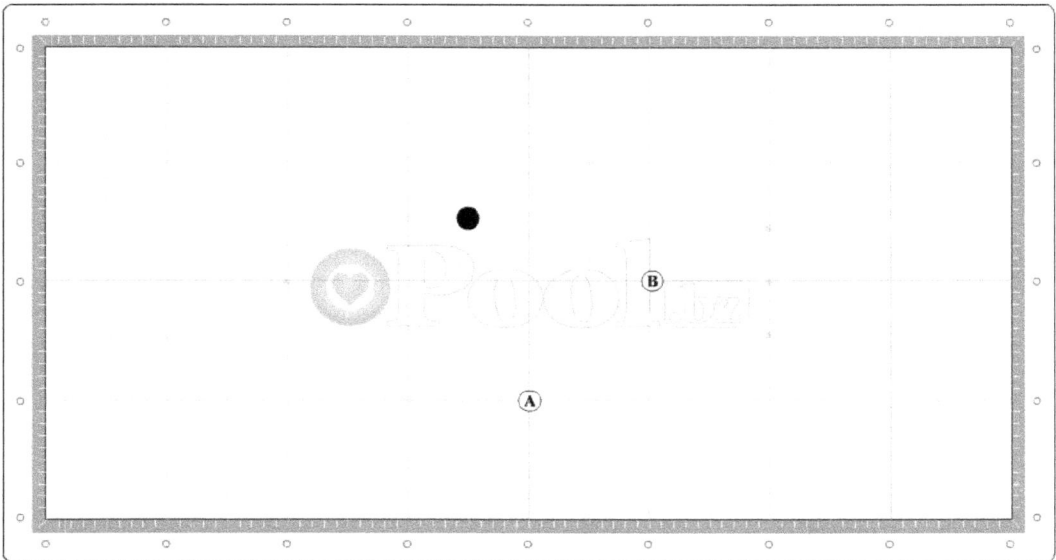

BEMÆRKNINGER:

Carom Billard: Flere gåder og puslespil

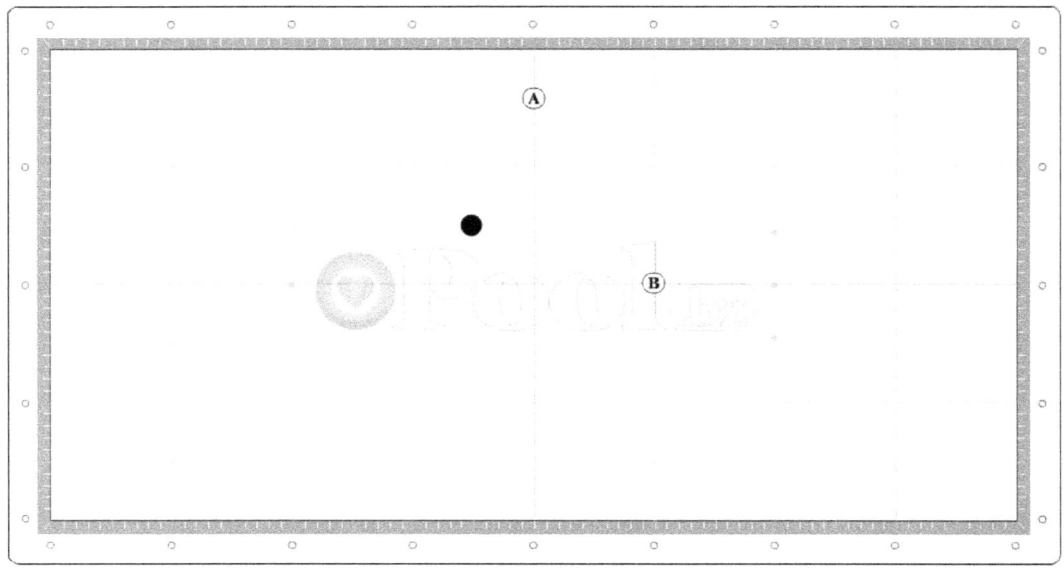

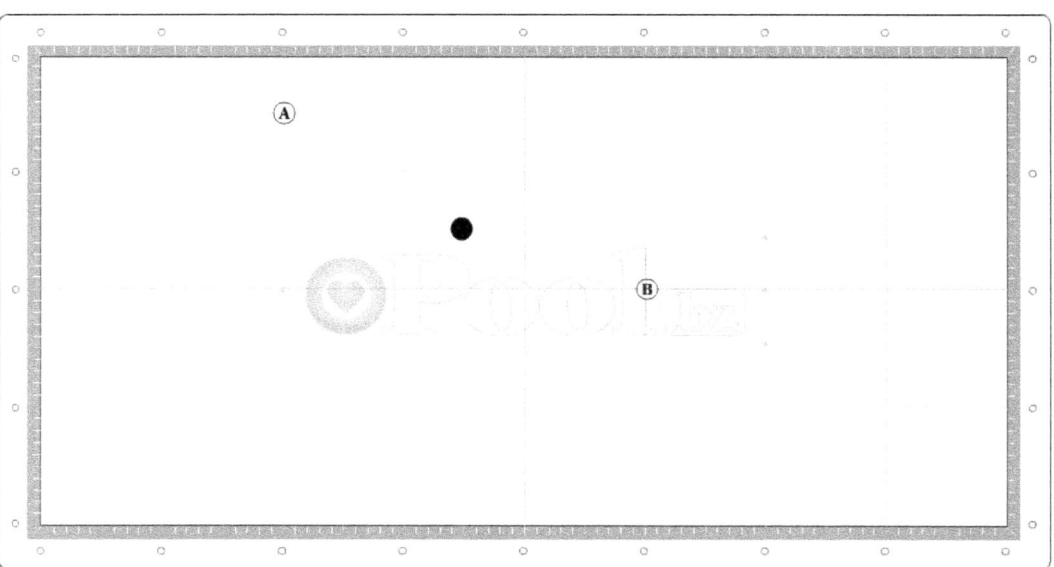

BEMÆRKNINGER:

Gruppe 6, sæt 6

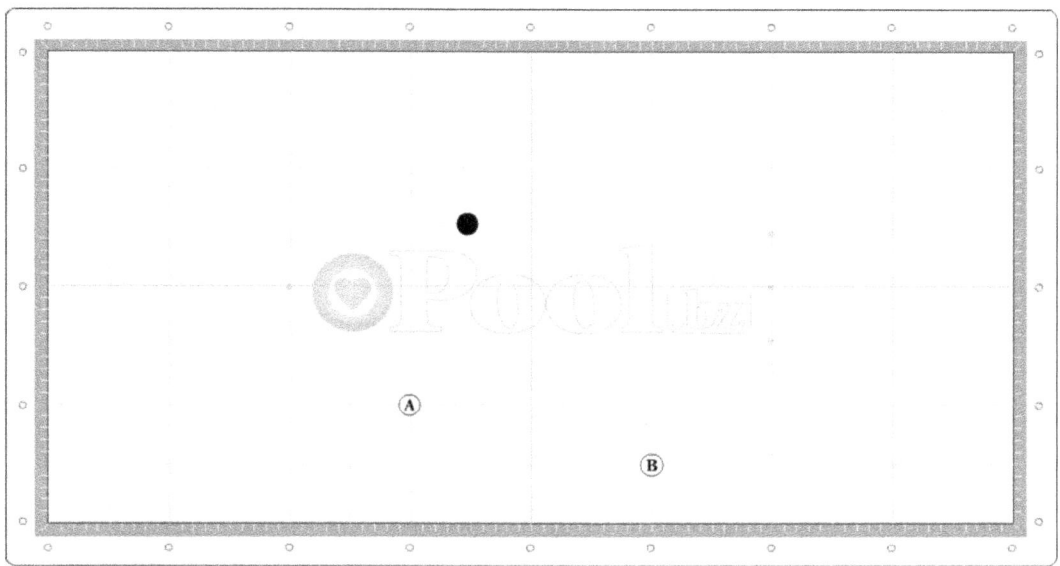

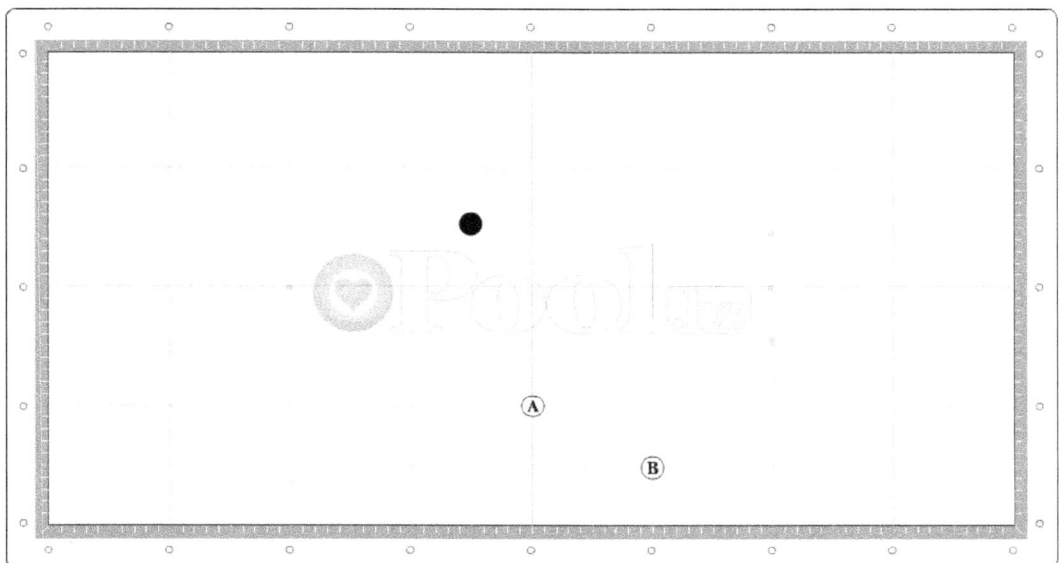

BEMÆRKNINGER:

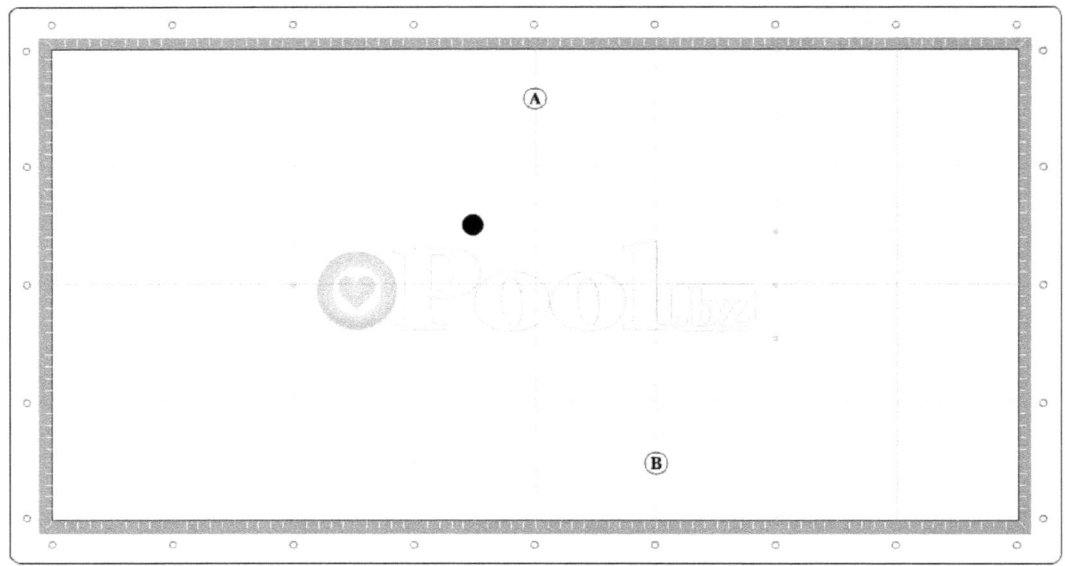

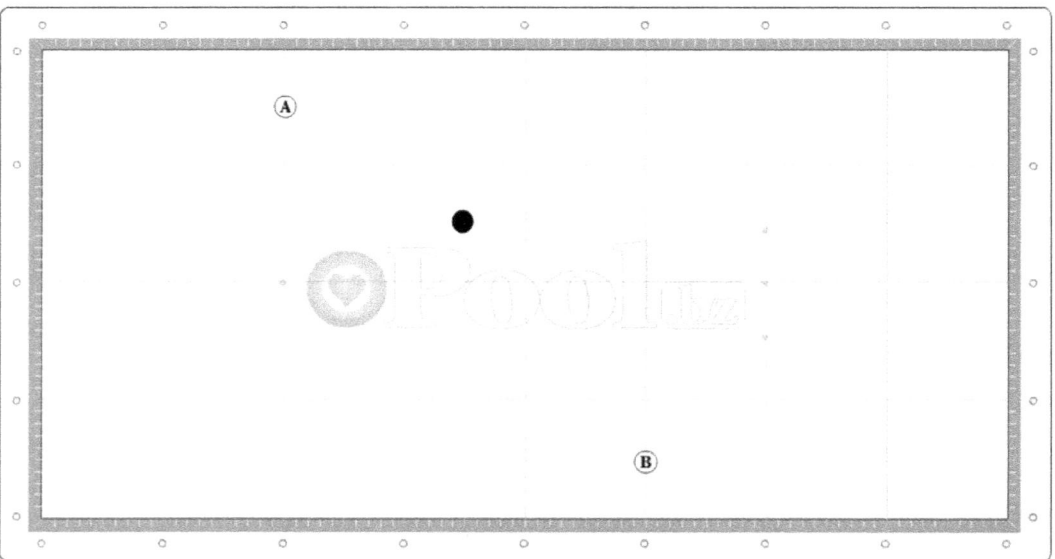

BEMÆRKNINGER:

Gruppe 6, sæt 7

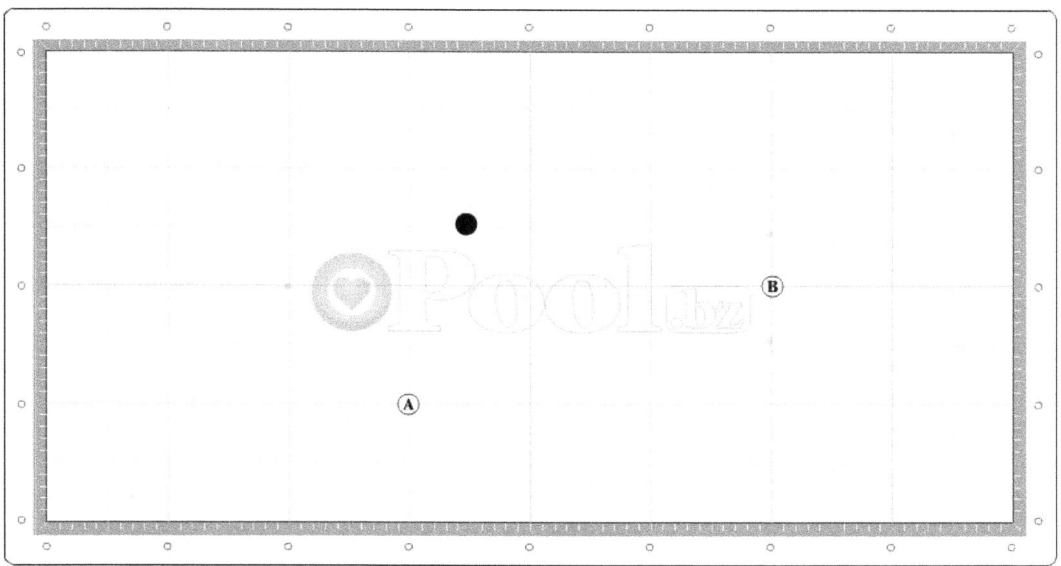

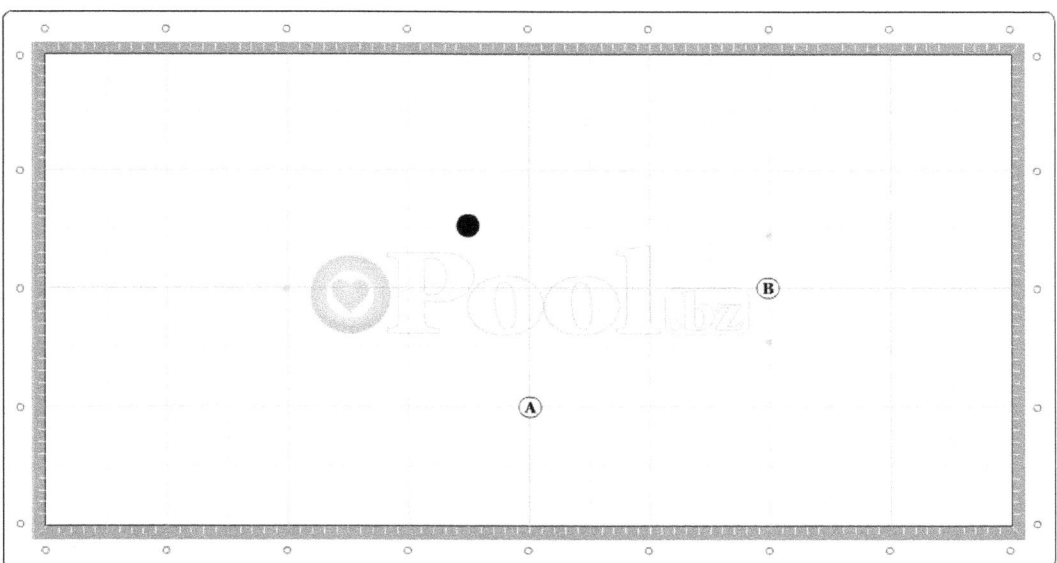

BEMÆRKNINGER:

Carom Billard: Flere gåder og puslespil

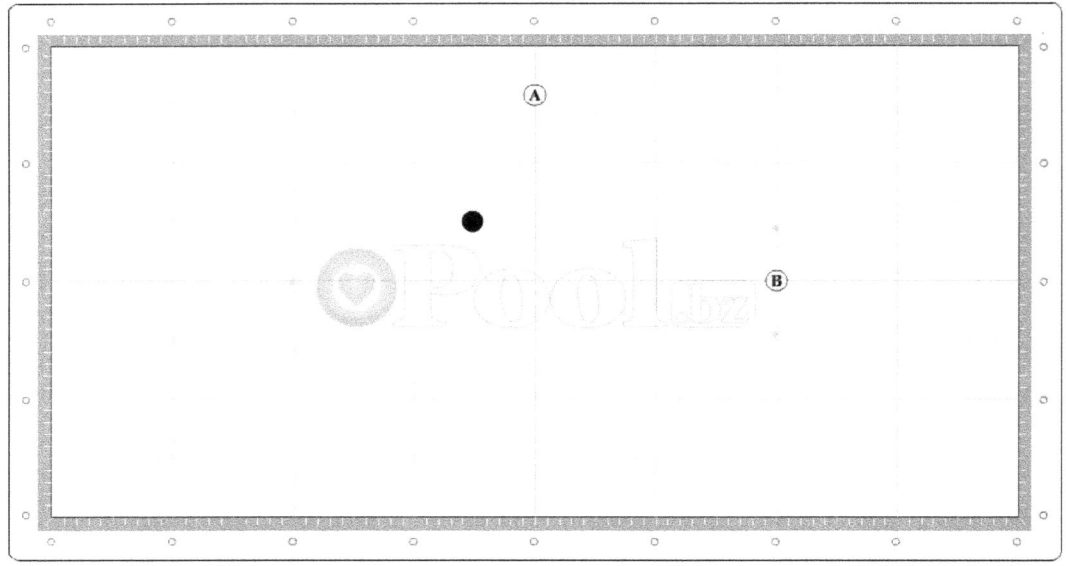

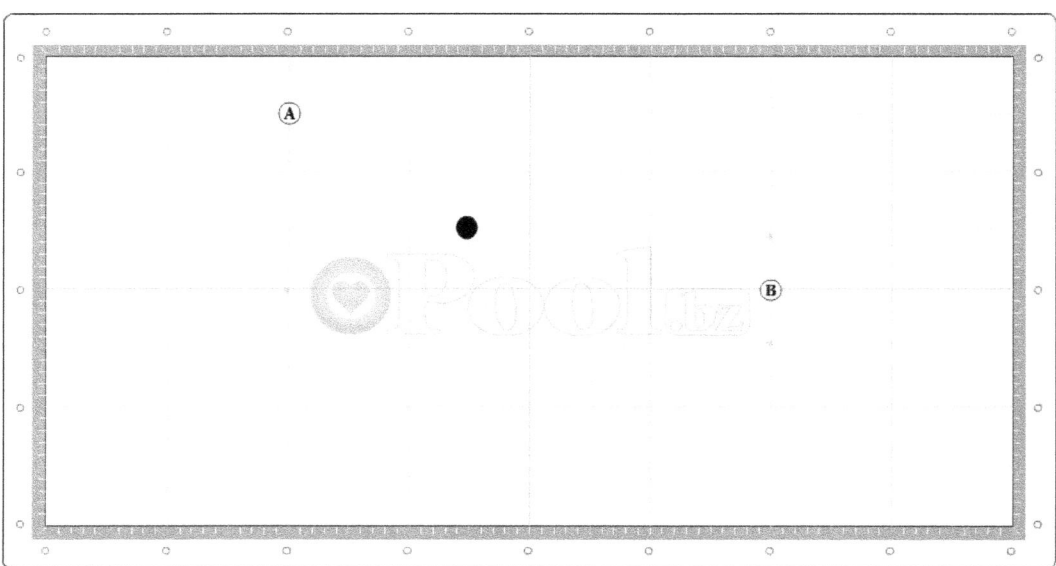

BEMÆRKNINGER:

Gruppe 6, sæt 8

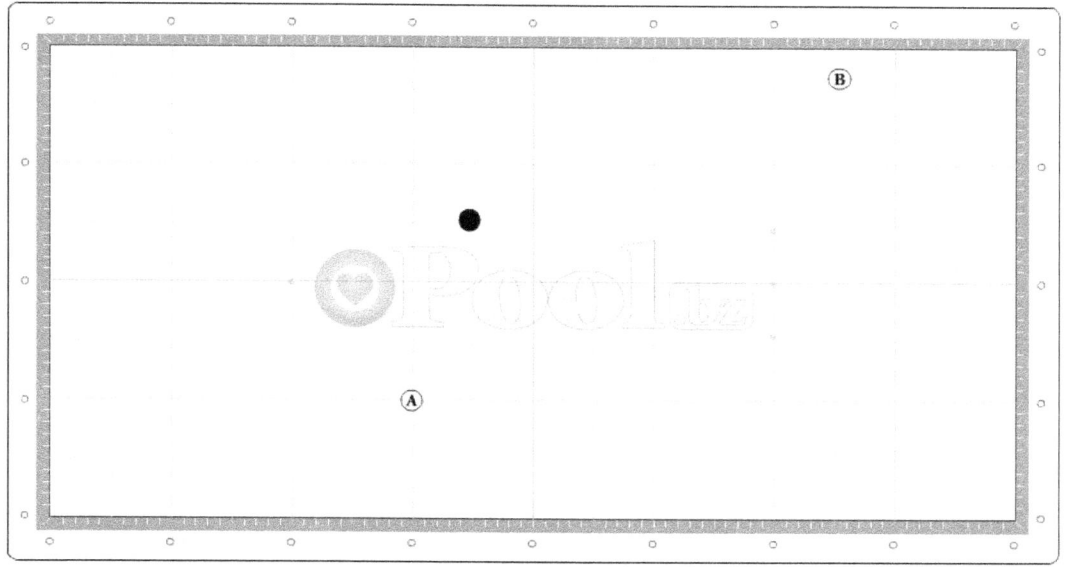

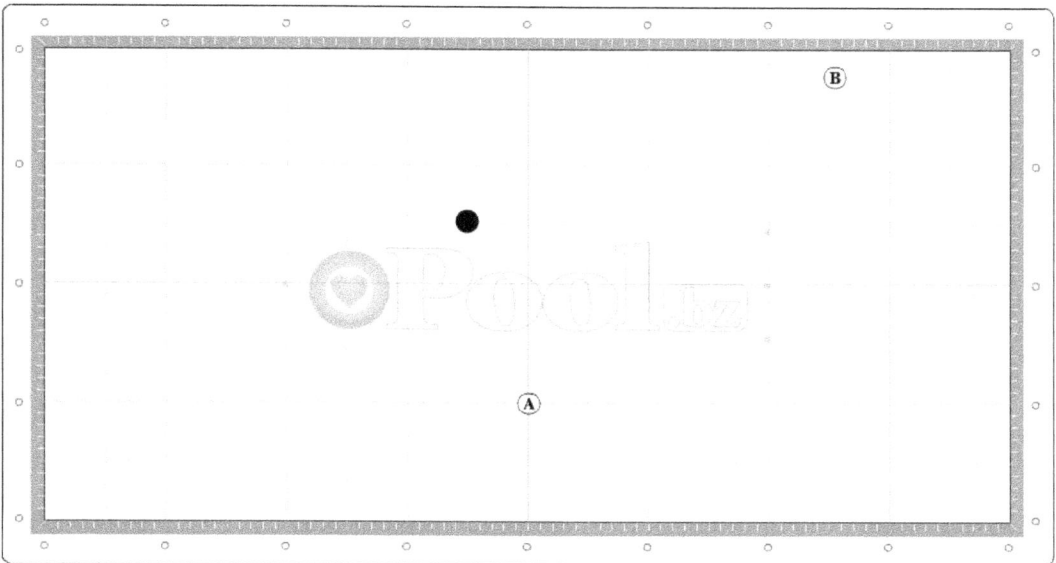

BEMÆRKNINGER:

Carom Billard: Flere gåder og puslespil

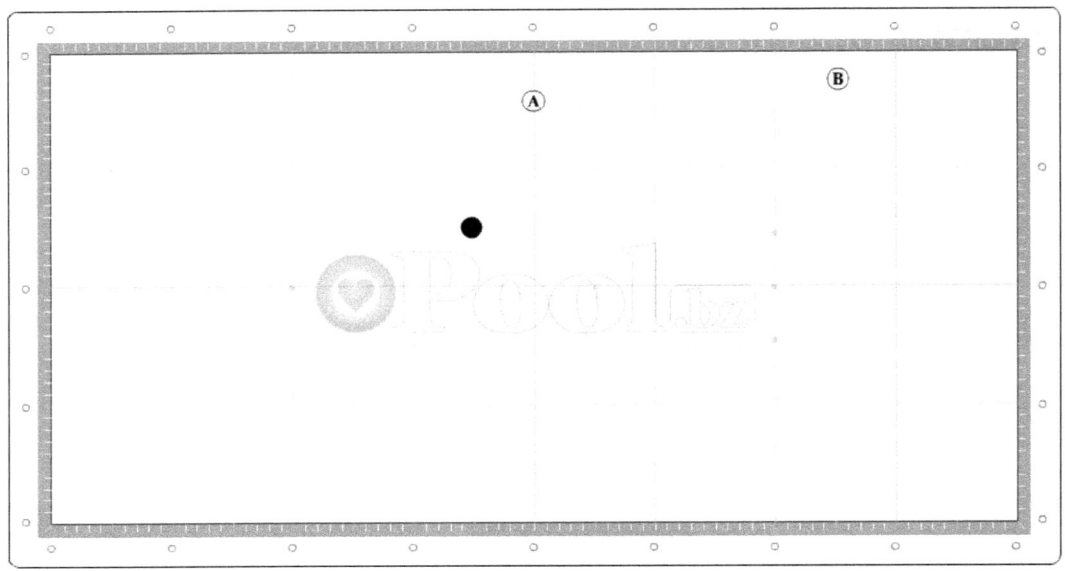

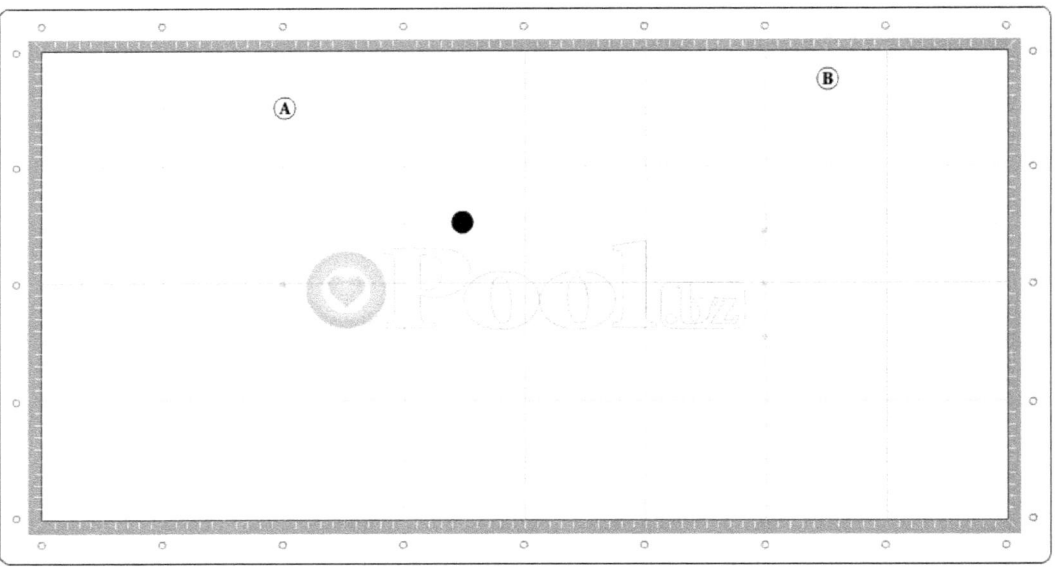

BEMÆRKNINGER:

Gruppe 6, sæt 9

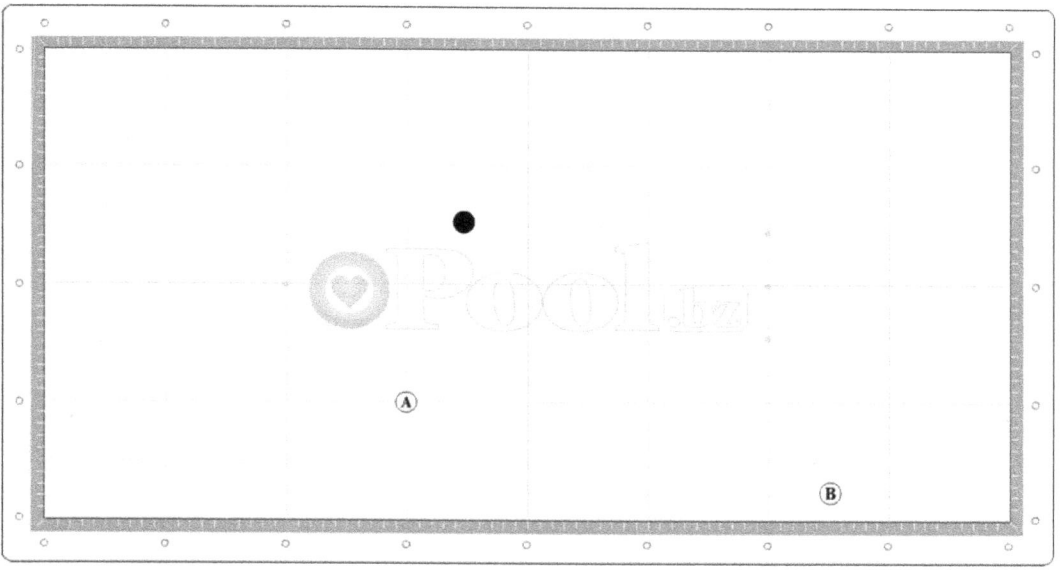

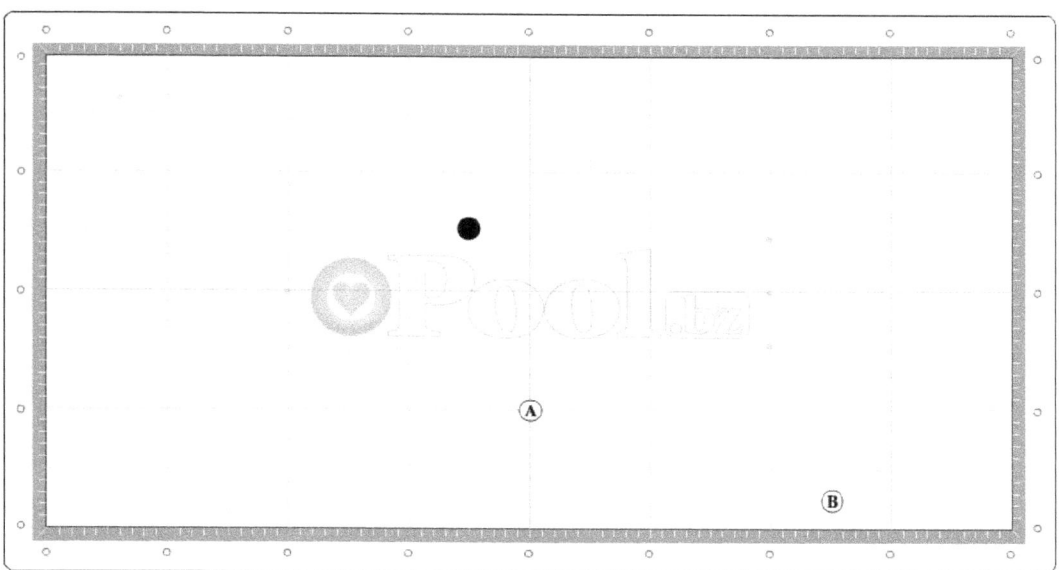

BEMÆRKNINGER:

Carom Billard: Flere gåder og puslespil

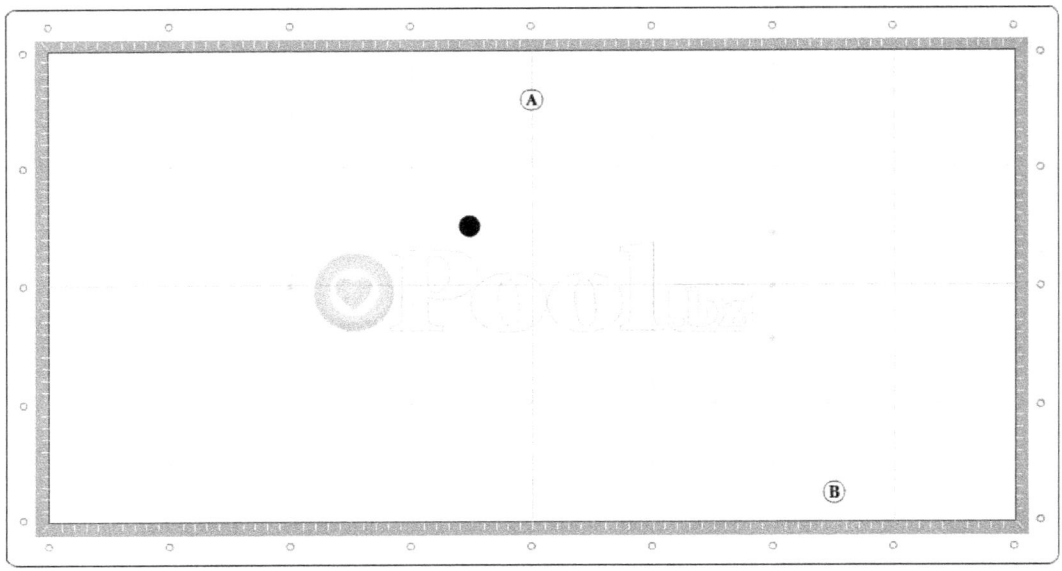

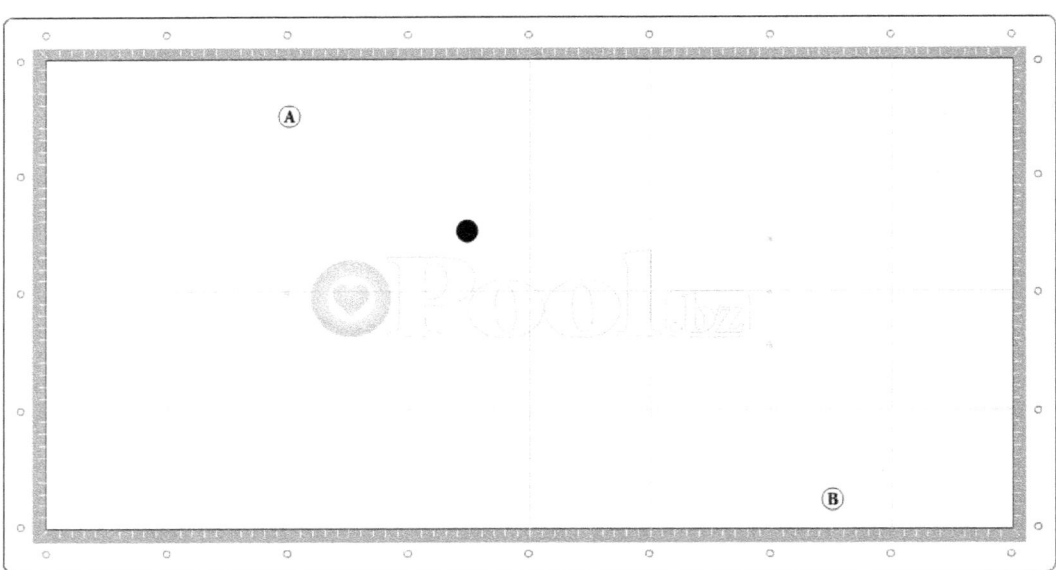

BEMÆRKNINGER:

Gruppe 6, sæt 10

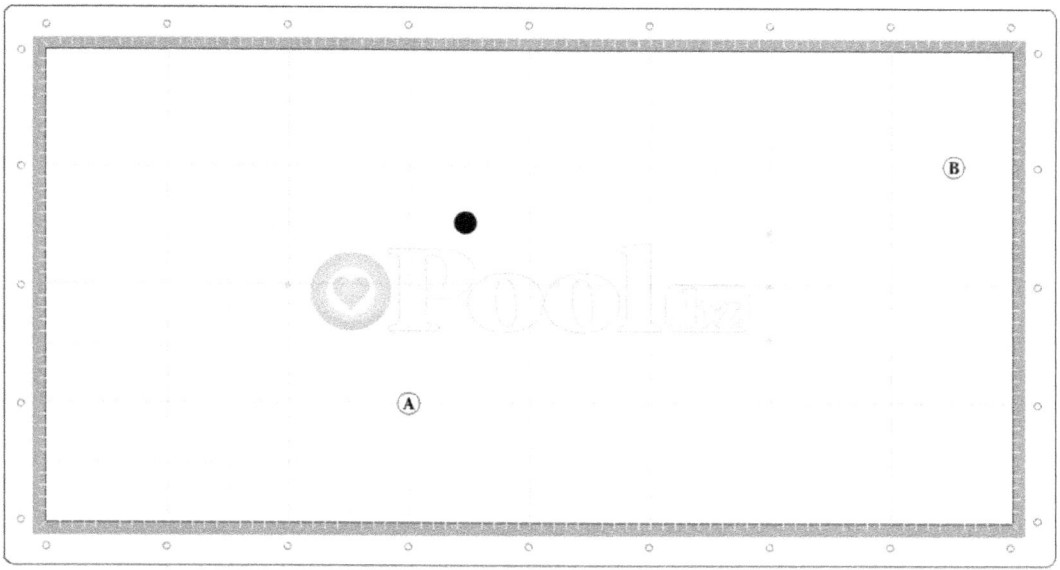

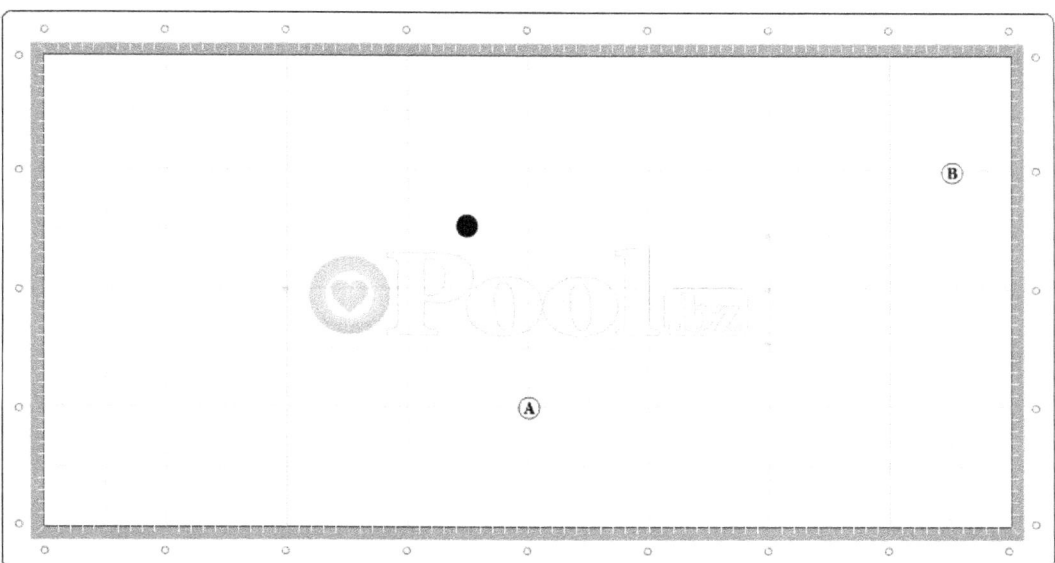

BEMÆRKNINGER:

Carom Billard: Flere gåder og puslespil

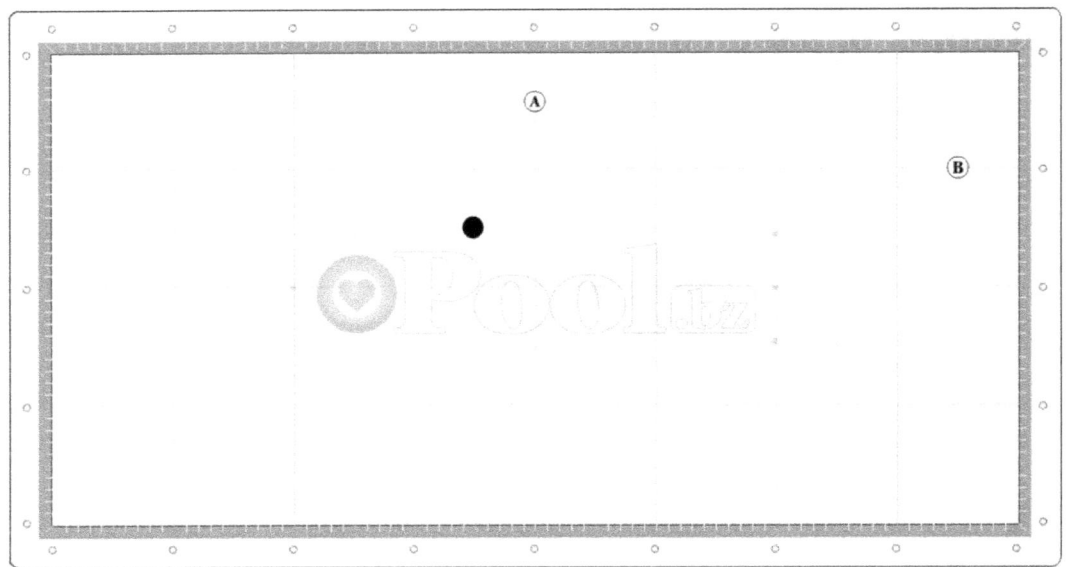

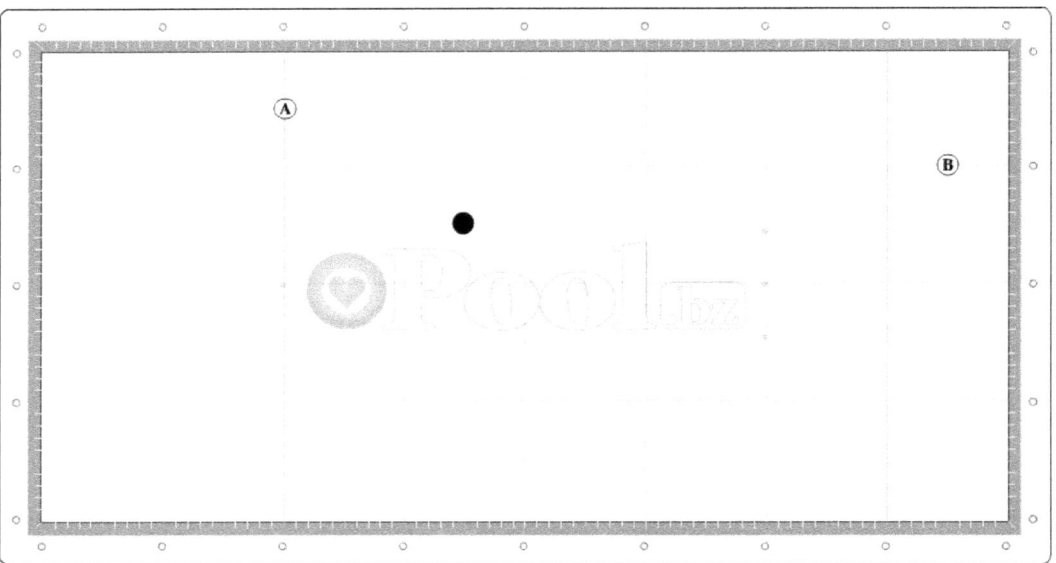

BEMÆRKNINGER:

Gruppe 6, sæt 11

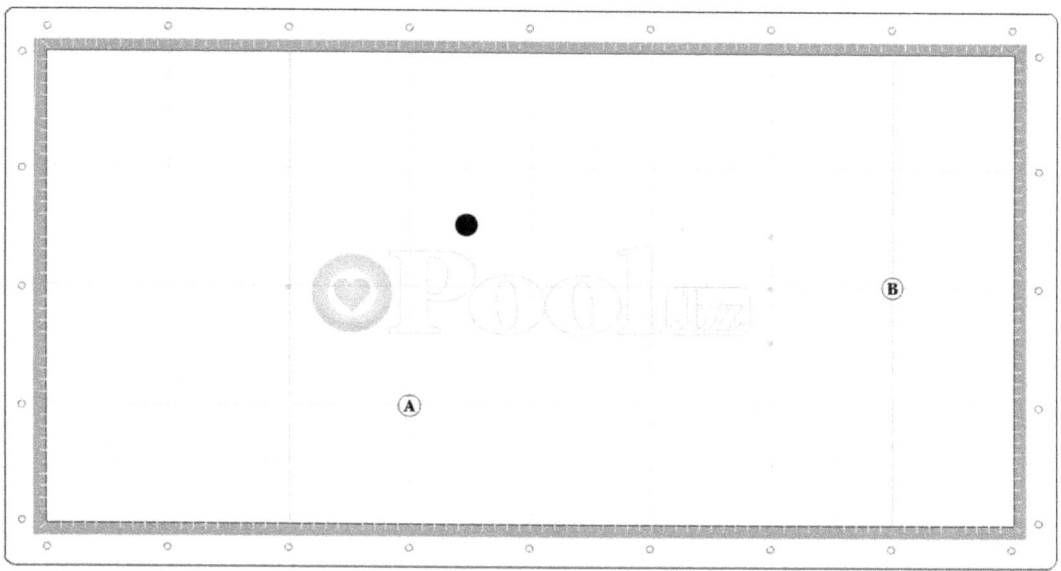

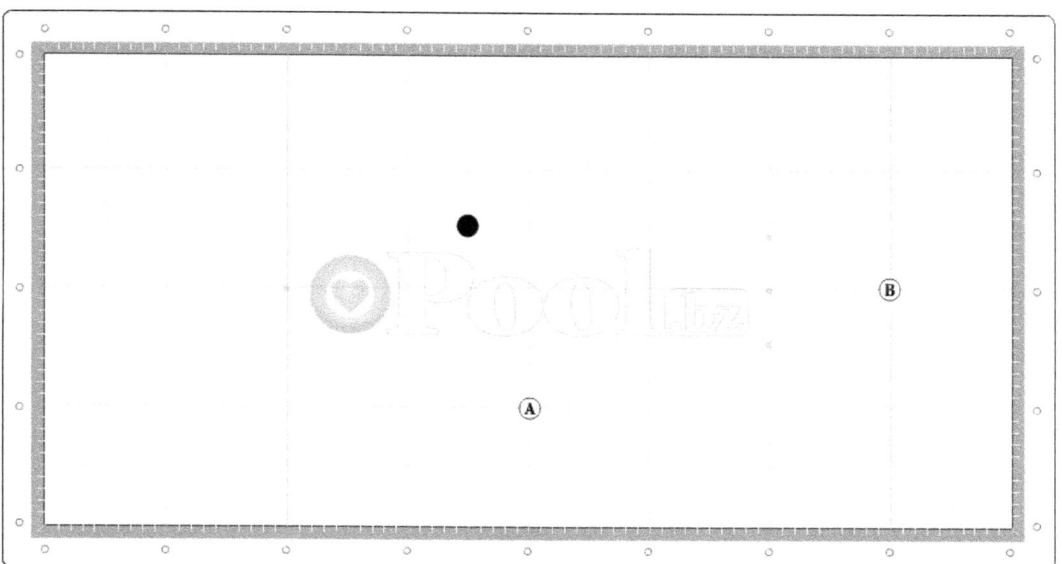

BEMÆRKNINGER:

Carom Billard: Flere gåder og puslespil

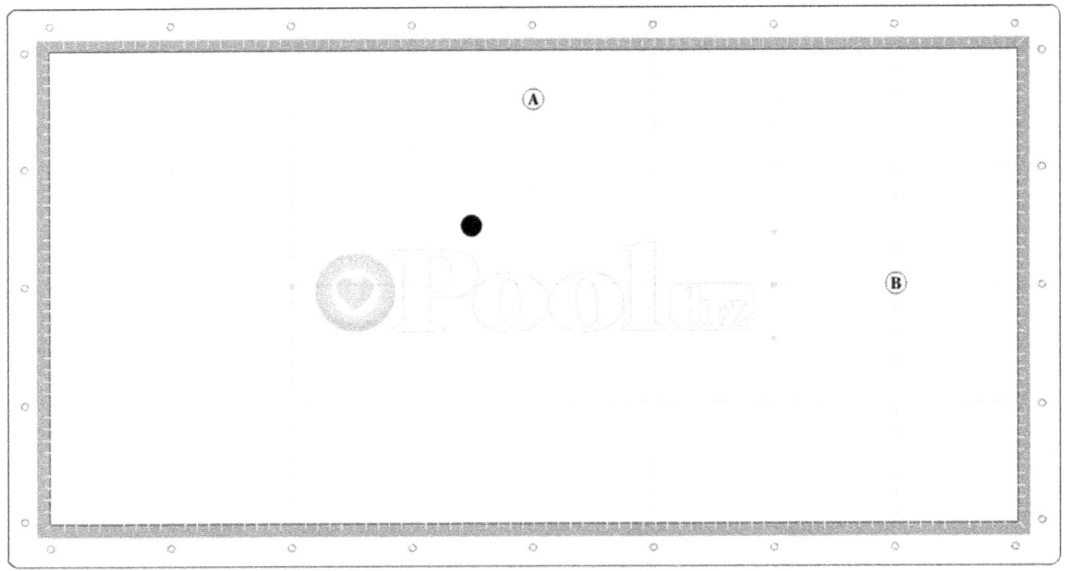

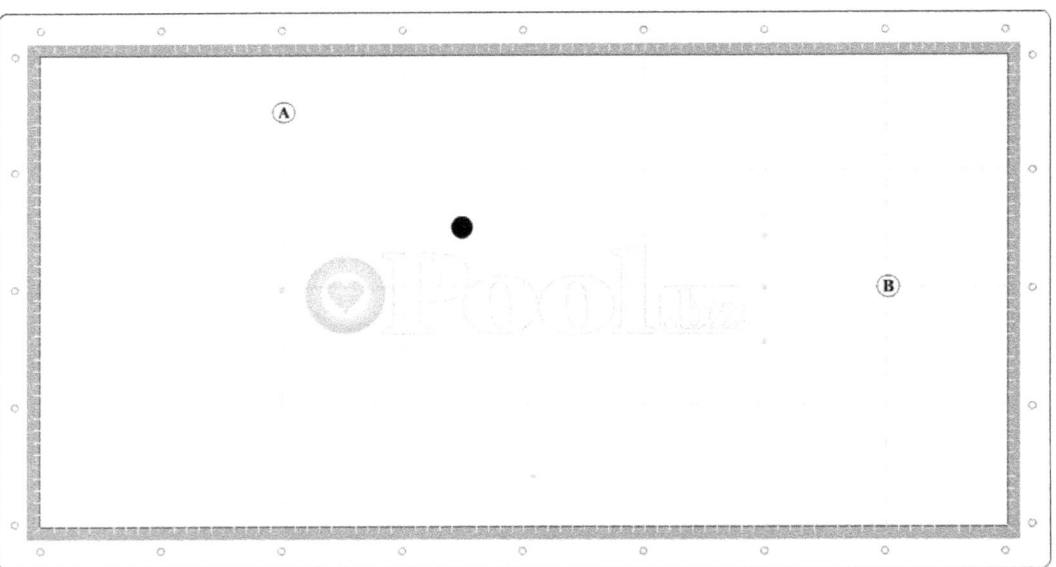

BEMÆRKNINGER:

Gruppe 6, sæt 12

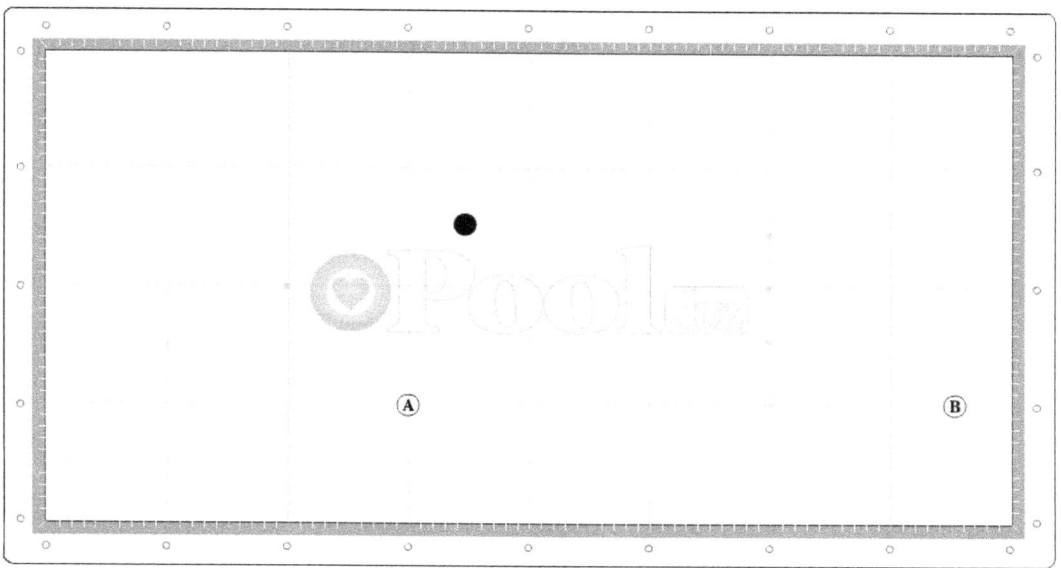

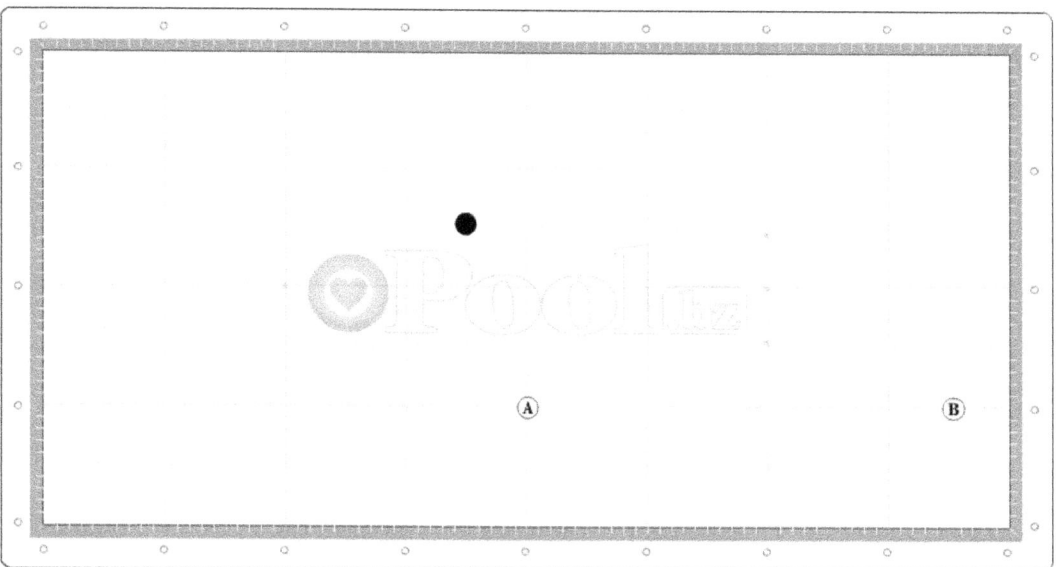

BEMÆRKNINGER:

Carom Billard: Flere gåder og puslespil

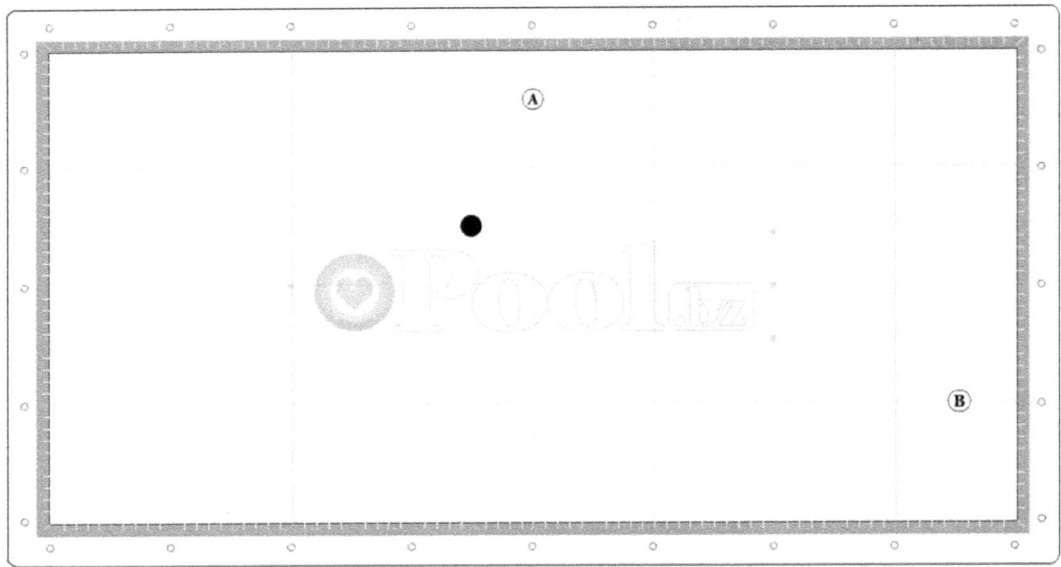

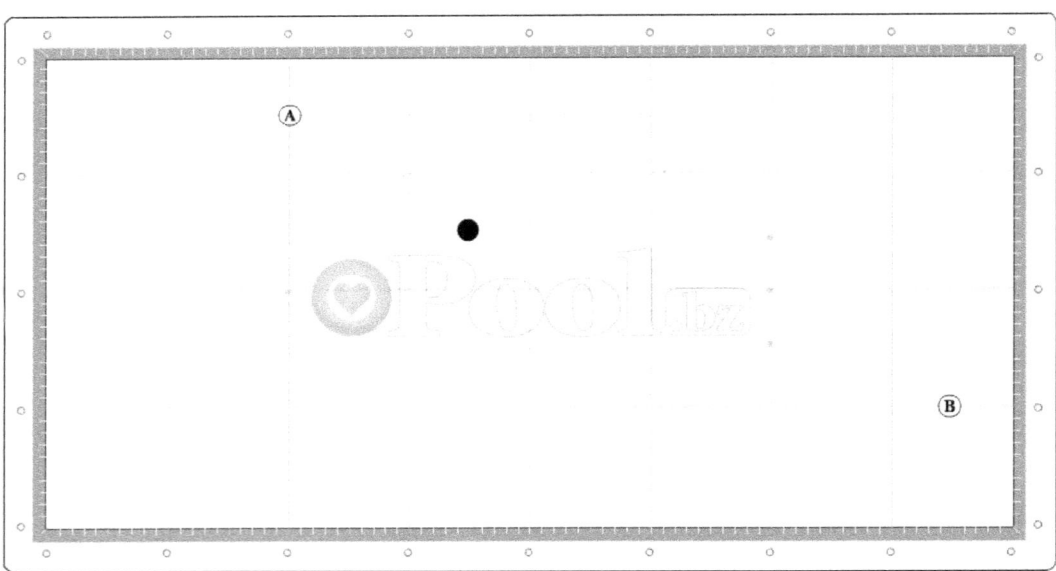

BEMÆRKNINGER:

Tomme plader

(Udskriv disse for at indfange og praktisere interessante layouter.)

(Udskriv disse for at indfange og praktisere interessante layouter.)

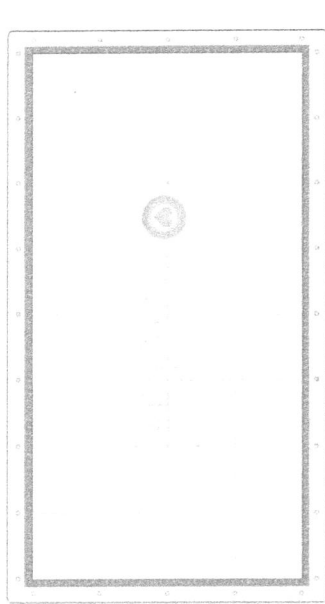

www.ingramcontent.com/pod-product-compliance
Lightning Source LLC
Chambersburg PA
CBHW081921170426
43200CB00014B/2794